Becker · Unterricht auswerten und beurteilen

Georg E. Becker

Unterricht auswerten und beurteilen

Handlungsorientierte Didaktik · Teil III

7. Auflage

Beltz Verlag · Weinheim und Basel

Georg E. Becker, Jg. 1937, Dr. phil., Professor für
Allgemeine Didaktik/Schulpädagogik an der
Pädagogischen Hochschule Schwäbisch Gmünd.

Lektorat: Peter E. Kalb

7., überarbeitete und neu ausgestattete Auflage 2002

Herstellung: Klaus Kaltenberg
Satz: Mediapartner Satz und Repro GmbH, Hemsbach
Druck: Druckhaus Beltz, Hemsbach
Umschlaggestaltung: Federico Luci, Köln
Umschlagabbildung: Zefa, Düsseldorf
Printed in Germany

ISBN 3-407-25275-7

Inhaltsverzeichnis

Einleitung

Die Handlungsorientierte Didaktik versteht sich als die Lehre vom Erwerb jener Qualifikationen und Handlungskompetenzen, die angehende und praktizierende Lehrerinnen zunehmend in die Lage versetzen, einen humanen, demokratischen und effektiven Unterricht fach-, methoden- und sozialkompetent zu planen, durchzuführen und auszuwerten.

Aufgrund dieser Definition ergibt sich ein Neun-Felder-Schema, aus dem sich die zentralen Anliegen dieses Ansatzes sowie die Veröffentlichungen zur Handlungsorientierten Didaktik entnehmen lassen.

Handlungsorientierte Didaktik			
Unterricht			
Human, demokratisch, effektiv	Fach-kompetenz	Methoden-kompetenz	Sozial-kompetenz
Planen	**I: »Unterricht planen«**		
	Fach-kompetenz	Planungs-kompetenz	Prophylaktische Kompetenz
Durchführen	**II: »Unterricht durchführen«**		
	Fach-kompetenz	Durchführungs-kompetenz	Interventions-kompetenz
Auswerten	**III: »Unterricht auswerten und beurteilen«**		
	Fach-kompetenz	Auswertungs-kompetenz	Analytische Kompetenz

Dieses Buch befasst sich mit der Auswertung und Beurteilung von Unterricht, ihm gehen also Teil I »Unterricht planen« und Teil II »Unterricht durchführen« voraus. Und so folgt dieser Ansatz der Handlungsorientierten Didaktik einer funktionalen Logik (Planung, Durchführung und Auswertung), obgleich dem Autor durchaus bewusst ist, dass sich diese Aufgabenbereiche nicht immer voneinander trennen lassen. Eine Überschneidung der Funktionsbereiche liegt z.B. vor, wenn Schüler gemeinsam mit der Lehrerin den Unterricht planen oder auswerten. Dennoch wird nach der gemeinsamen Planung die Durchführung folgen, und Auswertungsergebnisse werden in erneute Planungsüberlegungen einfließen.

Im Mittelpunkt dieses Bandes stehen der Qualifikations- und Kompetenzerwerb bei angehenden und praktizierenden Lehrerinnen zur Unterrichtsauswertung. Der erste Teil dieses Buches handelt von der Auswertung und Beurteilung von Lernleistungen, der zweite von der Auswertung und Beurteilung von Lehrleistungen. Und damit wird auch schon das besondere Anliegen dieses Bandes deutlich, nämlich aufzuzeigen, dass es zwischen den Lehr- und den Lernleistungen eine direkte Beziehung gibt. Deshalb wird häufig von Lehr-Lern-Prozess, Lehr-Lern-Leistungen, Lehr-Lern-Ergebnissen oder Lehr-Lern-Erfolgen gesprochen. Wird qualifiziert und handlungskompetent gelehrt, werden positive Lernergebnisse selten ausbleiben. Trifft eine Lehrerin auf lernbereite Schüler, werden zumeist auch die Lehrergebnisse zufrieden stellend sein, und diese Lehrerin wird dann auch in ihren Lehrbemühungen nicht nachlassen.

Nun gibt es zahlreiche Publikationen entweder zur Schülerbeurteilung oder zur Lehrerinnenbeurteilung, und so betrachtet ist es neu, beide Anliegen in einem Buch zu vereinen, um so auf die wechselseitigen Abhängigkeiten aufmerksam zu machen. Schüler und angehende Lehrerinnen unterliegen ganz ähnlichen Mechanismen. Gemeinsam sind ihnen die Leistungs-, Versagens- und Prüfungsängste. Beide hoffen, einen guten Notendurchschnitt zu erzielen, der ihnen einen Ausbildungs- oder Arbeitsplatz sichert. Beide Gruppen fordern eine gerechte Beurteilung und Benotung. Und die Beurteiler – die Ausbildungslehrerinnen, Mentorinnen, Schulrätinnen und Hochschullehrerinnen – stehen vor der kaum lösbaren Aufgabe, diesem Anspruch gerecht zu werden. Die vielen Schwierigkeiten, die sich nun einmal bei der Auswertung und Beurteilung von Unterricht zeigen, sollten nicht zur Resignation oder zu einer oberflächlichen Handhabung der Beurteilungspraxis führen, sondern im Bemühen um größtmögliche Gerechtigkeit münden, wozu dieses Buch beitragen möchte. Nur so können die Beurteilerinnen glaubwürdig bleiben und die Beurteilten trotz aller Unzulänglichkeiten ein Urteil akzeptieren.

Unter *Leistung* versteht vermutlich jede Lehrerin etwas anderes, und deshalb erscheint es angebracht, einige Überlegungen zum Leistungsbegriff und zum Leistungsdenken vorauszuschicken. Zwar kann am Ende dieses Kapitels keine Übereinstimmung erzielt werden, auch ist dies gar nicht beabsichtigt, sondern hier wird lediglich der Versuch unternommen, Diskussionen anzuregen und Nachdenklichkeit zu erzeugen.

Richten wir den Blick auf die Schüler, dann haben diese in der Schule und beim Erledigen der Hausaufgaben täglich Lernleistungen zu erbringen. Und gehen wir vom physikalischen Leistungsbegriff – Arbeit mal Zeit – aus, dann wären jene Schüler leistungsstark, denen es gelingt,

- in relativ kurzer Zeit viele anspruchsvolle Aufgaben richtig zu lösen oder
- den Leistungserwartungen der Lehrerinnen in besonderer Weise gerecht zu werden oder
- die im Lehrplan ausgewiesenen Lernziele zu erreichen oder
- mit ihren Mitschülern erfolgreich zu kooperieren oder …?

Lernleistungen sind abhängig von Lehrleistungen, also erscheint es gerechtfertigt, von *Lehr-Lern-Leistungen* oder *Lern-Lehr-Leistungen* zu sprechen. Es ist einsichtig, dass Schüler bei Lehrerinnen, die fach-, methoden- und sozialkompetent lehren, mehr profitieren als bei jenen, die sich als inkompetent erweisen. Wenn Lernleistungen eingeschätzt oder beurteilt werden, dann werden auch die Lehrleistungen beurteilt. Aufgrund dieser wechselseitigen Anhängigkeit wird deutlich, dass Lehrerinnen und Schüler an Erfolgen oder Misserfolgen teilhaben und keine Seite ganz aus der Verantwortung für die Lehr-Lern-Ergebnisse entlassen werden kann.

Die Lernleistungen eines Schülers sind von seinen Lernvoraussetzungen abhängig, die ihm unterschiedliche Lern- und Leistungsmöglichkeiten eröffnen. Zu den Lernvoraussetzungen zählen die Dispositionen sowie die erworbenen Fähigkeiten. In der aktuellen Situation, in der eine Leistung erbracht werden soll, sind es die Leistungsmotivation, die Volition, die bislang erworbenen Lerntechniken und -strategien sowie das Lernklima, die leistungsfördernd oder -hemmend zusammenwirken.

Die Überbetonung des einen oder anderen Leistungsbereichs erscheint unangebracht, doch ebenso fragwürdig ist ein blindes Polemisieren gegenüber kognitiven Leistungsansprüchen. Denn die Schule ist fraglos der Ort, an dem es auch darum geht, anspruchsvolle kognitive Fähigkeiten zu entwickeln. In jedem Unterricht, der diesen Namen verdient, sollte deshalb nachgedacht werden. Und dieses Nachdenken macht Spaß, wenn es die Lehrerin versteht, die Schüler nachdenklich zu stimmen und anspruchsvolle Prozesse anzuregen. Mit dieser Argumentation erfahren die anderen Leistungsbereiche keine Unterbewertung. Die triviale Einsicht, derzufolge jede Leistung vom Schüler ganzheitlich erbracht wird, lässt sich auch nicht in Frage stellen.

Lernleistungen lassen sich messen, einschätzen, bewerten und beurteilen. Zu jeder dieser Tätigkeiten bedarf es Einschätzungs-, Bewertungs- oder Beurteilungskriterien. Bei der *Einschätzung* steht die affektive Komponente im Vordergrund, bei der *Bewertung* und *Beurteilung* lassen sich die Kriterien schon schärfer fassen, manchmal sogar operationalisieren. Wenn eindeutige Parameter vorliegen, ist eine Leistungsmessung möglich. Zur Veranschaulichung der Problematik sei auf den Eiskunstlauf hingewiesen. Die Pflichtübungen lassen sich eindeutig bewerten, weil die Figuren und Sprünge genau vorgeschrieben sind und es eindeutige Kriterien gibt. Bei der Kür ist das schon schwieriger. Zwar gibt es auch hier Kriterien für den sportlichen Wert, doch der künstlerische Eindruck lässt sich nur noch einschätzen.

Einschätzungen und Bewertungen haben oftmals Beurteilungen zur Folge, die in Gutachten oder Ziffernoten münden können. Durch sie werden Erfolge oder Misserfolge zum Ausdruck gebracht, bekommen Kandidatinnen Auskunft darüber, ob sie die Prüfungen bestanden oder nicht bestanden haben. In einem demokratischen Schulsystem haben die Schüler einen Anspruch zu erfahren, warum sie in einer bestimmten Weise beurteilt – oder verurteilt – worden sind. Und deshalb unterliegen Lehrerinnen einer Legitimationspflicht, d.h. sie sollten bereit und in der Lage sein, die Kriterien offen zu legen und die Beurteilungen zu begründen.

Lernleistungen können als *Prozess* oder als *Produkt* eingeschätzt, bewertet und beurteilt werden. Bei der *formativen Evaluation* oder der *Prozessevaluation* werden die einzelnen Teilergebnisse im Beurteilungszeitraum registriert und verknüpft, z.B. in aufsteigender Tendenz die Noten 5, 4, 3, 2, 1 oder in absteigender 1, 2, 4, 6 …

Die zentralen Begriffe und Anliegen

- Leistung
- Lehr-Lern-Leistung
- Lehr-Lern-Ergebnisse
- einschätzen, messen, auswerten, bewerten, beurteilen, benoten
- Prozessbeurteilung – formative Evaluation
- Produktbeurteilung – summative Evaluation
- Leistungsangst
- Leistungsversagen
- Fehlleistungen

Gefordert wird

- eine kritische Leistungsbereitschaft bei Lehrerinnen und Schülern

Wenn ein verhaltensauffälliger Schüler zu Beginn des Schuljahres im Verlauf einer Unterrichtsstunde durchschnittlich fünfmal stört, er nach einem halben Jahr nur noch zweimal und am Ende des Schuljahres nur noch einmal pro Unterrichtsstunde seine Mitschüler vom Lernen abhält, dann ist hier unter formativer Betrachtung ein bemerkenswerter Lernfortschritt zu verzeichnen. Die summative Evaluation des Sozialverhaltens kann in die Irre führen, wenn am Ende des Schuljahres lediglich konstatiert wird, dass der Schüler seine Mitschüler fast in jeder Stunde vom Lernen ablenkt.

Die *summative Evaluation* oder die *Produktevaluation* bezieht sich auf die am Ende des Beurteilungszeitraumes registrierbare Gesamtleistung, z.B. auf die Note 3 im Fach Englisch, wobei nicht ersichtlich ist, was der Schüler zu leisten imstande ist und wie es zu dieser Leistung gekommen ist. Zahlreiche Lehr-Lern-Aktivitäten – wie z.B. Ziele im Bereich des sozialen Lernens, Erziehung zu mehr Eigenständigkeit mittels Freiarbeit oder die Realisierung eines Projekts – lassen sich nur dann sinnvoll evaluieren, wenn die formative Komponente einbezogen wird.

Alle Schüler möchten gerne die von ihnen erwarteten Lernleistungen erbringen und ihrem eigenen Leistungsanspruch gerecht werden. Alle Menschen – mit Ausnahme einiger psychisch kranker – möchten auch etwas leisten und so einen Beitrag zur Existenzerhaltung und -sicherung liefern. Und jedes Gesellschaftssystem ist darauf angewiesen, dass möglichst alle Mitglieder der Gesellschaft einen Beitrag zur Systemerhaltung und -sicherung erbringen. Dies sind anthropologische und gesellschaftliche Tatsachen, die sich nicht in Frage stellen lassen.

Erbrachte Leistungen führen zum Erfolg, stärken das Selbstwertgefühl und festigen die Identität. Nicht erbrachte Leistungen führen zu Misserfolg, zu einer Abwertung des Selbst und enden häufig in einer Identitätskrise. In der Schule sind *Leistungsängste*, Versagensängste und Schulmüdigkeit die Folgen. Besonders misslich ist die Lage jener Jugendlichen, die gerne etwas leisten würden, aber keinen Ausbildungsplatz finden. Ähnlich geht es vielen Arbeitslosen, insbesondere den arbeitslosen Frauen, die gerne Leistungen erbringen würden, aber aufgrund der desolaten Situation auf dem Arbeitsmarkt ausgeschlossen sind. Hier zeigt sich ein gesellschafts- und wirtschaftspolitisches Problem, das durch die Schule begleitet werden kann durch eine permanente Reflexion der Ausbildungs- und Arbeitsmöglichkeiten und -bedingungen.

Schüler, die einem schulischen Leistungsanspruch nicht gerecht werden können, sind keine schlechten Schüler (vgl. Höhn 1967). Diese Schüler sind nur in einem bestimmten Fach oder in mehreren Fächern leistungsschwach. Da die Adjektive *gut* und *schlecht* umgangssprachlich mit charakterlichen Werturteilen verknüpft werden, empfiehlt es sich, ganz auf diese Wörter zu verzichten und stattdessen von leistungsstarken oder leistungsschwachen Schülern zu sprechen und möglichst genau anzugeben, wo diese Stärken und Schwächen liegen. Denn es gibt kaum etwas Fragwürdigeres, als den Wert eines Menschen nach seinen schulischen Leistungen zu beurteilen.

Das Leistungsdenken und -streben in unserer Gesellschaft erscheint teilweise pervertiert. Ein Leistungsstreben, das auf materiellen Gewinn abzielt, wie die Bemühungen eines Tennisstars oder eines Fußballprofis, verdienen fast uneingeschränkte Bewunderung. Dazu gehört auch die Ausnutzung von Steuervorteilen, die Warenproduktion in Billiglohnländern, die Ausnutzung der Arbeitskraft weltweit im Zeichen der Globalisierung und Vernetzung. Hingegen sind Leistungen, die täglich weniger spektakulär erbracht werden, mindestens ebenso hoch einzuschätzen und ebenso bedeutsam, wie z.B. die Pflege eines alten Menschen, die Betreuung eines mehrfach behinderten Kindes oder das selbstlose Engagement in einer sozialen Einrichtung. Soll eine Gesellschaft nicht zu einer Ansammlung von Individualisten und Egoisten verkommen, die allein ihren persönlichen Vorteil suchen, ist es erforderlich, neben einem gesunden Leistungsdenken und -streben schon in der Schule das allein auf Profit ausgerichtete Denken und Streben zu thematisieren.

Menschen produzierten und produzieren fortwährend Fehlleistungen, also solche, die ihnen in ihrer Gesamtheit nicht dienlich sind, wenn sie z.B. Kriege führen, Waffen produzieren, ganze Landstriche verminen oder Regenwälder abholzen. Und es gibt Institute, Ministerien, Hilfsorganisationen auf nationaler oder internationaler Ebene und Wirtschaftszweige, die sich mit nichts anderem befassen als mit der Korrektur oder Eindämmung von Fehlleistungen, so z.B. Institute für Friedensforschung und -sicherung, Umweltministerien, Organisationen, die sich um den Landschafts- und Naturschutz bemühen.

Deshalb kommt es darauf an, in Gegenwart und Zukunft möglichst sinnvolle Leistungen zu erbringen, unsinnige zu vermeiden oder zu unterbinden. Nur dann erscheint ein lebenswertes Überleben der Menschheit möglich (vgl. Henderson/Lanier 1973). Sinnvolle Leistungen müssen sich an übergeordneten Normen und Wertvorstellungen messen lassen, wie sie sich in den Grundrechtsartikeln des Grundgesetzes, den Zehn Geboten oder in anderen Religionen wieder finden. Sie alle fordern die Achtung vor der Schöpfung, den Menschen, Tieren, Pflanzen und Ressourcen, gegenseitigen Respekt, Toleranz, Solidarität und Zivilcourage.

Da es in der Gegenwart oft sehr schwierig ist, sinnvolle von unsinnigen Bestrebungen und Leistungen zu unterscheiden, wir aber aus Erfahrung wissen, dass die Gesellschaft fortwährend Fragwürdigkeiten und Fehlleistungen hervorbringt, erscheint eine Erziehung zur kritischen Leistungsbereitschaft (Klafki 1994, S. 209ff.) angebracht, indem sich Lehrerinnen und Schüler immer wieder die Frage nach dem Sinn, Zweck und Ziel des Lehrens und Lernens stellen, damit sie sich gegenüber ungerechtfertigten Leistungsansprüchen verweigern können.

Pädagogikstudentinnen oder Referendarinnen, Lehrerinnen und Leserinnen, die sich über dieses Buch hinaus mit der Auswertung und Beurteilung von Lern- und Lehrleistungen befassen möchten, seien auf die Publikationen von Bessoth (1994), Gage/Berliner (1996), Kleber (1992), Sacher (1994), Weinert (2001) und Ziegenspeck (1999) aufmerksam gemacht. Diese Veröffentlichungen ergänzen die Problematik zumeist aus der Sichtweise der Pädagogischen Psychologie. Was ihnen allerdings fehlt, ist die konsequente Orientierung am Handlungsfeld – an den Aufgaben der Lehrerin im Unterrricht.

In diesem Buch ist von Lehrerinnen und Schülern die Rede. Da der Lehrerinnenberuf eine Domäne der Frauen ist, erscheint die Verwendung der weiblichen Form gerechtfertigt. Und der Einfachheit halber werden die Schüler direkt angesprochen. Selbstverständlich sind alle Lehrer und Schülerinnen ebenfalls gemeint.

Lernleistungen auswerten und beurteilen

Über das Zustandekommen schulischer Leistungen nachdenken

Warum der eine Schüler ein gutes, der andere ein schlechtes Zeugnis mit nach Hause bringt, lässt sich nicht ohne weiteres sagen. Eltern fragen sich im Falle eines Leistungsversagens: Kann er nicht, oder will er nicht? Sie versuchen eine gegenseitige Schuldzuschreibung oder machen die Lehrerin dafür verantwortlich. Die Lehrerinnen beginnen eine ausufernde Anlage-Umwelt-Diskussion, die auch zu keinem Ergebnis führt. In diesem Abschnitt wird deshalb versucht, die Frage aus der Sicht der Schulpädagogik zu beantworten.

Sinnvoll erscheint ein Nachdenken über das Zustandekommen schulischer Leistungen alle Mal, um zu erkennen, welche Variablen durch die Lehrerin beeinflussbar sind und welche nicht mehr veränderbar erscheinen. Wenn z.B. bei einem 15-jährigen Schüler ein Leistungsversagen im Fach Mathematik zu verzeichnen ist, kann eine Lehrerin das genetische Potential und die pränatalen Einwirkungen keinesfalls korrigieren, auch nicht die frühkindlichen Sozialisationsbedingungen sowie die in den zurückliegenden Jahren erfolgte familiale Sozialisation, die Sozialisation im Freundeskreis, in der so genannten Peergroup. Und auch an der bisherigen schulischen Sozialisation lässt sich nichts mehr verändern. Doch gibt es Möglichkeiten, auf die Variablen Rahmenbedingungen, Lehrerin, Lerngruppe und Schüler Einfluss zu nehmen, um die derzeitigen und künftigen Lernprozesse wirksamer zu gestalten.

Mitverantwortlich für das Zustandekommen von Lernleistungen sind die Eltern mit ihrem genetischen Potential und den daraus resultierenden *Dispositionen*. Dabei handelt es sich um angeborene Bereitschaften, bestimmte Erlebnis-, Handlungs- und Verhaltensweisen, aber auch Fähigkeiten und Fertigkeiten zu entwickeln. So gibt z.B. die Musikerfamilie Bach mit ihren zahlreichen Kindern ein Beispiel für die Vererbung einer musikalischen Begabung. Auch heute gibt es musikbegabte Schüler, die auf Zuruf ein ihnen bekanntes Musikstück auf dem Klavier auswendig spielen und fast beliebig variieren können. Andere psychomotorisch begabte Schüler durchqueren im Handstand die Sporthalle, das kann nicht jeder, hierzu bedarf es schon einer gewissen Begabung.

Der Begabungsfaktor wurde in den zurückliegenden Jahrzehnten in den westlichen Demokratien häufig etwas überschätzt, im ehemals real existierenden Sozialismus mit seiner Erziehungsgläubigkeit eher unterschätzt, wenngleich es auch Wissenschaftler gab, die im anderen ideologischen Lager zu finden waren. Eine Lehrerin, die bei einigen Schülern besondere Begabungen beobachtet, kann sich über diese freuen und wird versuchen, sie zu fördern, doch ansonsten hat sie mit jedem Schüler – sei er nun begabt oder unbegabt – die Arbeit aufzunehmen.

Als zweite nicht mehr zu beeinflussende Größe sind die *pränatalen Einflüsse* während der Schwangerschaft zu nennen. Der modernen Medizin gelingt es heute mühelos, den Herzrhythmus der Schwangeren und den des ungeborenen Kindes parallel auf dem Bildschirm sichtbar zu machen. Wenn eine werdende Mutter Raucherin ist und einen tiefen Lungenzug nimmt, verändert sich im selben Augenblick der Herzrhythmus des Fötus dramatisch, d.h. das Kind im Mutterleib wird durch das Nikotin stark gestresst. Vielleicht sollte man jede nikotinabhängige Schwangere vor den Bildschirm setzen und sie eine Zigarette rauchen lassen, damit sie selbst feststellen kann, wie sehr sie den Fötus belastet.

In den ersten Monaten nach der Geburt ist die Phase der *frühkindlichen Sozialisation* für die Entwicklung der Lernbereitschaft und -fähigkeit von großer Bedeutung. Nur wenn sich ein Säugling angenommen fühlt, kann er jenes Urvertrauen gewinnen, welches die Voraussetzung für eine gesunde Entwicklung bietet. Nur wenn der Säugling eine Beziehung zu einer Bezugsperson aufbauen kann, bei der er das Gefühl der Geborgenheit erlebt, kann er sich der Umwelt aktiv zuwenden und seinen Explorationstrieb entfalten. Für diese Annahme liefert die Hospitalismusforschung eindeutige Beweise. Defizite aus dem Bereich der frühkindlichen Sozialisation lassen sich zu einem späteren Zeitpunkt nur mit großer Mühe oder gar nicht mehr ausgleichen. Deshalb ist jede Gesellschaft gut beraten, wenn sie die Fragen des Mutterschutzes und die des Erziehungsurlaubs eindeutig positiv beantwortet. – Wenn eine Lehrerin davon Kenntnis hat, dass ein Schüler im Säuglingsalter ohne Mutter groß werden musste, kann sie ihm nur verständnisvoll begegnen (vgl. Eckensberger 1971).

Im weiteren Verlauf sind die Bedingungen der *familialen Sozialisation* für die Entwicklung der Leistungsbereitschaft und der Leistungsfähigkeit bedeutsam. Zu erwähnen sind hier insbesondere die Ausbildung des Leistungsmotivs, die Sprachentwicklung und -förderung, das familiale Anregungspotenzial in Form von Spielsachen und Büchern, das Freizeitverhalten, die Kontakte zu anderen Kindern und Erwachsenen sowie die Einstellung der Familie zum schulischen Lernen schlechthin.

Unter dem *Leistungsmotiv* wird die generelle Bereitschaft verstanden, eine Leistung vollbringen zu wollen. Zu seiner Ausbildung benötigt ein Kind Modelle, an denen es sich orientieren kann. Wenn ein Kind von klein auf erlebt, wie zumindest ein Elternteil jeden Morgen die Wohnung verlässt, um einer Arbeit nachzugehen, die der familialen Existenzerhaltung dient, dann wirken die Eltern als Vorbild. Ein solches Kind hat später zumeist kaum Schwierigkeiten, regelmäßig die Schule zu besuchen und dort Lernleistungen zu erbringen. Die Ausbildung des Leistungsmotivs soll – folgt man den Motivationstheoretikern – beim Schuleintritt weitgehend abgeschlossen sein (vgl. Heckhausen 1969). Also wird der pädagogische Optimismus einer engagierten Lehrerin erheblich gedämpft, kann sie doch allenfalls durch Maßnahmen der Lernmotivierung die Leistungsmotivation in bestimmten Bereichen fördern, nicht aber eine in der Vorschulzeit versäumte Entwicklung nachholen.

Einige Kinderdörfer haben aus dieser Einsicht die Konsequenzen gezogen. Wenn ein Ehepaar mit acht bis zwölf Kindern in einem Haus zusammenlebt, dann wird

Modell über das Zustandekommen schulischer Leistungen

Von der Lehrerin *nicht mehr* zu beeinflussen
- genetisches Potenzial – Dispositionen
- pränatale Einflüsse
- die zurückliegende Sozialisation
- frühkindliche Sozialisation
- familiale Sozialisation
  Leistungsmotiv, Anregungspotenzial, Sprachförderung
- Sozialisation durch Freunde – Peergroup
- zurückliegende schulische Sozialisation

Von der Lehrerin nur *indirekt* zu beeinflussen
- Schüler
  Motivation, Volition, Attribuierung, Lernstrategien
- Lerngruppe
  Lernklima, Gruppenklima
- außerschulische Sozialisation

Von der Lehrerin *direkt* zu beeinflussen – die eigene
- Fachkompetenz
- Methodenkompetenz
- Sozialkompetenz

darauf geachtet, dass entweder die Ersatzmutter oder der Ersatzvater ein Arbeitsverhältnis außerhalb des Hauses eingeht, damit die Kinder mit diesem Vorbild groß werden können.

Der Autor hatte das Vergnügen, vor Jahren eine befreundete Familie zu besuchen. Der vierjährige Sohn spielte mit einem etwa gleichaltrigen Jungen im Sandkasten. Auf die Frage: »Was spielt ihr denn da?«, wurde spontan und sehr ernsthaft geantwortet: »Wir arbeiten! Wir sind Arbeiter!« Und beide schaufelten weiter, ohne sich ablenken zu lassen. Es ist zu vermuten, dass diese Jungen eines Tages kaum große Schwierigkeiten haben werden, an sie gerichtete Anforderungen zu erfüllen und Lernleistungen zu erbringen.

Neben der Ausbildung des Leistungsmotivs spielen die *Sprachentwicklung* und die *Sprachförderung* eine bedeutsame Rolle. Kinder, in deren Familien ein restringierter Code vorherrscht, kommen in diesem Lernbereich nur mühsam voran. Sprechen hingegen die Eltern, die älteren Geschwister, die Freunde und Bekannten der Familie überwiegend einen elaborierten Code, können Kinder an den Sprachvorbildern der Erwachsenen lernen. Übrigens korreliert das Sprachvermögen hoch mit der messbaren Intelligenz, da jeder Test – von den sprachfreien einmal abgesehen – in einem bestimmten Sprachraum entwickelt wird und Komponenten wie der Wortschatz oder Sprachverständnis häufig Gegenstand eines Testverfahrens sind.

Eng verknüpft mit den kommunikativen Gepflogenheiten innerhalb der Familie ist die Art und Weise, wie eine Familie *Außenkontakte* herstellt. Öffnet sie sich gegenüber anderen Familien, Freunden, Vereinen etc. und erhält die Familie häufig Besuch, ergeben sich für ein Kind zahlreiche Sprechsituationen, in denen es sich erproben und Sprachmuster aneignen kann.

Bedeutsam erscheint weiterhin das *Anregungspotenzial* in Form kindgemäßer Bücher und Spiele, wobei letztere, wenn sie das spielerische Lösen von Problemen erfordern, auch leistungsfördernd wirken können.

Und schließlich scheint es nicht unerheblich zu sein, wie innerhalb einer Familie über die Schule und über Lernleistungen gedacht und geredet wird. Ist einem Kind einsichtig, dass gute Zeugnisse erwünscht und für ein späteres Fortkommen unentbehrlich sind, wird neben dem Leistungsmotiv auch die Volition gestärkt, der Wille, ansprechende schulische Leistungen auch wirklich zu erbringen.

Bedeutsam erscheint auch die Einstellung der Eltern zu den Hausaufgaben. Wird ihrer Erledigung Priorität eingeräumt, wirkt sich diese Einstellung zumeist auch leistungsfördernd aus. Dass ein von den Eltern erzeugter übermäßiger Leistungsdruck abträglich sein kann, soll an dieser Stelle nur erwähnt werden.

Eine Lehrerin hat nun in Kenntnis der vorerwähnten Einflussgrößen die Möglichkeit, auf *Elternabenden* die Themen Vorbildfunktion der Eltern, Sprachförderung, Bücher, Spiele, Freizeit, Hausaufgaben und Einstellung der Familie zur Schule anzusprechen und zu diskutieren, um so den Eltern Leitlinien für ihr erzieherisches Handeln zu bieten. Eine direkte Möglichkeit der Einflussnahme hat sie jedoch nicht.

Leistungsfördernd oder -mindernd wirken sich auch jene Einstellungen und Haltungen aus, die zwischen den Kindern oder Jugendlichen der Schule gegenüber vorherrschend sind. Gilt im Freundeskreis, in der *Peergroup*, schulisches Lernen für wenig erwünscht, werden Lernleistungen abgewertet oder gering geschätzt, hat es ein einzelnes Gruppenmitglied recht schwer, sich von der vorherrschenden Meinung zu befreien. Beschäftigt sich eine Gruppe mit – aus der Sicht der Erwachsenen – fragwürdigen oder auch unsinnigen Aktivitäten, sind diese zumindest vorübergehend zu tolerieren, weil oft erst später ihr Sinn einsichtig wird. Doch langfristig gesehen müssen solche Aktivitäten leistungsmindernd wirken.

Schließlich ist für das Zustandekommen schulischer Leistungen auch die vorlaufende *schulische Sozialisation* mitverantwortlich, also welche Schulen ein Schüler besucht hat, ob es die für ihn angemessene Schulart war, welche Lehrerinnen sich um ihn bemühten u.a.m. Im Vorteil sind natürlich jene Schüler, die in überschaubaren Lerngruppen von fach-, methoden- und sozialkompetenten Lehrerinnen unterrichtet worden sind, die einen effektiven Unterricht realisierten und den Schülern das Lernen lehrten, wobei die schulischen Rahmenbedingungen zwar eine große – nicht aber die allein entscheidende Rolle spielen.

Das Problem vorzüglicher oder unzureichender Rahmenbedingungen lässt sich besonders gut an den nordamerikanischen *Schulverhältnissen* studieren, wo innerhalb einer Kommune die Eltern und Bürger die Schulen finanzieren, ausstatten und die Lehrerinnen anstellen. Hat ein Schüler Glück, so besucht er eine Schule in einem Vorort von San Francisco oder Los Angeles, die auf einem Waldgrundstück liegt und zu der mehrere Schwimmbecken, Spiel-, Sport- und Tennisplätze gehören. Die Umweltbelastungen sind gering. Das Raumprogramm der Schule ist großzügig, die angeschlossene Mediothek vorzüglich. Alle Klassenräume sind zweckentsprechend eingerichtet, mit modernen und kostspieligen Medien ausgestattet. Die Lerngruppen sind überschaubar, die Gruppengrößen für verschiedene Lernaktivitäten optimal. Die Schule verfügt über eine ausreichende Anzahl qualifizierter Lehrkräfte, die besonders gut bezahlt werden, von denen der *Schoolboard* aber auch hohe Lehrleistungen erwartet. Das Curriculum erscheint sorgfältig durchdacht und wird auf die individuellen Lernmöglichkeiten der Schüler abgestimmt, sodass jeder Schüler seinen Stundenplan erhält. So gibt es Eltern, die nur deshalb in eine bestimmte Gemeinde ziehen, damit ihre Kinder dort eine gute Schule besuchen können.

Ein anderer Schüler hat Pech, er muss eine *Inner City School* besuchen oder eine Schule in Harlem … Nun wäre es allerdings verfehlt, wollte man die sich hier abzeichnende Problematik auf die Formel verkürzen: Gebt mir nur genug Geld, dann sorge ich für eine hervorragende Schule und ebensolche Lernleistungen. Doch bei günstigen Rahmenbedingungen werden die Lehr-Lern-Leistungen zumeist ansteigen, bei ungünstigen abfallen.

An dieser Stelle werden übrigens die Vorzüge eines staatlichen Schulsystems deutlich, innerhalb dessen versucht wird, für eine annähernd gerechte Verteilung der Ressourcen und der Versorgung der Schulen mit staatlich besoldeten Lehrerinnen zu sorgen und einen relativ hohen Standard zu wahren. Jene Fälle, in denen Eltern ihren Kindern zuliebe den Wohnort wechseln, sind in der Bundesrepublik noch selten.

Mitentscheidend für schulische Leistungen ist schließlich auch das *Schulklima*, das durch die Rektorin/Schulleiterin, aber auch durch alle Lehrerinnen und Schüler beeinflusst wird. Wenn sich eine Rektorin um ihre Lehrerinnen kümmert, deren Lehrleistungen anerkennt, wenn sich die Lehrerinnen auch wie Kolleginnen behandeln, Absprachen treffen und kooperieren, sie sich um den Lernfortschritt eines jeden Schülers bemühen, dann entsteht ein Zusammengehörigkeitsgefühl oder eine Solidargemeinschaft. Ein Schüler erbringt ansprechendere Leistungen, wenn er sich dieser Gemeinschaft verpflichtet fühlt. Ein ungünstiges Schulklima wirkt sich auf Dauer bei vielen Schülern auch leistungsmindernd aus.

Neben dem Schulklima ist das *Lern- und Gruppenklima* zu erwähnen, das stark von den jeweiligen gruppendynamischen Prozessen abhängig ist. Jedes Lernklima unterliegt Schwankungen, doch können die Schüler nur dann optimale Lernleistungen erzielen, wenn sie sich gruppendynamisch in einer Phase konstruktiver Kooperation befinden, wenn die Lerngruppe in der Lage ist, sich Ziele zu setzen und wenn sich die Schüler untereinander stützen.

Die Lehrerin kann durch einen entsprechenden *Lehr- und Erziehungsstil* sozial steuernd wirken und das Lern- und Gruppenklima positiv beeinflussen, indem sie die Beteiligungsspielräume der Schüler ausschöpft, sie so in die Verantwortung zieht, den Unterricht zu einem gemeinsamen Anliegen der Lehrerin und der Schüler werden lässt. Durch eine eher indirekte Einflussnahme vermag sie das Aktivitätsniveau der Schüler zu steigern, doch muss sie den Mut haben, in entscheidenden Situationen direkt Einfluss zu nehmen. Lehrerinnen, die so verfahren, werden häufig metaunterrichtlich oder metakommunikativ arbeiten, ihre Maßnahmen begründen und an die Einsicht der Schüler appellieren.

Leistungssteigernd wirkt sich in vielen Bereichen auch die Wahl der *Unterrichtskonzeption* sowie die *Methode* im engeren Sinn aus. Nach heutigen Erkenntnissen der Lehr-Lern-Effektivitätsforschung erscheint ein Wechsel zwischen einer direkten Form der Lehre (direct teaching) und indirekten Formen wie Freiarbeit und Offener Unterricht (indirect teaching) angebracht.

Und die TIMS-Studie legt den Lehrerinnen nahe, es häufiger als vielleicht heute üblich den japanischen Lehrerinnen gleichzutun, den Unterricht mit einer Problemstellung zu beginnen, die Schüler nach Vorschlägen zur Problemlösung suchen zu lassen, den Vorschlägen nachzugehen und gemeinsam an dem Problem zu arbeiten, bis der eleganteste Lösungsweg gefunden zu sein scheint (vgl. Baumert/Lehmann et al. 1997).

Weitere konkrete Hinweise auf eine effektive Lehre finden sich z.B. in der Metastudie von Walberg (1984). Ihr zufolge lässt sich die Effektivität des Unterrichts steigern, wenn die Lehrerin

- die Schüler ermutigt, statt sie zu entmutigen,
- sie den Unterricht flüssig gestaltet, den Lernvoraussetzungen und dem Lernvermögen der Schüler entsprechend,
- den Schülern Lernhilfen und Hinweise gibt, die zum Lernen anregen,
- den Schülern sagt, was sie richtig und falsch, was sie gut und weniger gut gemacht haben,
- sie zielorientiert lehrt und lernen lässt, vor allem im Sachunterricht und in den naturwissenschaftlichen Fächern,
- sie zur Zusammenarbeit auffordert und auf diese Weise das Lern- und Gruppenklima verbessert,
- sie die Schüler anleitet, eigenständig Texte zu lesen und ihnen die bedeutsamen Informationen zu entnehmen,
- sie versucht, auf die individuellen Lernbedürfnisse und Lernfähigkeiten der Schüler einzugehen,
- sie die Hausaufgaben kontrolliert, bewertet und auch hin und wieder beurteilt. Diese Lehrhandlungen können die Qualität der Lehre und die Lehr-Lern-Effektivität beträchtlich erhöhen (vgl. Walberg, a.a.O., S. 24).

Richten wir den Blick auf den einzelnen Schüler, dann ist sein aktuelles Leistungsvermögen u.a. abhängig von seiner *Leistungsmotivation*, von der Volition und von den bislang erworbenen Lernstrategien. Der klassischen Definition von Heckhausen (1969) zufolge verstehen wir unter Leistungsmotivation das Bestreben, »die eigene Tüchtigkeit in allen jenen Tätigkeiten zu steigern und möglichst hoch zu halten, in denen man einen Gütemaßstab für verbindlich hält und deren Ausführung deshalb gelingen oder misslingen kann« (a.a.O., S. 194/195).

Nach Aschersleben (1979) lassen sich ein sach-, person-, sozial- und autoritätsbezogener *Gütemaßstab* unterscheiden, neben denen es sicher noch den notenbezogenen Maßstab gibt.

Einige Schüler erbringen in einem bestimmten Lerngebiet bemerkenswerte Lernleistungen, weil sie einen sachbezogenen Gütemaßstab verinnerlicht haben. So gibt es Schüler, die, fasziniert von der Technik, Fernsehapparate auseinander nehmen und nicht eher ruhen, bis sie diese auch funktionstüchtig wieder zusammengebaut haben. Andere Schüler legen über Jahre hinweg eine Gesteinssammlung an, ziehen an den Wochenenden Steine klopfend durch die Mittelgebirge und investieren in ihr Hobby die gesamte Freizeit. Solche Schüler, die um der Sache willen lernen, benötigen für ihr Interessengebiet lediglich Anregungen – die sie sich übrigens auch aus der Bibliothek oder dem Internet holen können. Diese Schüler brauchen keine Lehrerin und keinen traditionellen Unterricht, da sie sich im Stadium der Selbstbildung befinden.

Der *person- oder subjektbezogene Gütemaßstab* orientiert sich an der eigenen Leistungsfähigkeit, d.h. der Schüler stellt an sich selbst einen Anspruch, richtet Leistungserwartungen an die eigene Person, setzt sich für ein bestimmtes Lerngebiet Ziele, von denen er glaubt, sie erreichen zu können.

Der *sozialbezogene Gütemaßstab* ist von den Lernleistungen innerhalb der Lerngruppe abhängig. Nun steigert der Schüler seine Bemühungen, weil er zum ersten und nicht zum letzten Leistungsdrittel gehören möchte. Oder der Klassenprimus arbeitet so lange, bis er ganz sicher ist, wieder eine Spitzenleistung erbringen zu können. Dieses Konkurrieren und Rivalisieren innerhalb der Lerngruppe lässt sich nicht ganz ausschließen. Schüler stehen innerhalb der Klasse in einem Leistungswettbewerb, und sie finden das auch ganz natürlich. Außerhalb der Schule können sie ständig erleben, wie Menschen miteinander konkurrieren.

Nun gibt es Schüler, die weit mehr leisten, als sie aufgrund ihres Leistungsvermögens zu leisten imstande sind (overachiever), und andere, die weniger leisten (underachiever). Erstere überfordern sich und Letztere unterfordern sich laufend. Ein Beispiel für permanente Überforderung soll die Problematik veranschaulichen. Eine Schülerin besuchte die Abschlussklasse einer Realschule. Sie galt bei den Lehrerinnen und Mitschülern als leistungsstark, hatte in fast allen Fächern die Note 2 vorzuweisen. Die Klassenlehrerin kam auf die Idee, von einem befreundeten Psychologen in ihrer Lerngruppe mehrere Intelligenztests durchführen zu lassen. Die Auswertung dieser Tests erbrachte für die leistungsstarke Schülerin die IQ-Werte von 83, 85 und 88. In einem Gespräch stellte sich heraus, dass sie zumeist sofort nach der Schule mit den Hausaufgaben begann und oft bis tief in die Nacht hinein arbeitete. Diese Schülerin opferte offenbar ihre Jugend dem schulischen Lernen und dem Versuch, einem überhöhten Leistungsanspruch gerecht zu werden.

Die Umkehrung des Beispiels, also eine permanente *Unterforderung*, ist ebenfalls anzutreffen. So gibt es Schüler, die fast nie ihre Hausaufgaben erledigen, sich fortwährend mit den Lehrerinnen auseinander setzen, aber noch jene Zensuren erhaschen, die es ihnen ermöglichen, die Schule erfolgreich zu durchlaufen. Für sie erscheint das schulische Lernen wenig attraktiv, und sie erledigen nur das Notwendige. Ob sich ein Schüler über- oder unterfordert, lässt sich einmal über einen Vergleich der Ergebnisse aus standardisierten Tests mit den Noten und Zensuren in dem betreffenden Lerngebiet erkennen. Zum anderen besteht die Möglichkeit, die Schüler beim Lernen zu beobachten (vgl. Nuding 1997). Es ist nahe liegend, dass ein Schüler, der fast immer als Erster sein Klassenarbeitsheft abgibt und korrekte Lösungen vorweisen kann, unterfordert erscheint, und jener, der nie fertig wird, wahrscheinlich einer Überforderung unterliegt.

Ständig überforderte Schüler geraten aufgrund zahlreicher Misserfolge häufig in einen *Teufelskreis* hinein, aus dem sie nicht mehr herausfinden. Mehrere schlechte Noten führen zumeist zu einer *Attribuierung*, d.h. die Lehrerin und die Mitschüler trauen diesem Schüler sehr bald keine ansprechenden Leistungen zu. Der Schüler ist dann auch von seiner mangelnden Begabung überzeugt, sein Selbstwertgefühl nimmt ab, sein Leistungszutrauen sinkt, sodass er vom Versagen bei der nächsten Klassenarbeit überzeugt ist.

Der *autoritätsbezogene Gütemaßstab* orientiert sich zumeist an erwachsenen Personen, zu denen der Schüler in einem Abhängigkeitsverhältnis steht, z.B. an den Leistungserwartungen der Lehrerin oder der Eltern. Der Schüler zeigt nun eine erhöhte Anstrengungsbereitschaft, um der Lehrerin eine Freude zu machen oder von den Eltern gelobt zu werden. Ein stark ausgeprägter autoritätsbezogener Gütemaßstab führt in eine abhängige Lernhaltung. Als Durchgangsstadium kann das Lernen der Lehrerin zuliebe sicherlich toleriert werden, doch langfristig gesehen kommt es darauf an, die Abhängigkeit abzubauen und beim Schüler eigenständiges Lernen zu fördern.

Der *notenbezogene Gütemaßstab* kommt ins Spiel, wenn Schüler nur lernen, um eine bestimmte Note zu erhalten, sofort aber mit dem Lernen aufhören, wenn sie glauben, die in Aussicht genommene Note erreichen zu können. Wo dieser Gütemaßstab dominiert, liegt eine Bankrotterklärung schulischen Lehrens und Lernens vor, denn die Fixierung auf die Noten verhindert eine echte und vertiefte Auseinandersetzung mit der Sache.

Wenn Schüler einen sach- und personenbezogenen Gütemaßstab verinnerlicht haben, sind sie überwiegend intrinsisch motiviert, was aus lernpsychologischer Sicht wünschenswert erscheint. Tritt der sozial-, autoritäts- oder notenbezogene Gütemaßstab in den Vordergrund, ist der Schüler überwiegend extrinsisch motiviert, was weniger erstrebenswert ist. Ausschließen lassen sich diese extrinsischen Komponenten jedoch nicht, denn Konkurrenz zwischen den Schüler lässt sich nicht vermeiden, eine gewisse Abhängigkeit von der Lehrerin, die ja über einen Alters-, Kenntnis- und Erfahrungsvorsprung verfügt, von dem der Schüler profitieren möchte, ist dem Verhältnis zwischen einem Schüler und einer Lehrerin immanent, und um der Noten willen müssen die Schüler auch lernen, so lange es sie gibt, um in der Schule als Schüler zu überleben. Eine Lehrerin kann lediglich Akzente setzen, immer wieder versuchen, die Sache in das Zentrum des Unterrichts zu rücken, die Lerninhalte interessant werden zu lassen. Und sie kann versuchen, die extrinsischen Komponenten zurückzudrängen, fragwürdiges Strebertum thematisieren, den Schüler zu mehr Eigenständigkeit ermutigen und den Wert von Noten relativieren.

In jüngster Zeit wird vermehrt darauf hingewiesen, dass neben dem wünschenswert hohen Niveau einer Leistungsmotivation auch die *Volition* treten muss, um als Schüler den Leistungserwartungen voll zu entsprechen. Unter Volition wird das Durchhaltevermögen bezeichnet, die Konzentration auf bestimmte Ziele verbunden mit dem festen Willen, diese erreichen zu wollen. Die Volition allein führt allerdings noch nicht zur erstrebenswerten Leistung. Sie kann nur im Kontext der in diesem Kapitel genannten Variablen wirksam werden.

Neben der Leistungsmotivation und der Volition sind schon erworbene *Lerntechniken und Lernstrategien* bedeutsam. Schüler, die das Lernen gelernt haben, die über zahlreiche Primärstrategien und Stützstrategien verfügen, sind eher in der Lage, Leistungsansprüche zu erfüllen. Zu den Lerntechniken gehören z.B. Fähigkeiten wie das Auswendiglernen eines Gedichts oder das Lernen von Vokabeln zu den Primärstrategien das Schreiben eines Berichts, das Lösen einer Textaufgabe, die Anfertigung eines Referats. Um solche Lernaufgaben in kurzer Zeit und zur Zufriedenheit der Lehrerin bearbeiten zu können, müssen spezifische Vorgehensweisen bekannt und verinnerlicht sein. Die Sekundärstrategien beziehen sich z.B. auf die Planung der verschiedenen Hausaufgaben, die Wahl einer günstigen Arbeitszeit, die Suche nach Informationen oder das Herrichten eines Arbeitsplatzes, der ein optimales und ungestörtes Lernen ermöglicht.

Wenn nun eine Lehrerin über das Zustandekommen bestimmter schulischer Leistungen nachdenkt, wird zumeist Ratlosigkeit zurückbleiben. Die Variablen Begabung, pränatale Einflüsse, frühkindliche Sozialisation, familiale Sozialisation, Ausbildung des Leistungsmotivs, Freizeitverhalten, schulische Sozialisation sind ihr häufig unbekannt und als vorlaufende Variablen ohnehin nicht mehr zu beeinflussen.

Zwischen Ergebniskontrollen und Leistungsbeurteilungen unterscheiden

Wer Unterricht auswerten und beurteilen möchte, unterscheidet am besten sehr genau zwischen *Ergebniskontrollen* und Leistungsbeurteilungen. Erstere haben für die am Unterricht Beteiligten primär eine Feedbackfunktion, Letzere haben für die Schüler – und manchmal auch für die Lehrerin – in erster Linie eine Selektionsfunktion.

Um effektiv lehren und lernen zu können, sind *Ergebniskontrollen* unerlässlich. Sobald die Lehrerin annehmen kann, dass die Schüler ein bedeutsames Ziel erreicht haben, ist eine Ergebniskontrolle angebracht. Fällt diese Kontrolle positiv aus, handelt es sich um eine *Erfolgskontrolle*. Die Lehrerin und die Schüler werden durch die Erfolgserlebnisse emotional stabilisiert und frei für weiterführende Frage- und Problemstellungen.

Sind im Verlauf von Ergebniskontrollen *Misserfolge* zu verzeichnen, werden immerhin die Lernlücken sichtbar, die es im weiteren Verlauf des Unterrichts zu schließen gilt. In jedem Fall dienen Ergebniskontrollen der Prozesssteuerung, und ohne Ergebniskontrollen ist ein prozessorientierter Unterricht nicht möglich. Über die Ergebniskontrollen erhalten Lehrerin und Schüler ein Feedback, erfahren, was gelehrt und gelernt worden ist. Die Schüler erfahren etwas über ihre Stärken und Schwächen, und wenn solche Kontrollen mit differenzierten Lernhilfen verbunden werden, lässt sich die Lehr-Lern-Effektivität beträchtlich steigern (vgl. Walberg 1984).

Lehranfängerinnen machen häufig den Fehler, auf Ergebniskontrollen zu verzichten, weil ihnen aufgrund eigener negativer Erfahrungen Kontrollen unangenehm sind, sie ihre Schüler nicht bloßstellen möchten, sie Kontrollen für überflüssig halten und die Zeit lieber für andere unterrichtliche Aktivitäten nutzen möchten. Wenn sie dann nach mehreren Wochen oder Monaten auf die Idee kommen, das Unterrichtsergebnis kontrollieren zu wollen, werden sie fast immer Misserfolge verzeichnen und überrascht sein, dass sie offensichtlich über die Köpfe vieler Schüler hinweg unterrichtet haben. Schließlich kommt es nicht darauf an, dass die Lehrerin ihr gesamtes Wissen vor den Schülern ausbreitet, entscheidend sind die Lernergebnisse, welche die Schüler erzielen.

Ergebniskontrollen können in Form und Umfang stark variieren. Sie reichen von einer einfachen Feedbackfrage der Lehrerin über die Lösung einer oder mehrerer Aufgaben bis hin zur Bearbeitung eines von der Lehrerin vorbereiteten Tests am Ende einer Unterrichtseinheit.

Ergebniskontrollen sind auf die Sache ausgerichtet, nicht aber auf die Zensurengebung. Zwar erhalten die Lehrerin und die Schüler auch Hinweise auf eine mögliche Note, doch wird bewusst auf eine Benotung verzichtet. Die Schüler können ihre

Ergebniskontrollen und Leistungsbeurteilungen unterscheiden lernen

Ergebniskontrollen erfüllen primär eine
- Feedbackfunktion

Sie zeigen
- der Lehrerin, was gelehrt worden ist,
- den Schülern, was sie gelernt haben,
- Lernlücken auf, die zu schließen sind,
- wie der Lehr-Lern-Prozess weiterzuführen ist.

Leistungsbeurteilungen erfüllen weitere Funktionen:
- Selektionsfunktion
- Prognostische Funktion
- Berichtsfunktion
- Motivationale Funktion
- Legitimationsfunktion
- Selbstdarstellungsfunktion
- Kontrollfunktion
- Systemstabilisierende Funktion
- Disziplinierungsfunktion

Ergebnisse untereinander vergleichen, doch ein direkter Vergleich, wie er über Noten erfolgt, ist weder beabsichtigt noch möglich. Bei Ergebniskontrollen hat jeder Schüler das Recht auf Fehler. Ein sachbezogener Gütemaßstab und intrinsisch motivierte Schüler sollten idealerweise im Vordergrund stehen.

Leistungsbeurteilungen, die der Zensurengebung dienen, erfüllen zahlreiche weitere Funktionen. Natürlich haben die Zensuren für die Lehrerin und für die Schüler auch eine Feedbackfunktion. Wenn eine Prüfungsarbeit zurückgegeben wird, erfahren die Schüler innerhalb von Sekunden, wo sie stehen, ob sie sich verbessert oder verschlechtert haben. Auch ordnen sie sich blitzschnell in die gruppenspezifische Leistungshierarchie ein und erhalten über die Note ihren Rangplatz zugewiesen. In dieser Situation interessiert zuerst einmal nur die Note, die Fehlleistungen werden zur Nebensache und die häufig geforderten Verbesserungen werden nur widerwillig gefertigt.

Im Zentrum der Leistungsbeurteilung steht allerdings die *Selektionsfunktion*. Da von den Noten und dem Zeugnis oftmals die Zuteilung eines Ausbildungs- oder Studienplatzes abhängt, sind viele Schüler und Eltern auf gute Noten und Zeugnisse erpicht, wenn nicht sogar fixiert. Diese Notenabhängigkeit beginnt spätestens mit der Übergangsauslese am Ende des 4. oder 6. Schuljahres, wenn die Entscheidung über die Art der weiterführenden Schule getroffen werden muss. Die Abhängigkeit setzt sich fort im Gymnasium, wenn sich schon 12-jährige Schüler ihren Numerus clausus voraussagen und sich überlegen, was sie studieren bzw. nicht studieren können. Die Noten stehen im Brennpunkt aller Schulabschlussprüfungen, weil schließlich die Zeugnisse existenzbedeutsam sein können.

Eng verknüpft mit der Selektionsfunktion ist die *prognostische Funktion.* »Zuordnungsentscheidungen werden an den Nahtstellen unseres Bildungssystems gefällt. Die Leistungsbeurteilung spielt bei der Prognose und Entscheidungsfindung eine zentrale Rolle, z.B. bei der Nichtversetzung, der Umstufung in eine andere Schulform oder der Sonderschulüberweisung. Die Leistungsbeurteilung wird u.a. als Prädiktor für späteren Schulerfolg benutzt. Fehlerfrei ist eine solche Prognose und Entscheidung nicht möglich.« (Schwarzer 1981, S. 321) Das haben Ausbildungsbetriebe, Banken, Verwaltungen und einige Universitäten schon längst erkannt. Sie gehen deshalb vermehrt dazu über, nicht mehr den Zeugnissen zu vertrauen, sondern die Bewerber hauseigenen Aufnahmeprüfungen zu unterziehen, die auf das Berufsfeld oder den Studiengang zugeschnitten sind. Auch wenn die Abnehmer an der prognostischen Validität zweifeln, so wäre es dennoch falsch, wollte man diese Funktion ganz über Bord werfen. Wenn ein Gymnasiast zum erstmöglichen Zeitpunkt das Fach Mathematik auswählt und er gerade noch jene Punkte erringt, die es ihm gestatten, das Abitur abzulegen, ist er gut beraten, den Studiengang Mathematik zu meiden. Auch wenn der Prognose die absolute Sicherheit fehlt – was schließlich eine Prognose kennzeichnet –, ist eine Wahrscheinlichkeit mit einem unterschiedlichen Gewissheitsgrad gegeben (vgl. Sommer 1983).

Eine weitgehende Überschneidung mit den vorgenannten Funktionen zeichnet sich in Verbindung mit der *Berichtsfunktion* ab. Alle Personengruppen, die sich für Schulleistungen interessieren, erhalten über die Noten und Zeugnisse einen Leistungsbericht mit einem bestimmten Leistungsprofil. An diesen Berichten sind sowohl die Eltern und Lehrer als auch die Abnehmer interessiert. Viele Eltern möchten gerne wissen, wo ihre Kinder in der Schule stehen und ob diese die Leistungsanforderungen erfüllen können. So wird die immer wiederkehrende Frage nach den Ergebnissen von Leistungsbeurteilungen verständlich. Sind die Zensuren positiv, erlahmt das Interesse der Eltern meist rasch, denn das eigene Kind kommt ja gut mit. Negative Noten gleichen oft Alarmsignalen, denn nun kümmern sich ambitionierte Eltern um die Hausaufgaben, engagieren eine Nachhilfelehrerin oder sehen sich sogar schon nach einer Privatschule um. Schlechte Noten leiten häufig eine Familientragödie ein und lösen heiße Diskussionen über das genetische Potenzial aus.

Die Lehrerinnen interessieren sich verständlicherweise für die Zeugnisse ihrer Schüler, wenn sie eine neue Klasse übernehmen, selbst Zeugnisse schreiben und so ein Vergleich mit den vorherigen möglich wird oder wenn ein neuer Schüler in die Klassengemeinschaft aufgenommen werden soll.

Lehrherren und Arbeitgeber, die keine betriebseigenen Aufnahmeprüfungen durchführen können, müssen dem Zeugnis oder dem Bericht der Lehrerinnen über die Leistungen des Bewerbers erst einmal vertrauen. Haben sie die Wahl zwischen mehreren Bewerbern, werden sie zumeist ein glänzendes Zeugnis berücksichtigen, also jenen auswählen, der den besten Bericht abliefern kann, weil sie sich von ihm eine günstige Prognose erhoffen.

Des Weiteren wird den Leistungsbeurteilungen, den Zensuren und Zeugnissen eine *motivationale Funktion* beigemessen. Erhalten Schüler günstige Zensuren, ist davon auszugehen, dass sie versuchen werden, den individuellen Standard aufrechtzuerhalten, vielleicht ihn sogar noch zu steigern. Ungünstige Zensuren, die Fehlleistungen bescheinigen, können hingegen *demotivierend* und leistungsmindernd wirken. Wer wiederholt die Note ungenügend erhält, entwickelt ein negatives Selbstkonzept und versucht gar nicht mehr, sich aus dem Teufelskreis der Misserfolge zu befreien. Ob Noten immer leistungssteigernd wirken, darf wohl bezweifelt werden.

Eine der fragwürdigsten Funktionen ist die *Disziplinierungsfunktion*, wenn also Lehrerinnen versuchen, über Leistungsbeurteilungen und Noten die für das Lehren und Lernen erforderliche soziale Ordnung herzustellen. Dazu ein Beispiel: In einer 6. Stunde sind die Schüler eines 4. Schuljahres ausgesprochen unruhig, schließlich haben sie schon vier Stunden hinter sich, und die Witterung ist schwül. Die Lehrerin bittet um Ruhe – vergeblich, sie ruft in den Lärmpegel hinein – kein Erfolg. Nun lässt sie die Diktathefte austeilen, um auf diese Weise die Schüler ruhig zu stellen. Die Schüler fügen sich murrend, und das Druckmittel wirkt entsprechend – Auch soll es vorkommen, dass sich Lehrerinnen für das undisziplinierte Verhalten einzelner Schüler an diesen mit schlechten Noten rächen und dabei das Anliegen, möglichst valide zu urteilen, völlig außer Acht lassen.

Zu erwähnen sind weiterhin die Legitimations-, die Selbstdarstellungs- und die Kontrollfunktion, die Noten und Zeugnisse für die Lehrerinnen und für die Schulaufsichtsbehörde haben.

Mit der *Legitimationsfunktion* möchten Lehrerinnen bestimmte Ansprüche stellen und auch durchsetzen. Wenn eine Lehrerin nachweisen kann, dass ihre Schüler in einem bestimmten Fach weit überdurchschnittliche Leistungen erzielen, sieht sie ihren Anspruch gerechtfertigt, eine bessere Ausstattung für das Fach, Reisekosten für den Besuch eines Bundeswettbewerbs oder stundenplantechnische Verbesserungen zu verlangen.

Diese Funktion ist direkt gekoppelt mit der *Selbstdarstellungsfunktion*. Denn wenn bei Abschlussprüfungen die Noten und Zeugnisse verschiedener Klassen und Schulen miteinander verglichen werden, möchten Lehrerinnen mit ihren Schülern nicht zu stark abfallen, sondern sich selbst und die Schüler gut präsentieren. Natürlich freuen sich auch die Lehrerinnen über einen guten Notendurchschnitt der Schüler, und sie sind enttäuscht, wenn dieser weit hinter den Erwartungen zurückbleibt. Schließlich beziehen Lehrerinnen einen Teil ihres Selbstverständnisses aus den Lernleistungen ihrer Schüler, für die sie mitverantwortlich sind.

Vertreter der Oberschulämter oder des Ministeriums können bei Abschlussprüfungen, die überregional stattfinden und deshalb einen Leistungsvergleich zulassen, eine *Kontrollfunktion* wahrnehmen. Ansprechende Schülerleistungen deuten auf qualifizierte Lehrleistungen hin. Wenn eine Lehrerin im Fach Physik zum wiederholten Mal mit ihren Schülern Preise beim Wettbewerb »Jugend forscht« erringt, erscheint sie als Fachberaterin für Physik geradezu prädestiniert. Umgekehrt besteht bei stark abfallenden Schülerleistungen die Möglichkeit, nach den zugrunde liegenden Ursachen zu fragen. Noten, Zeugnisse und Prüfungsergebnisse können so Personalentscheidungen beeinflussen und Aufschluss über die Qualität von Lehrleistungen geben.

Leistungsbewertungen erhalten dann bildungspolitische Funktionen, wenn Schulvergleichsforschung über einen Notenvergleich betrieben wird, z.B. gesamtschulartige Systeme mit Schulen aus dem dreigliedrigen Schulsystem verglichen werden. Eine kritische Betrachtung des jeweiligen Treatments verrät dann zumeist auch den ideologischen Standpunkt des Wissenschaftlers. Und doch helfen Noten mitunter, bildungspolitische Entscheidungen vorzubereiten, zu vertreten und auch durchzusetzen.

Schließlich ist noch die *gesellschaftsstabilisierende Funktion* der Noten und Zeugnisse zu erwähnen. Sie tragen mit dazu bei, soziale Strukturen abzusichern und politische Verhältnisse zu bewahren. Vom 10. Lebensjahr an zeichnet das dreigliedrige Schulsystem mit den Leistungsbeurteilungen, Zensuren und Zeugnissen den Lebensweg vieler Schüler vor. Bei politischen Initiativen wird immer wieder deutlich, wie konservative Eltern und Politiker diese systemstabilisierende Funktion stützen, sofern die eigenen Kinder Erfolge in der Schule ihrer Wahl zu verzeichnen haben.

Eine Betrachtung der zahlreichen Funktionen zeigt deutlich die vielen Überschneidungen, sodass bei jeder Leistungsbeurteilung mehrere der vorgenannten Funktionen ins Spiel kommen. Auch werden die Leserinnen aufgefordert, nach weiteren hier nicht genannten Funktionen zu suchen. Die Fragwürdigkeit der Leistungsbeurteilungen und der Notengebung besteht jedoch vor allem darin, dass sie alle ihr zugeschriebenen Funktionen nur unzureichend erfüllen können und die Lehr-Lern-Prozesse eher behindern statt befördern. Neben dem Lehren und Lernen wird durch die Zensuren eine Metaebene etabliert, die Leistungs- und Versagensängste in die Prozesse induziert und deren Wert in der jetzigen Form in Zweifel gezogen werden muss. Deshalb erscheinen Ergebniskontrollen sinnvoll und notwendig, Leistungsbeurteilungen oft mehr als fragwürdig. Schließlich gibt es Länder und Schulen, wie z.B. Dänemark und Finnland, in denen weitgehend auf Noten und Zeugnisse verzichtet wird.

Prüfungen vorbereiten

Ergebniskontrollen, die Lehrerinnen und Schülern zeigen, wo sie im Lehr-Lern-Prozess stehen, bedürfen keiner besonderen Vorbereitung. Hingegen bedarf es bei Prüfungen, z.B. Klassenarbeiten, die der Notengebung und Zensurenfindung dienen, auf Seiten der Lehrerin und der Schüler einiger zusätzlicher Maßnahmen. Wird auf diese verzichtet, kommt es bei vielen Schülern zu *Negativreaktionen*. Sie erleben Gefühle der Anspannung und Beklemmung, verspüren ein Kribbeln im Bauch, reagieren manchmal sogar mit Brechreiz oder Durchfall, mit Wut oder Resignation. Sie verfallen in hektische Betriebsamkeit oder Panik, erleben sich schon bei der Ankündigung als minderwertig oder ohnmächtig. Sie gehen niedergeschlagen und frustriert nach Hause oder überlegen sich auf dem Heimweg, was nun zu tun sei.

Flüchten oder standhalten? – das ist hier die Frage. Erscheint aus der Perspektive des Schülers ein *Misserfolg* vorprogrammiert, lohnt es sich auch nicht, kostbare Freizeit in eine sinnlose Vorbereitung zu investieren, sondern dann erscheint es eher angebracht, krank zu werden, sich eine Entschuldigung schreiben zu lassen oder die Schule zu schwänzen. Besteht noch eine geringe Erfolgschance, lässt sich über die Anfertigung eines Spickzettels, über die Sitzordnung und über kompetente und hilfsbereite Mitschüler nachdenken. Doch wie lässt sich eine solche Notstrategie in eine gründliche Vorbereitung überleiten?

Zunächst ist es einmal die Aufgabe der Lehrerin, für optimale *Rahmenbedingungen* zu sorgen, für einen ruhigen Raum, frische Luft, gutes Licht, große Tische – damit jeder Schüler ungestört arbeiten kann – und für ein Türschild mit der Aufschrift »Prüfung, bitte nicht stören«. Manchmal sind Absprachen über die Verlegung von Unterrichtsstunden notwendig, über einen Raumtausch oder über Prüfungen in anderen Fächern, um eine Überbelastung der Schüler zu vermeiden. Auch ist es empfehlenswert, den Termin im Sekretariat bekannt zu geben, um nicht durch unverhofft auftauchende Eltern gestört zu werden. Die abschließende Beantwortung der Fragen – wer, wann, wo, wie lange – kann zur Optimierung der Rahmenbedingungen hilfreich sein.

Denkbar ist ein *Metaunterricht* zum Prüfungsvorhaben, ein Unterricht über Unterricht, in dessen Verlauf die Lehrerin ihre Schüler gründlich informiert, wie sie sich die Leistungsurteilung vorstellt und die Schüler ihrerseits Zwischen- und Rückfragen stellen, bis das Informationsbedürfnis gestillt ist. Ein solcher Unterricht kann auch in Form einer Befragung der Lehrerin durch die Schüler erfolgen, indem die Lehrerin das Prüfungsvorhaben nur ankündigt und die Schüler zum Fragen auffordert, ihnen natürlich nicht die Aufgaben mit den Lösungen mitteilt.

Wichtig ist die rechtzeitige Bekanntgabe des *Prüfungstermins*, denn nur so haben die Schüler Gelegenheit, mehr Lernzeit in die Vorbereitung zu investieren. – Zwar vertreten einige Lehrerinnen die Auffassung, Schüler müssten jederzeit bereit sein, ihre Leistungen überprüfen zu lassen. Nur durch überfallartige Aktionen sei sicherzustellen, dass Schüler ihre Hausaufgaben regelmäßig erledigen und nicht zu »Saisonarbeitern« werden. Der Autor kann dieser Argumentation nicht folgen, denn auch leistungsstarke Schüler sind überfordert, wenn sie in allen Fächern ihre Kenntnisse und Einsichten stets in voller Breite und Tiefe abrufbar halten sollen. Außerdem haben Kinder und Jugendliche auch das Recht, sich extracurricularen Aktivitäten zuzuwenden und die schulischen vorübergehend zurücktreten zu lassen. Die Bildung von Arbeitsschwerpunkten vor Leistungsbeurteilungen erscheint deshalb gerechtfertigt.

Damit den Schülern eine gezielte Vorbereitung möglich ist, erscheint die *Abgrenzung des Themas* unerlässlich. Besonders die leistungsschwachen Schüler benötigen konkrete Hinweise, welche Lerninhalte geprüft und welche nicht geprüft werden, Hinweise auf zurückliegende Unterrichtsstunden und auf behandelte Themen, Hinweise auf Arbeitsblätter, Ausarbeitungen oder bestimmte Seiten im Schulbuch, die zum Überlernen herangezogen werden können.

Neben einer inhaltlichen Abgrenzung ist es auch sinnvoll, die *Ziele* zu *umschreiben*, ob nur das geprüft wird, was im Unterricht durchgearbeitet worden ist, ob es darum geht, erworbene Kenntnisse und Einsichten zu übertragen oder ob auch eine oder mehrere Aufgaben gestellt werden, die selbstständiges Denken erfordern und so weiterführen. – Es soll Lehrerinnen geben, die aus jeder Klassenarbeit eine Art Intelligenztest werden lassen, indem sie zahlreiche Aufgaben stellen, die einen so hohen Schwierigkeitsgrad haben, dass sie nur von den leistungsstärksten Schülern gelöst werden können.

Zur Vorbereitung gehören auch Informationen über die *Art der Aufgaben*, damit leistungsschwache Schüler nicht über sachfremde Hürden stolpern. Wissen die Schüler schon vor der Arbeit, dass z.B. zwölf Aufgaben auf sie zukommen, von denen die ersten neun geschlossen sind und bei den letzten drei Aufgaben Erklärungen oder Stellungnahmen erwartet werden, kann sie die Art der Aufgaben kaum überraschen. Von der Lehrerin ist allerdings zu überprüfen, ob das Erkennen der Aufgabenart Bestandteil der Prüfungsaufgabe sein soll.

Wenn die Lehrerin für die einzelnen Aufgaben verschiedene Rohwert-Punkte vergeben will, dann ist diese Absicht den Schülern mitzuteilen, damit sich einige Schüler nicht nur den einfachen Aufgaben zuwenden und jene, für die es viele Punkte gibt, vernachlässigen.

Die *Transparenz der Beurteilungskriterien* in Verbindung mit spezifischen Prüfungsaufgaben ermöglicht eine gezielte Vorbereitung und ein intensives Üben. Nur wenn Schüler jene Kriterien kennen, die z.B. ein Erlebnisbericht von einem Sachbericht unterscheiden, können sie bewusst an der einen oder anderen Textsorte arbeiten. Dazu ist es erforderlich, in Verbindung mit den Ergebniskontrollen immer wieder herauszustellen, warum bestimmte Leistungen höher bzw. geringer beurteilt werden, um so die Beurteilungskriterien gemeinsam mit den Schülern zu erarbeiten und abzusprechen.

Was bei der Vorbereitung von Prüfungen zu beachten ist

- für günstige äußere Bedingungen sorgen
- metaunterrichtlich verfahren
- den Prüfungstermin rechtzeitig bekannt geben
- das Thema eingrenzen
- die Ziele umschreiben
- mit den Schülern üben
- die Aufgabenarten transparent machen
- Schüler selbst Prüfungsaufgaben stellen lassen
- über die Punktevergabe sprechen
- Beurteilungskriterien nennen
- den Stellenwert der Prüfung angeben
- Regeln zum Sozialverhalten vereinbaren
- über die erlaubten bzw. nicht erlaubten Medien sprechen
- ein Helfersystem einrichten
- die Bildung von Lerngruppen anregen
- konkrete Lernhilfen geben
- sich an guten Leistungen interessiert zeigen
- Erfolgszuversicht ausstrahlen

Die Bekanntgabe des Sockelwertes – also jener Punktzahl, für welche die Schüler noch die Note 4 (ausreichend) erwarten können – und die Festlegung auf einen solchen Wert vor der Arbeit erscheint nicht ratsam. Denn wird prozess- und schülerorientiert gelehrt und gelernt, werden auch einige Aufgaben zum ersten Mal gestellt, und es kann durchaus sein, dass bei der Korrektur Mängel der Aufgabenformulierung erkannt werden, die eine Verschiebung des Sockelwertes sinnvoll erscheinen lassen. Die Entscheidung für eine pädagogische Bezugsnorm im Anschluss an die Korrektur ist durchaus legitim.

Sodann haben die Schüler ein Recht zu erfahren, welchen *Stellenwert* die angekündigte Leistungsbeurteilung hat, ob es sich z.B. um die allein entscheidende Arbeit in einem Nebenfach handelt, ob die Note nur als Bruchteil einer Gesamtnote in Erscheinung tritt und ob neben der schriftlichen Leistungsbeurteilung weitere mündliche oder praktische Prüfungen erfolgen, die ebenfalls berücksichtigt werden.

Im Vorfeld der Leistungsbeurteilung sind auch die *Regeln des Sozialverhaltens* zu vereinbaren, sofern sie nicht schon zur Selbstverständlichkeit geworden sind. Bezogen auf eine Prüfungszeit von 90 Minuten könnten z.B. drei Abgabetermine vereinbart werden, nach 60, 75 und 90 Minuten, an denen der Raum verlassen werden darf. Es kann festgelegt werden, dass in der Pause gegessen und getrunken wird und nur jeweils ein Schüler den Raum verlassen darf, um den Austausch von Informationen einzuschränken.

Weitere Vereinbarungen sind auch hinsichtlich der erlaubten bzw. nicht erlaubten *Hilfsmittel* zu treffen. In diesem Zusammenhang kann auch an die Notwendigkeit erinnert werden, selbstständig zu arbeiten, sich gegenüber den Mitschülern keine Vorteile zu verschaffen und auf Täuschungsversuche – in Bayern »Unterschleif« genannt – zu verzichten. Erfolgt dieser Hinweis während der Vorbereitung auf eine Klassenarbeit, kann er zu Beginn der Prüfung entfallen.

Besonders wichtig ist eine *Übungsstunde* – evtl. auch mehrere Übungsstunden vor einem Abschlussexamen –, in deren Verlauf die Lehrerin einen letzten Überblick vermittelt, Aufgaben stellt oder Aufgaben von den Schülern formulieren lässt, die von den Mitschülern als Übungsaufgaben zu lösen sind. Für solche Stunden eignet sich die Unterrichtskonzeption des Offenen Unterrichts oder der Freiarbeit, sofern entsprechendes Übungsmaterial zur Verfügung steht. Auch gibt es die Möglichkeit, gemeinsam mit den Schülern Lernmaterial zu fertigen.

Eine Verbesserung des *Lehr-Lern-Klimas* sowie eine Steigerung der Lernmotivation lässt sich durch wenige Äußerungen und Anregungen erzielen. Einmal kann die Lehrerin den Schülern sagen, dass auch sie an möglichst vielen ansprechenden Lernleistungen interessiert sei. Sodann sollte sie sich erfolgszuversichtlich zeigen und auf den Zusammenhang von Anstrengungsbereitschaft und zu erwartender Lernleistung aufmerksam machen, Formulierungen wählen wie: »Die Arbeit ist nicht einfach, aber wenn ihr euch vorbereitet und während der Arbeit voll konzentriert, müssten die Aufgaben zu lösen sein.« Wird der Schwierigkeitsgrad einer Prüfung heruntergespielt, fangen viele Schüler gar nicht erst an zu lernen, wird er dramatisiert, ist ebenfalls keine besondere Lernbereitschaft zu erwarten.

Das Interesse an möglichst vielen sehr guten und guten Schülerleistungen wird auch durch *Lerntipps* für die häusliche Arbeit dokumentiert. Die Lehrerin kann gemeinsam mit den Schülern einen kleinen Lernplan aufstellen, z.B. absprechen, was man zweckmäßigerweise in den nächsten Tagen noch einmal wiederholen sollte und wie man vorgehen könnte.

Eine weitere Möglichkeit, Schüler zum Lernen anzuregen, besteht in der Etablierung eines *Helfersystems*. Wenn beispielsweise eine Schülerin längere Zeit gefehlt hat, kann eine leistungsstarke Mitschülerin gesucht werden, die sich bereit erklärt, mit ihr gemeinsam zu lernen. Auf diese Weise wird allen Schülern deutlich, dass es der Lehrerin keineswegs gleichgültig ist, was für Leistungen sie erzielen.

Schließlich kann die Lehrerin noch dazu auffordern, kleine *Lerngruppen* zu bilden, sich innerhalb eines Wohnbezirks zusammenzufinden, sich gegenseitig abzufragen, Sachverhalte zu klären oder miteinander Übungsaufgaben zu lösen. Da allerdings innerhalb solcher Lerngruppen oft andere Themen Vorrang haben, muss ihre Wirksamkeit in Zweifel gezogen werden.

Wenn sich die Lehrerin mit ihren Schülern in der vorbeschriebenen Art auf Prüfungen vorbereitet, werden die erwarteten Lehr-Lern-Erfolge selten ausbleiben. Die Leistungsanforderungen stellen dann nicht eine unüberwindbare Hürde dar, sondern die Situation mit den Anforderungen wird für die Schüler transparent. Sie wissen nun, was und wie sie lernen müssen, um die Prüfung erfolgreich zu bestehen. Wer nicht weiß, was auf ihn zukommt, hat Angst und neigt zur Flucht. Wer jedoch weiß, was ihn erwartet, wird versuchen, seine Lage zu verändern und das Bestmögliche aus der Situation zu machen.

Prüfungsaufgaben formulieren

Die nachfolgenden Ausführungen sind von allgemeiner Bedeutung, denn die Überlegungen lassen sich auf alle Aufgabenstellungen übertragen, so auf das Stellen von Hausaufgaben, von Aufgaben in mündlichen und praktischen Prüfungen sowie auf das Formulieren von Arbeitsaufträgen im Lehr-Lern-Prozess.

Was die Formulierung von Aufgaben für schriftliche Prüfungen anbelangt, so wird empfohlen, viel Zeit und Kraft zu investieren und besonders sorgfältig zu verfahren, weil sich diese im weiteren Verlauf der Evaluation in mehrfacher Hinsicht positiv auswirkt. Durchdachte Aufgaben führen zu weniger Missverständnissen, sie werden von den Schülern zügiger bearbeitet, die Lehrerin hat weniger Mühe mit der Korrektur, die Prüfungsergebnisse werden von den Schülern eher akzeptiert, Reklamationen sind seltener, die Beziehung zwischen der Lehrerin und den Schülern erfährt durch die Leistungsbeurteilung keine zusätzliche Belastung, und die Autorität der Lehrerin wird nicht unnötig in Frage gestellt.

Die Formulierung der Prüfungsaufgaben ist mit von der Unterrichtskonzeption abhängig. Wird überwiegend prozess- und schülerorientiert gelehrt und gelernt, müssen sich die Aufgaben auch an den zurückliegenden Prozess anschließen. Die Lehrerin wird sich vergegenwärtigen, was in dem zurückliegenden Offenen Unterricht, der Freiarbeit oder dem Projektunterricht gelehrt und gelernt wurde, um dann mögliche Frage- und Problemstellungen für die Formulierung der Aufgaben festzulegen. Wird überwiegend produktorientiert gelehrt und gelernt, wie dies in einem Fach oder Lerngebiet möglich ist, in dem es um eindeutig beschreibbare Techniken, Fähigkeiten und Fertigkeiten geht, können Prüfungsaufgaben gesammelt und immer wieder eingebracht werden. Solche Lerngebiete finden sich in naturwissenschaftlichen Fächern, im Fach Mathematik, im Fach Werken und Technik oder in Lernbereichen der beruflichen Erwachsenenbildung. Aber selbst bei einer Produktorientierung wird sich die Lehrerin den Prozessanteil des zurückliegenden Unterrichts vergegenwärtigen, ihm einige Frage- und Problemstellungen entnehmen und auch anspruchsvollere Aufgaben formulieren, bei denen es z.B. darum geht, mögliche Lösungswege aufzuspüren.

Da niemand wissen kann, welcher Art die Aufgaben sein werden, die auf die Schüler einmal zukommen, erscheint es sinnvoll, die Art der Aufgaben zu variieren. Dies setzt bei der Lehrerin die Kenntnis möglicher Aufgaben voraus und die Bereitschaft, sich selbst für neuartige Aufgaben offen zu halten und kreativ zu werden. Hier einige Aufgabenarten:

- Aufsätze, Kurzaufsätze, Stellungnahmen, Begründungen,
- Lückentexte, Ergänzungsaufgaben,

- Zuordnungs-, Ordnungs- und Konstruktionsaufgaben,
- Mehrfachwahlaufgaben, auch als Multiple-choice-Aufgaben bekannt,
- Assoziationsaufgaben und
- Korrekturaufgaben.
- Weitere Aufgabenarten? …

Im Folgenden werden die von den Schülern zu erbringenden Leistungen umschrieben, und einige Aufgabenarten werden mit einem konkreten Beispiel versehen.

Aufsätze, Kurzaufsätze, Stellungnahmen, z.B. in Form von Begründungen, fordern vom Schüler anspruchsvolle kognitive Prozesse und sprachliche Kompetenz. Sie haben häufig einen hohen Grad an Offenheit und benötigen deshalb einen hohen Korrekturaufwand. Zwar lassen sich für diese Aufgaben eindeutige Beurteilungskriterien heranziehen oder entwickeln – ob die Ausführungen auf das Thema oder die Fragestellung bezogen sind, ob sie verständlich, sachlich haltbar und problembewusst formuliert sind –, doch ergibt sich bei der Korrektur stets ein Interpretations- und Beurteilungsspielraum.

Letzterer ist bei *Assoziationsaufgaben* zumeist noch größer. Ein Beispiel für diese Aufgabenart sind die beliebten Bildergeschichten. Vom Schüler ist zu einer vorgegebenen Bilderfolge eine Handlungsabfolge zu assoziieren und zu beschreiben. Der Schüler muss hier sowohl sein Imaginationsvermögen als auch seine sachlogischen Fähigkeiten aktivieren, um eine ansprechende Leistung erbringen zu können. Bei anspruchsvolleren Aufgaben dieser Art geht es mit um die Pflege des kreativen Potenzials (vgl. Urban 1993).

Bei *Ergänzungsaufgaben* wird vom Schüler z.B. der Abschluss einer Erzählung oder einer Handlungskette erwartet, wobei wiederum Fantasie und Logik eingesetzt werden müssen, Fantasie bei Erzählungen, Logik zum Konzipieren der Handlungsabläufe.

Lückentexte stellen eine besondere Form der Ergänzungsaufgabe dar und sind aus dem Fremdsprachenunterricht allgemein bekannt. Ist die Lücke mit einem spezifischen Begriff oder einer Standardformulierung zu füllen, bereitet die Korrektur keine Schwierigkeiten. Sind verschiedene Lösungen denkbar, ergeben sich wiederum die schon erwähnten Interpretationsspielräume.

Bei *Zuordnungsaufgaben* hat der Schüler bei bestimmten Elementen Gemeinsamkeiten zu erkennen und diese zu verknüpfen. So ist es z.B. denkbar, die verschiedenen Holzarten – Kiefer, Eiche, Fichte, Lärche, Weide, Buche, Eibe, Pappel, Esche, Ahorn – den Nadel- bzw. Laubhölzern zuordnen zu lassen.

Bei *Ordnungsaufgaben* hat der Schüler willkürlich angeordnete Elemente in eine sachlogische Abfolge zu bringen. Beispiele für solche Ordnungsaufgaben wären die Zubereitung einer bestimmten Speise, der Wechsel eines defekten Autoreifens, die Stadien der Embryonalentwicklung oder eine Blutuntersuchung nach einer bestimmten Methode.

Konstruktionsaufgaben fordern vom Schüler das Erkennen einer Struktur, das Identifizieren überflüssiger oder fehlender Elemente sowie die Fähigkeit, diese sach-

Prüfungsaufgaben sorgfältig formulieren und überdenken

Abfragen:
- Aufgabenart?
- Geschlossene oder offenere Aufgaben?
- Anspruchsniveau?
- Verständlichkeit?
- Aufgabenanreiz?
- Operationalisierungsmöglichkeit?
- Auswertungsökonomie?
- Beurteilungskriterien?
- Punktevergabe?

logisch miteinander in Beziehung zu setzen und zu verknüpfen. – Wenn sich der Konsument in einem Warenhaus einen Gebrauchsgegenstand bestellt, erhält er zumeist die Ware originalverpackt mit einer Montageanleitung, die letztlich eine Konstruktionsaufgabe beinhaltet, welche den Empfänger der Ware oft leicht überfordert. – Eine ähnliche Aufgabe besteht z.B. im Sachunterricht darin, ein Fahrrad mit Zubehörteilen so auszustatten, dass es den polizeilichen Vorschriften und der Straßenverkehrsordnung entspricht.

Bei *Multiple-choice-Aufgaben* oder Mehrfachwahlaufgaben wird vom Schüler verlangt, dass er die richtige Lösung erkennt und markiert. Mehrfachwahlaufgaben sind geschlossene Aufgaben, und sie lassen sich deshalb problemlos korrigieren. Die Annahme, Mehrfachwahlaufgaben seien einfach, ist ein Trugschluss, denn selbstverständlich lassen sich auch in solche Aufgaben anspruchsvolle Denkprozesse einbinden, die z.B. analytisches oder bewertendes Denken erfordern. Bei der Formulierung von Mehrfachwahlaufgaben ist auf eine größere Anzahl von Wahlmöglichkeiten zu achten, denn werden nur Alternativen angeboten – richtig oder falsch –, beträgt die Ratewahrscheinlichkeit schon 50%.

Korrekturaufgaben bieten zumeist einen hohen motivationalen Anreiz, weil die Schüler die Rolle der Lehrerin übernehmen dürfen. Von den Schülern wird erwartet, dass sie die falschen oder fehlerhaften Lösungen erkennen, markieren oder auch durch richtige Lösungen ersetzen. Beispiele für Korrekturaufgaben sind die Durchsicht eines Textes oder das Erkennen falscher Elemente in einem Bild.

Schließlich besteht auch die Möglichkeit, zur Freude der Schüler einen *Quiz* zusammenzustellen, etwa in Form eines Kreuzworträtsels, um so den Aufgabenanreiz zu erhöhen.

Bei der Wahl der Aufgabenart sind der *Grad der Offenheit* und die damit verbundene *Auswertungsökonomie* zu berücksichtigen. Prüfungsaufgaben variieren von ganz geschlossen bis zu sehr offen. Ganz offene Aufgaben sind sinnlos, denn dann müsste die Lehrerin sagen: »Stellt euch die Prüfungsaufgaben selbst und bewertet sie auch selbst.«

Testtheoretiker unterscheiden zwischen geschlossenen, halb offenen und offenen Aufgaben. Bei geschlossenen Aufgaben kennen Lehrerin und Schüler das Ergebnis, bei halb offenen kennt entweder die Lehrerin oder der Schüler das Ergebnis, und bei offenen Aufgaben kennen beide das Ergebnis nicht.

Ein Aufsatzthema bietet viele unterschiedliche Bearbeitungsmöglichkeiten, und die Ergebnisse werden stets variieren, also hat eine solche Aufgabenstellung einen hohen Grad an Offenheit, und die Korrektur von Aufsätzen ist aufgrund des Interpretationsspielraumes recht schwierig. Viele andere Aufgabenarten lassen sich geschlossen formulieren, so z.B. Zuordnungs- oder Ordnungsaufgaben, die keinerlei Bearbeitungsspielraum bieten und sich deshalb auch mühelos korrigieren lassen.

Die Frage, ob Lehrerinnen ihren Schülern geschlossene oder offenere Prüfungsaufgaben stellen sollten, muss mit sowohl als auch beantwortet werden. Jeder Mensch wird schließlich immer wieder vor geschlossene und offenere Aufgaben gestellt. Deshalb müssen die Schüler lernen, sowohl mit geschlossenen als auch mit offeneren Aufgaben umzugehen. Geschlossene Prüfungsaufgaben erfordern überwiegend konvergentes Denken, das auf ein bestimmtes Ergebnis ausgerichtet ist. Offenere Aufgaben beinhalten auch divergente Produktion, ein Denken, welches das Imaginationsvermögen der Schüler fordert, in verschiedene Richtungen fortschreitet, bis es sich auf eine Lösungsmöglichkeit konzentriert. Durch offenere Aufgaben wird schließlich auch das in jedem Schüler schlummernde kreative Potenzial geweckt und gepflegt. Da schulisches Lehren und Lernen überwiegend konvergent sind, ist es auch gerechtfertigt, eine größere Anzahl geschlossener Aufgaben zu stellen. Fragwürdig erscheint es, sich ausschließlich auf geschlossene Aufgaben zu konzentrieren, um so Prüfungsarbeiten Zeit sparend und problemlos korrigieren zu können. Wer mit den Schülern fast ausschließlich konvergent denken möchte, der etabliert bei ihnen allmählich eine enge Einstellung und Denkhaltung, die bei begabten und anspruchsvollen Schülern bald auf Widerstand stößt.

Neben den beiden Punkten – Aufgabenart und Grad der Offenheit – ist bei der Aufgabenformulierung das Anspruchsniveau einzuschätzen. Hierzu bedarf es eines kategorialen Systems, wie es die Bloomsche Taxonomie (Bloom 1972), die Struktur des Intellekts (Guilford 1964) oder die Lerntypen nach Gagné (1969) anbieten. Für den kognitiven Bereich lässt sich der Schwierigkeitsgrad einer Prüfungsaufgabe recht gut bestimmen, sofern die Lehrerin die sechs Ebenen der Bloomschen Taxonomie, der TEO – Taxonomy of Educational Objectives – verinnerlicht hat. So lassen sich in Anlehnung an die TEO folgende Aufgaben nach ihrem Schwierigkeitsgrad unterscheiden:

- *Kenntnisaufgaben*, bei denen die Schüler zuvor Gelerntes wiedergeben oder abrufen sollen, z.B. den Nährwert von Kartoffeln bestimmen.
- *Verständnisaufgaben*, bei denen die Schüler zeigen sollen, dass sie eine Einsicht gewonnen haben, z.B. Kartoffeln nicht dick machen, sofern man sie ohne Fett serviert.

- *Anwendungsaufgaben*, bei denen die Schüler eine gewonnene Einsicht auf einen anderen Sachverhalt oder auf ein anderes Gebiet transferieren sollen, z.B. verschiedene Mahlzeiten zusammenstellen, bei denen Kartoffeln nicht als Dickmacher fungieren.
- *Analyseaufgaben*, bei denen die Schüler eine Struktur durchschauen und fehlende oder überflüssige Elemente erkennen sollen, z.B. den Speiseplan einer Großküche daraufhin untersuchen, wie die Kartoffel bei der Menügestaltung berücksichtigt wird.
- *Syntheseaufgaben*, bei denen die Schüler verschiedene Strukturen durchschauen und miteinander in Beziehung setzen sollen, also z.B. die Speisepläne zweier Großküchen miteinander vergleichen und dabei besonders auf den Einsatz von Kartoffeln und Reis achten.
- *Bewertungsaufgaben*, bei denen die Schüler Bewertungskriterien auf ein bestimmtes Ereignis oder einen Sachverhalt beziehen oder für zu bewertende Ereignisse oder Sachverhalte Kriterien entwickeln sollen, z.B. entscheiden, welcher Speiseplan unter Berücksichtigung der gefundenen Kriterien vorzuziehen sei.
- *Problemlösungsaufgaben*, bei denen die Schüler mehrere der vorgenannten kognitiven Fähigkeiten sowie ihre Einfälle zur Problemlösung auf eine bestimmte Aufgabe beziehen, z.B. darüber nachdenken, wie ein Diätplan erstellt werden kann, wenn ein Patient weder Kartoffeln noch Reis zu sich nehmen möchte, den Plan modifizieren und einer abschließenden Bewertung unterziehen.

Jede Prüfungsaufgabe ist so verständlich wie möglich zu formulieren. Unverständliche Aufgaben benachteiligen leistungsschwache Schüler, insbesondere jene, bei denen Rückstände in der Sprachentwicklung zu verzeichnen sind, aber auch Kinder, die aus einem sozial schwachen Milieu stammen, aus Familien, in denen ein stark restringierter Code vorherrscht.

Schließlich kann die Aufgabe nicht darin bestehen zu erraten, was die Lehrerin gemeint haben könnte – wozu allerdings leistungsstarke Schüler durchaus in der Lage sind –, sondern es sollte wohl um eine sachbezogene Frage- oder Problemstellung gehen. Durch unverständliche Formulierungen fließt eine sachfremde Variable in die Aufgabe ein, welche die Validität beeinträchtigt, zu Unstimmigkeiten während der Prüfung führt, die Korrektur erschwert und bei der Rückgabe von Klassenarbeiten Konflikte schafft, weil die Lehrerin die Fehleranalyse nicht überzeugend darstellen kann.

Wie werden Aufgaben verständlich? Da gibt es zunächst einmal die bekannten »Hamburger Verständlichkeitsmacher« der Einfachheit, Kürze und Prägnanz, der Gliederung und Ordnung und der Stimulanz (vgl. Groeben 1978).

Einfach formulierte Aufgaben zeichnen sich durch eine Wortwahl aus, die dem sprachlichen Entwicklungsstand der Schüler entspricht, durch Verzicht auf überflüssige Fremdwörter, komplizierte Satzstrukturen und vage oder nichts sagende Begriffe.

Bei *kurz* und *prägnant* formulierten Aufgaben wird nach dem Grundsatz vorgegangen: so kurz wie möglich und so lang wie nötig, d.h. bedeutsame Elemente der Aufgabe können durchaus noch einmal wiederholt werden, um sie zu betonen. Prägnante Formulierungen lassen eine zutreffende Wortwahl erkennen.

Zur *Gliederung* einer Aufgabe gibt es verschiedene Möglichkeiten, indem die Lehrerin mit Absätzen arbeitet, Spiegelstriche verwendet, mit Buchstaben – a) b) c) – oder Ordnungszahlen – 1. 2. 3. – die Sinneinheiten oder Teilaufgaben voneinander abhebt. Sachlogisch strukturierte und gegliederte Aufgaben erleichtern die Auffassung der Frage- oder Problemstellung.

Durch stimulierende Formulierungen lässt sich der *Aufgabenanreiz* erhöhen und einer Bearbeitungsmonotonie vorbeugen.

Neben den vier umschriebenen Variablen lässt sich die Verständlichkeit durch *Beispiele* oder Hinweise auf schon bekannte Regeln erhöhen, auf Elemente, die im Sinne eines »advanced organizers« (Ausubel 1974) der Bearbeitung dienlich sein können.

Bei der Aufgabenformulierung ist die Korrektur- oder *Auswertungsökonomie* zu beachten. Lehranfängerinnen begehen mitunter den Fehler, Aufgaben zu stellen, die nur mit einem großen Zeitaufwand korrigiert werden können. Dann stapeln sich die Hefte auf dem Schreibtisch, die Wochenenden müssen mit Korrekturarbeiten zugebracht werden, und wichtige Freizeit fehlt, um am Montagmorgen ausgeruht in die Schule gehen zu können. Die Auswertungsökonomie lässt sich einmal durch eine präzise Aufgabenstellung erhöhen, welche die Schüler zu einer zielgerichteten Bearbeitung führt. Geschlossene Aufgaben sind – wie schon erwähnt – unter diesem Gesichtspunkt vorzuziehen. Des Weiteren können die Aufgaben so angeordnet werden, dass den Schülern nur ein begrenzter Bearbeitungsraum, z.B. ein Drittel einer DIN-A4-Seite, zugebilligt wird, sie sich also kurz fassen müssen. Eine andere Möglichkeit besteht darin, die Anzahl der erwarteten Antworten, z.B. drei mögliche Ursachen oder sechs Handlungsmöglichkeiten, zu benennen. – Für Aufgabenblätter, die nur geschlossene Aufgaben enthalten, lassen sich mit geringem Aufwand Korrekturschablonen herstellen.

Abschließend ist die formulierte Aufgabe mit Hilfe des Operationalisierungskonzepts zu überprüfen, d.h. die Lehrerin hat sich selbstkritisch die Frage zu beantworten,

- welche Schüler (Lernvoraussetzungen),
- was (Lerninhalt),
- in welcher Zeit,
- unter was für Bedingungen (Medien, Sozialform),
- in welcher Art (Gütemaßstab, Perfektionsgrad)
- leisten sollen (Ziel, Ergebnis).

Die Beantwortung dieser Frage wird häufig zu einer Formulierungsänderung führen. Übrigens ist diese Frage für alle Prüfungen relevant, für mündliche, fachpraktische und schriftliche Prüfungen gleichermaßen. Erfahrene Lehrerinnen haben diese Frage verinnerlicht. Möchte man sich bei einer Beurteilung nicht nur auf das vage Einschätzen einer Prüfungsleistung verlassen, muss bei der Suche nach Beurteilungskriterien eine Antwort auf diese zentrale Frage gegeben werden. Prüfungsaufgaben, die affektiv, emotional oder sozial akzentuiert sind, entziehen sich dem Operationalisierungskonzept weitgehend, nur sollte dann auch deutlich gemacht werden, dass die Prüfungsleistungen nicht über angebbare Kriterien beurteilt, sondern nur eingeschätzt werden können.

Nach erfolgter Aufgabenformulierung ist die Prüfungsarbeit zusammenzustellen, wobei die nachfolgenden Leitlinien hilfreich sein können.

Prüfungsarbeiten zusammenstellen

Schriftliche Prüfungsarbeiten, die aus mehreren Aufgaben bestehen, können durch die Art der Aufgabenanordnung leistungsfördernd in die Prüfungssituation eingebracht werden.

Besonders zu beachten ist die *erste Aufgabe* einer Arbeit. Hat diese einen sehr geringen Schwierigkeitsgrad, kann sie einige Schüler zur Oberflächlichkeit verleiten. Ist der Schwierigkeitsgrad sehr hoch, resignieren einige leistungsschwache Schüler schon bei der ersten Aufgabe. Zu empfehlen ist deshalb eine etwas schwierigere Aufgabe, die am Tag zuvor gründlich durchdacht worden ist, sodass fast alle Schüler das positive Gefühl gewinnen, eine schwierigere Aufgaben lösen zu können. Durch ein solches Erfolgserlebnis wird ein *kognitiver Stil* etabliert, welcher der Bearbeitung aller nachfolgenden Aufgaben zugute kommt, das Gefühl und die Einsicht – wenn ich die Aufgaben vorsichtig und konzentriert angehe, werde ich die Leistungsbeurteilung vermutlich erfolgreich beenden.

Mehrere *geschlossene Aufgaben* gehören in den ersten Teil der Arbeit. Ihre Lösung erfordert zumeist weniger Zeit. Die Schüler haben so das gute Gefühl, Punkte zu sammeln, die ihnen vermutlich auch eine gute Note sichern werden. Auf diese Weise werden die Schüler in der Prüfungssituation emotional stabilisiert und gewinnen zunehmend eine nüchterne Arbeitshaltung. *Offenere Aufgaben* – oder eine offenere Aufgabe – sollten die Arbeit abschließen. Durch sie können unterschiedliche Bearbeitungszeiten aufgefangen werden. Leistungsstarke Schüler haben so am Ende der Arbeit noch einmal die Möglichkeit, ihr Können unter Beweis zu stellen, indem sie die offenere Aufgabe, z.B. eine Stellungnahme oder einen Kurzaufsatz, besonders differenziert und problembewusst bearbeiten.

Innerhalb der Arbeit sind Aufgabengruppen oder Cluster zu bilden. Ordnungsgesichtspunkt ist der zurückliegende Unterricht mit seinen Unterrichtseinheiten oder Modulen. Wurden im Prüfungs- und Beurteilungszeitraum z.B. drei Unterrichtseinheiten erarbeitet, empfehlen sich dreimal drei oder dreimal vier Aufgaben jeweils zu den Unterrichtseinheiten I, II und III. Die willkürliche Anordnung der Aufgaben erscheint wenig sinnvoll, weil auch im Verlauf einer schriftlichen Prüfung die Sachlogik und eine Bearbeitungskontinuität gewahrt werden sollten. Drei oder vier Aufgaben zu einem bestimmten Thema ermöglichen ein Eindenken, eine vertiefte Auseinandersetzung mit dem jeweiligen Fragenkomplex.

Es versteht sich von selbst, den Schwierigkeitsgrad innerhalb der Aufgabengruppen der TEO (Taxonomy of Educational Objectives) entsprechend zu steigern, also z.B. mit einer Kenntnisfrage zu beginnen, eine Verständnisfrage nachzuschieben, um dann als dritte Aufgabe eine Problemstellung zu bringen, die von den Schülern eine

Prüfungsarbeiten professionell zusammenstellen

- den zurückliegenden Lehr-Lern-Prozess überdenken
- Aufgabengruppen bilden
- auf einen zunehmenden Schwierigkeitsgrad achten
- mit der ersten Aufgabe einen förderlichen kognitiven Stil etablieren
- für Abwechslung sorgen und so Bearbeitungsmonotonie vermeiden
- mit einer offeneren Aufgabe am Ende der Arbeit unterschiedliche Bearbeitungszeiten auffangen
- an die Auswertungsökonomie denken

Transferleistung fordert. Auf diese Weise haben die Schüler auch während der Prüfung die Möglichkeit, ihr Leistungsniveau zu steigern, sich einzuarbeiten, an schwierigere Aufgaben heranzuarbeiten und diese zu lösen.

Um einer *Bearbeitungsmonotonie* zu begegnen, sind die Aufgabenarten zu variieren. Mehrere Aufgaben der gleichen Art, z.B. zwölf Multiple-choice-Aufgaben, zeugen von der Einfallslosigkeit der Lehrerin und führen bei den Schülern zu Verdruss. Sind den Schülern die verschiedenen Aufgabenarten bekannt, finden sie es kurzweiliger, sich mal der einen und dann einer anderen Aufgabenart zuzuwenden.

Besonders in der Grundschule ist auf eine schülerfreundliche Gestaltung der Aufgabenblätter zu achten, um so den *Bearbeitungsanreiz* zu erhöhen. Die Berücksichtigung dieses Gesichtspunktes muss nicht zu erheblicher Mehrarbeit führen, wenn die Aufgaben mit freundlichen Aufforderungen oder lustigen Zeichnungen versehen werden. Sachfremde Anreize können allerdings ablenken und vom Kern der Aufgabe wegführen.

Die Anordnung der einzelnen Prüfungsaufgaben auf einem Aufgabenblatt hat unter dem Aspekt der Korrektur- und *Auswertungsökonomie* zu erfolgen. Generell erscheint es wenig sinnvoll, Aufgabenstellungen und Antworten zu trennen, also die Frage im untersten Bereich des Blattes zu stellen und auf dem folgenden Blatt die Antwort zu verlangen. Frage und Antwort oder Problem und Lösung gehören nach Möglichkeit grafisch und optisch zusammen.

Wenn den einzelnen Aufgaben unterschiedliche *Rohwertepunkte* zugeordnet werden, ist dies den Schülern vor der Arbeit mitzuteilen oder die Punktzahlen sind neben die Aufgaben zu schreiben. Auf diese Weise kann sich der Schüler während der Prüfung über seinen aktuellen Punktestand orientieren. Wird die unterschiedliche Punktevergabe nicht mitgeteilt, sind Auseinandersetzungen unausweichlich und aus der Sicht der Schüler auch gerechtfertigt.

Nach Fertigstellung der Prüfungsarbeit ist abschließend die Bearbeitungszeit zu kalkulieren. Lehranfängerinnen sollten die selbst formulierten Aufgaben und die selbst erstellte Arbeit in aller Ruhe selbst bearbeiten, die benötigte Bearbeitungszeit mit drei oder vier multiplizieren, mit vier für jüngere und leistungsschwächere Schüler. Wenn also die Lehrerin 20 Minuten benötigt, braucht die Gruppe zwischen 60 und 80 Minuten. Berufserfahrene Lehrerinnen werden auf die hier vorgeschlagene Prozedur verzichten.

Schriftliche Prüfungen durchführen

Jeder Schüler kennt die angespannte Atmosphäre zu Beginn einer schriftlichen Prüfung. Die Angst, die erwartete Leistung nicht erbringen zu können, also wieder einmal zu versagen, sitzt vielen Schülern im Nacken. Der Puls schlägt schneller, die Handflächen werden feucht, und es macht sich ein beklemmendes Gefühl breit. Die Spannung erreicht ihren Höhepunkt, wenn die Lehrerin das Klassenzimmer betritt, die Schüler begrüßt, die Arbeitshefte austeilen lässt, das Thema bekannt gibt oder ein Aufgabenblatt verteilt.

Sicher ist es angebracht, wenn sich Lehrerin und Schüler nicht bei langen Vorreden aufhalten, sondern den Absprachen gemäß sofort mit der Arbeit beginnen, damit keine wertvolle Arbeitszeit verloren geht. Doch kann sich die Lehrerin, während die Hefte ausgeteilt werden, *erfolgszuversichtlich zeigen* und für konzentriertes und gewissenhaftes Arbeiten gute Noten in Aussicht stellen. Oder sie kann sagen, dass auch sie an vielen ansprechenden Leistungen interessiert sei und so wenig wie möglich korrigieren möchte.

In der gesamten Prüfungszeit kommt es darauf an, möglichst *konsequent* zu handeln und auf *die getroffenen Vereinbarungen* zu *achten.* Dies gilt sowohl für die Art und die Anzahl der Prüfungsaufgaben als auch für die vereinbarten Rahmenbedingungen. Konsequentes Handeln der Lehrerin stabilisiert die Schüler emotional, sie haben das Gefühl, sich auf diese Lehrerin verlassen zu können. Inkonsequentes Handeln in Prüfungssituationen verunsichert die Schüler besonders stark, provoziert Widerspruch, erhöht das Angstniveau und belastet die Beziehungen.

Im Verlauf der Prüfung hat die Lehrerin *äußerste Zurückhaltung* zu üben, um eine ruhige Lernatmosphäre zu schaffen. Überflüssige Kommentare sind völlig unangemessen, und es ist geradezu peinlich, wenn Schüler ihre Lehrerin zur Ordnung rufen müssen.

Die Aufgabe der Lehrerin besteht nun darin, die Schüler beim Arbeiten zu *beobachten.* Stellen die Schüler unmittelbar nach der Themenbekanntgabe oder Verteilung der Aufgabenblätter Rückfragen zum Aufgabenverständnis oder zum Vorgehen, muss die Lehrerin entscheiden, ob diese Fragen gerechtfertigt oder ob sie schon Gegenstand der Aufgabe sind.

Im weiteren Verlauf der Arbeit werden sich meldende Schüler von der Lehrerin am Platz aufgesucht. Das Gespräch erfolgt im Flüsterton, um die anderen Schüler nicht zu stören. Wiederum ist zu prüfen und zu entscheiden, ob eine Frage gerechtfertigt ist. Erscheint z.B. eine Aufgabenformulierung missverständlich oder fehlen zu einer Aufgabe wichtige Angaben, müssen solche *Zusatzinformationen visualisiert* werden, d.h. die Lehrerin wird für alle sichtbar an die Tafel schreiben: In der Auf-

Professionelles Handeln in der Prüfungssituation

- die getroffenen Vereinbarungen einhalten
- sich natürlich geben
- auf überflüssige Rituale verzichten
- sich erfolgszuversichtlich zeigen
- pünktlich beginnen
- Zurückhaltung üben
- die Schüler beobachten
- sich meldende Schüler am Platz aufsuchen
- fehlende Informationen visualisieren
- in Ausnahmefällen Lernhilfen geben
- konsequent verfahren
- bei Täuschungsversuchen situationsangemessen handeln
- die zeitlichen Absprachen einhalten

gabe 3 fehlt … Wenn wichtige Zusatzinformationen an die Tafel geschrieben werden, können die Schüler ihre Überlegungen zu Ende führen, sie werden nicht abrupt aus ihren Gedanken gerissen.

Hat ein Schüler längere Zeit unverschuldet gefehlt oder hat er noch mit erheblichen Sprachschwierigkeiten zu kämpfen, erscheint es gerechtfertigt, *individuelle Lernhilfen* zu *geben*. Wissen die Mitschüler um diese besondere Situation, sind sie bereit, die Lernhilfen und die Zuwendung der Lehrerin zu tolerieren und die damit verbundenen kleinen Störungen hinzunehmen. Bei der Korrektur und Beurteilung der Lernleistung wäre dann auch überwiegend individualdiagnostisch zu verfahren.

Leider lassen sich jene Situationen nicht ganz vermeiden, in denen Schüler versuchen, sich ungerechtfertigte Vorteile zu verschaffen. So lange es Zensuren gibt, wird es auch jene Konfliktsituationen geben, in denen Schüler das Heft ihres Nachbarn inspizieren, sich mit einem Spickzettel versehen oder eigene Aufzeichnungen bereitlegen und – sie dabei von der Lehrerin erwischt werden. *Der Situation angemessen handelt* eine Lehrerin, die dem betreffenden Schüler nonverbal zu verstehen gibt, dass sie über sein Verhalten informiert ist, das unerlaubte Hilfsmittel wortlos einzieht oder das Heft des betreffenden Schülers ergreift und diesem einen anderen Platz zuweist, damit er ungestört weiterarbeiten kann. Laute Verwarnungen und Ermahnungen stören alle Schüler und sind zumeist als Überreaktionen zu werten. Gleiches gilt für die Wegnahme eines Heftes wegen versuchter Täuschung. Eine aufmerksame Lehrerin braucht es nicht so weit kommen zu lassen.

Der abgesprochene *zeitliche Rahmen ist einzuhalten*, damit jene Schüler, die langsam und sorgfältig arbeiten wollen, nicht benachteiligt werden. Gleiches gilt für die leistungsschwachen Schüler, die ohnehin nicht alle Aufgaben bearbeiten können, weil sie mit der Arbeit insgesamt überfordert sind. Um die Bearbeitungszeit variabel halten zu können, überzeugt sich die Lehrerin vom Leistungsfortschritt und kann dann den leistungsstarken Schülern gestatten, zu bestimmten Abgabeterminen den Raum zu verlassen.

Die vorstehend analysierte Prüfungssituation mag vielen Lehrerinnen recht konservativ erscheinen, weil sie auf das Erbringen von Einzelleistungen ausgerichtet ist. Doch so lange existenzbedeutsame Zensuren, Endnoten und Zeugnisse geschrieben und ausgeteilt werden, lässt sich die hier geschilderte Situation nicht vermeiden. Für die Schüler ist diese so missliche Situation transparent zu gestalten, das Angstniveau ist zu reduzieren und insgesamt ist so sorgfältig wie möglich zu verfahren, damit bei den Schülern das Gefühl zurückbleibt, fair behandelt worden zu sein.

Prüfungsarbeiten korrigieren und benoten

Nach erfolgter Prüfung stellt sich für die Lehrerin die Aufgabe der Korrektur, Bewertung, Beurteilung und Benotung der betreffenden Arbeit. Dabei soll zuerst ein mögliches Vorgehen erläutert werden, um anschließend über unterschiedliche Bezugs- und Beurteilungsnormen und über Beurteilungsfehler zu informieren.

Das Vorgehen lässt sich am besten an einem konkreten Beispiel erläutern, an einer Klassenarbeit, wie sie in vielen Fächern üblich ist, so z.B. im Sachunterricht oder in den Fächern Erdkunde, Geschichte, Gemeinschaftskunde, Biologie, Chemie oder Physik. Die Lehrerin hat sich mit der Testformulierung viel Mühe gegeben und zwölf Prüfungsaufgaben formuliert, geschlossene und offenere, kognitiv anspruchslose Aufgaben auf der Kenntnisebene und anspruchsvollere auf den oberen Ebenen der Bloomschen Taxonomie (Bloom 1972), eine Multiple-choice-Aufgabe, eine Zuordnungsaufgabe und einen Lückentext, eine Konstruktionsaufgabe und zum Schluss eine Korrekturaufgabe. Sie hat die Aufgaben in eine ihr sinnvoll erscheinende Abfolge gebracht. Als Ordnungskriterien dient ihr der zurückliegende Unterricht und der zunehmende Schwierigkeitsgrad. Auch achtet sie darauf, dass die Aufgaben einen hohen Grad an Verständlichkeit aufweisen, um leistungsschwache Schüler nicht zu benachteiligen. Die äußere Form der Arbeit bietet verschiedene Lernanreize und signalisiert den Schülern bei den einzelnen Aufgaben, wann kurze und wann differenzierte Antworten von ihnen erwartet werden.

Die Schüler sind offenbar mit der Arbeit zufrieden. Bei der Durchführung gibt es keine nennenswerten Konfliktsituationen. Die Bearbeitungszeit ist ausreichend. Ein Schüler, der längere Zeit gefehlt hatte, arbeitet etwas länger in die Pause hinein. Die Arbeiten werden eingesammelt, und an einem der nachfolgenden Tage steht die Lehrerin vor der Aufgabe, diese zu korrigieren.

Ein mögliches Vorgehen lässt sich folgendermaßen beschreiben: Zuerst empfiehlt es sich, einige Arbeiten auszuwählen und durchzulesen, um sich einen Überblick zu verschaffen. In unserem Beispiel wählt die Lehrerin sich Arbeiten von Schülern, die sie als leistungsschwach und leistungsstark kennt, um so die Leistungsbreite zu erfahren. Dabei macht sie sich Gedanken über die Zuordnung von Punkten zu den einzelnen Aufgaben, d.h. sie überprüft die Punktzahl, die sie bei der Aufgabenformulierung vorgesehen hatte. Für anspruchslosere Aufgaben soll es natürlich weniger Punkte geben als für anspruchsvollere und komplexe Aufgabenstellungen. Doch beim Überfliegen der ersten Arbeiten und beim Durchdenken der Lösungen und Ergebnisse fragt sie sich, ob sich die beabsichtigte Zuordnung aufrechterhalten lässt. Einige Aufgaben, die ihrer Meinung nach von allen Schülern hätten gelöst werden müssen, bereiteten diesen offenbar große Schwierigkeiten. Andere Aufgaben wurden von fast allen Schülern gelöst. Zwei Aufgaben konnten nur von der Hälfte der Schüler bewältigt werden, doch kommen bei ihr Zweifel auf, ob diese Aufgaben verständlich formuliert waren und deshalb das Leistungsversagen vieler Schüler auf Missverständnisse zurückzuführen ist. Bei einer offeneren Aufgabe ergibt sich ein Interpretations- und somit auch ein Beurteilungsspielraum, weil sich einige Schüler mit Einwortsätzen begnügen, andere das Ergebnis stichwortartig umschreiben und wieder andere sich um eine möglichst differenzierte Darlegung bemüht haben. Am Ende dieser ersten Sichtung steht die Entscheidung, wie viele Punkte den jeweiligen Aufgaben zuzuordnen sind.

Lehranfängerinnen sollten sich so früh wie möglich mit den amtlichen *Korrekturvorschriften* und den entsprechenden *Korrekturzeichen* vertraut machen und diese auswendig lernen, um beim Korrekturvorgang möglichst zügig und zuverlässig verfahren zu können. – Möchten Lehrerinnen die Lehr-Lern-Effektivität steigern, können sie sich zeitraubende Korrekturarbeit nicht ersparen, d.h. sie müssen zahlreiche informelle Tests schreiben lassen, diese auch korrigieren und bei der Korrektur möglichst korrekt verfahren, um so den lernenden Schülern immer wieder ein differenziertes Feedback zu vermitteln. Zur Erfüllung dieser Aufgabe bedarf es einer angemessen hohen Korrekturkompetenz, wozu auch die Kenntnis der Korrekturvorschriften und die Anwendung der richtigen Zeichen gehört.

Als Nächstes werden den einzelnen Ergebnissen bzw. Leistungen, die bei jeder Aufgabe erzielt worden sind, *Punkte zugeordnet*, auch Rohwerte genannt. Dabei gibt es zwei verschiedene Vorgehensweisen. Entweder korrigiert die Lehrerin eine Arbeit nach der anderen, z.B. von Aufgabe 1 bis 9 durch, oder sie korrigiert zuerst in allen Arbeiten die Aufgabe 1, dann die Aufgabe 2 usf. Das erste Vorgehen ist für die Lehrerin abwechslungsreicher, und sie muss jede Arbeit nur einmal in die Hand nehmen. Das zweite Vorgehen gestattet den unmittelbaren Vergleich der Ergebnisse von Aufgabe zu Aufgabe, hat aber den großen Nachteil, dass jede Arbeit neunmal aufgenommen werden muss und sich so die Korrekturzeit erhöht.

Unter dem Aspekt der Auswertungsökonomie empfiehlt es sich, die Aufgabenstellungen schon bei der Formulierung so weit zu durchdenken und den einzelnen Aufgaben die Rohwertepunkte so zuzuordnen, dass Korrekturen kaum noch erforderlich sind. Doch wenn prozessorientiert gelehrt und gelernt wird und die Lehrerin bestimmte Aufgabe zum ersten Mal formuliert und in eine Klassenarbeit einbringt, dann lassen sich Korrekturen bei der Punktevergabe nicht ganz vermeiden. Sind die Arbeiten durchkorrigiert, gilt es, die Punkte zu addieren und die Gesamtpunktzahlen festzustellen. Diese banalen Additionen sind mit großer Sorgfalt vorzunehmen, weil fast alle Schüler nach Erhalt der Arbeiten diesen Rechenvorgang nachvollziehen. Lehrerinnen, die nicht einmal die Punkte richtig zusammenzählen, verlieren bei den Schülern schnell an Autorität. Sie zeigen den Schülern auch indirekt, dass ihnen die Punkte, die Noten sowie die dahinter stehenden Schüler ziemlich gleichgültig sind.

Lehranfängerinnen wird empfohlen, eine Rohwertetabelle (vgl. S. 46) zu erstellen, um sich mit Hilfe derselben einen Überblick zu verschaffen, die Aufgabenana-

Beispiel einer Tabelle der Rohwertepunkte

In unserem Beispiel besteht die Lerngruppe aus 18 Schülern. Die Lehrerin stellt neun Aufgaben und vergibt für die Aufgaben 1 bis 6 jeweils drei Punkte und für die Aufgaben 7 bis 9 jeweils sechs Punkte.

Aufgaben Namen	1./3	2./3	3./3	4./3	5./3	6./3	7./6	8./6	9./6	
Anne	3	–	3	3	3	3	6	6	3	30
Antje	3	3	3	3	3	2	6	4	6	33
Britta	–	3	3	–	3	1	–	2	–	12
Benedikt	3	–	3	–	–	1	6	6	3	22
Carolin	1	–	3	3	3	2	6	6	6	30
Christina	2	3	3	–	3	3	–	4	3	21
Claudia	3	–	3	–	3	3	6	4	6	28
Franz	–	–	3	–	3	2	6	2	3	19
Georg	3	3	3	3	3	1	3	6	6	31
Ingo	3	3	3	3	3	1	3	6	6	31
Juliane	2	3	3	–	3	1	–	6	6	24
Karl	3	–	3	3	3	2	6	6	3	29
Katja	–	–	3	3	–	3	6	4	6	25
Kevin	3	–	3	1	3	2	6	6	3	27
Susan	–	3	3	–	–	3	–	6	6	21
Theo	3	3	3	3	3	3	6	6	6	36
Udo	3	3	3	–	3	3	6	6	6	33
Wolfgang	3	–	3	2	3	3	6	4	6	30
	38 0,7	27 0,5	54 1,0	27 0,5	45 0,8	39 0,7	78 0,7	90 0,8	90 0,8	

lyse gezielter vornehmen zu können und um konkrete Anhaltspunkte für den nachfolgenden Lehr-Lern-Prozess zu gewinnen.

In die erste Spalte werden die Namen der Schüler geschrieben, in die erste Zeile die Nummern der Aufgaben. Hinter jedem Namen werden die Punktwerte eingetragen, welche die Schüler für die Bearbeitung der einzelnen Aufgaben erhalten. Die Zeilensummen ergeben die Gesamtpunktzahlen für die einzelnen Schüler. Die Spaltensummen geben an, wie viele Punkte alle Schüler bei den einzelnen Aufgaben erreicht haben.

Mit Hilfe der Spaltensummen lässt sich für die einzelnen Aufgaben mittels eines Taschenrechners sehr schnell der Schwierigkeitsgrad der einzelnen Aufgaben errechnen, indem die jeweilige Spaltensumme durch die Summe der Punkte, die alle Schüler hätten erreichen können, dividiert wird.

Der Schwierigkeitsgrad einer Aufgabe liegt zwischen 0 und 1.0 zeigt an, dass kein Schüler die Aufgabe lösen konnte, 1, dass alle Schüler die Aufgabe lösten, also kein Lernwiderstand vorlag.

In unserem Beispiel hat die Aufgabe 3 den geringsten Schwierigkeitsgrad, weil diese Aufgabe von allen Schülern richtig gelöst worden ist (1,0), die Aufgaben 2 und 4 weisen die höchsten Schwierigkeitsgrade auf, indem nur jeder zweite Schüler die Aufgabe lösen konnte (0,5). Bei einem solchen Schwierigkeitsgrad, dem mittleren Schwierigkeitsgrad von 0,5, ist die Chance, Erfolg oder Misserfolg zu haben, gleich groß.

Aus den Zeilensummen lässt sich nachstehende Punkteverteilung in der Lerngruppe entnehmen:

1 × 36	2 × 33	2 × 31	3 × 30	1 × 29	1 × 28	1 × 27
1 × 25	1 × 24	1 × 22	2 × 21	1 × 19	1 × 12	Punkte

Daraus ergibt sich folgende Verteilung:

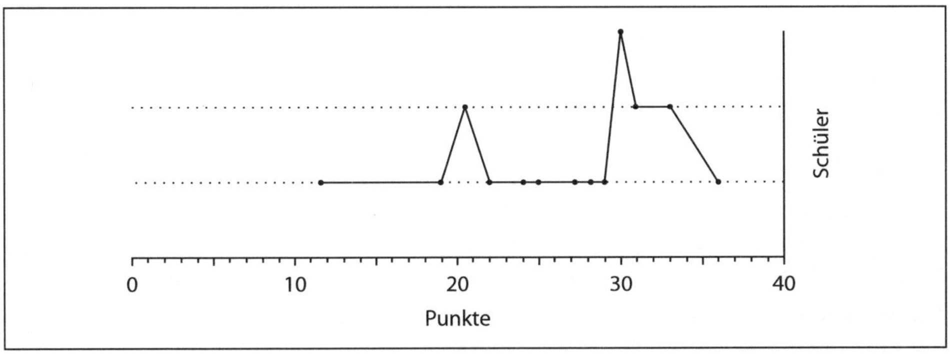

Ein Schüler, in unserem Beispiel Theo, hat die Höchstpunktzahl von 36 erreicht, eine Schülerin, Britta, nur 12 Punkte.

Die *Rohwerte*-Punkte müssen nun fehlerfrei *in Noten umgerechnet* werden. Dazu sind folgende Schritte erforderlich:

- Den Sockelwert festlegen.
- Den Spitzenwert festlegen.
- Das Gesamtintervall zwischen dem Sockel- und Spitzenwert errechnen.
- Das Gesamtintervall durch 3 oder 6 oder 12 dividieren, um ganze, halbe oder viertel Noten zuordnen zu können.
- Den Punkten auf der Skala die Noten zuordnen.

Der *Sockelwert* zeigt an, ob ein Schüler voraussichtlich ohne besondere Hilfen, wie z.B. Nachhilfeunterricht, am weiterführenden Unterricht mit Aussicht auf Erfolg teilnehmen kann. Die Festlegung des Sockelwertes ist eine qualitative Entscheidung der Lehrerin. Sie muss um diese Festlegung ringen, Vergleiche mit Parallelklassen oder früher unterrichteten Lerngruppen anstellen, sich mit Kolleginnen austauschen und eine vorsichtige Prognose wagen. Je nachdem, wo der Sockelwert von ihr festgelegt wird, fällt die Arbeit gut oder schlecht aus. Die Entscheidung für einen bestimmten Sockelwert bedarf einer möglichst differenzierten Begründung. Der Sockelwert setzt eine Norm, nämlich *ausreichend*, die Note 4,0. Er wird zum Ausgangspunkt für alle weiteren Berechnungen. Der Sockelwert sollte möglichst aufgrund nachvollziehbarer Beurteilungskriterien festgelegt werden. – In unserem Beispiel erreicht Britta mit den 12 Punkten diesen Sockelwert nicht. Die Lehrerin sieht sich die Arbeit von Franz genauer an, der 19 Punkte erreicht hat, registriert dort noch erhebliche Lücken bei den Grundkenntnissen der Aufgaben 1, 2 und 4. Und schließlich entscheidet sie sich, den Sockelwert auf 20 Punkte festzulegen.

Mit dem *Spitzenwert* wird festgelegt, welche Arbeiten mit der Note 1 beurteilt werden sollen. Der Spitzenwert ist nicht identisch mit dem höchstmöglichen Wert, in unserem Beispiel 36 Punkte. Es ist durchaus möglich, auch für 35 oder 34 oder 33 Punkte noch die Note 1 zu vergeben. Wie beim Sockelwert handelt es sich auch beim Spitzenwert um eine qualitativ zu begründende Festlegung. – In unserem Beispiel steht außer Zweifel, dass Theo die Note 1 verdient. Doch wie steht es mit den Arbeiten von Antje und Udo, die beide 33 Punkte erzielt haben? Nach reiflicher Überlegung entscheidet sich die Lehrerin dafür, auch diese beiden Arbeiten mit der Note 1 zu beurteilen und den Spitzenwert auf 32 Punkte festzulegen.

Das *Gesamtintervall* errechnet sich nun aus der Differenz zwischen Sockelwert und Spitzenwert, in unserem Beispiel 20 und 32, und es beträgt somit 12 Punkte. Dieses Gesamtintervall ist nun in drei gleich große Intervalle einzuteilen, um die Noten 4 und 3 und 2 zu erhalten. Teilt man das Gesamtintervall durch 6, dann erhält man halbe Noten, teilt man es durch 12, dann viertel Noten. – Wichtig sind bei der Einteilung gleich große Intervalle, weil sonst die Noten durch einen Skalierungsfehler ein ungleiches Gewicht erhalten. In unserem Beispiel sieht also die Skala folgendermaßen aus:

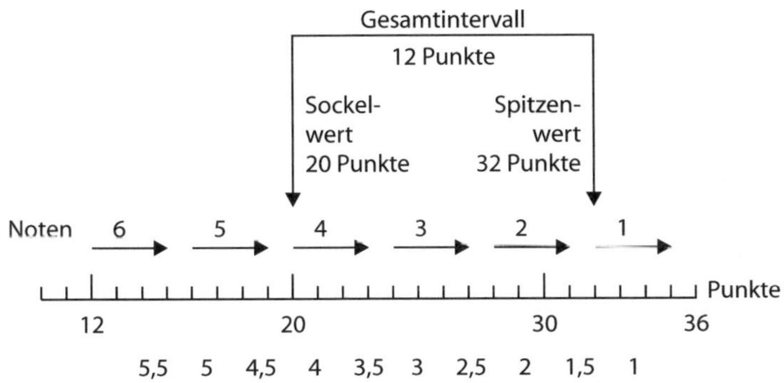

Nach diesen Überlegungen und der kleinen Rechenprozedur lassen sich die Noten mühelos den erzielten Punkten zuordnen. In unserem Beispiel erhält

- ein Schüler die Note 6 (12 Punkte),
- einer die Note 5 (19 Punkte),
- drei Schüler erhalten die Note 4 (2 × 21 und 1 × 22 Punkte),
- drei Schüler erhalten die Note 3 (24, 25 und 27 Punkte),
- sieben Schüler erhalten die Note 2 (28, 29, 30 und 31 Punkte) und drei Schüler die Note 1 (32 und mehr Punkte).

Das Intervall, mit dem der Spitzenwert – besser die Spitzenwerte – festgelegt wird, braucht den anderen Intervallen nicht zu entsprechen, da es sich hier um eine qualitative Festlegung handelt.

Vorschlag zur Korrektur, zur Auswertung und zur Umrechnung

Auswertung
- Überblick verschaffen
- den Aufgaben Punkte zuordnen
- Rohwertetabelle erstellen
- Gesamtpunktzahlen errechnen
- Schwierigkeitsgrade berechnen

Umrechnung
- um den Sockelwert ringen
- den Spitzenwert festlegen
- das Gesamtintervall errechnen
- das Gesamtintervall durch 3 oder 6 oder 12 dividieren
- den Gesamtpunktzahlen ganze oder halbe oder viertel Noten zuordnen

Eine pädagogische Beurteilungsnorm zugrunde legen

Bei der Beurteilung und Benotung von Schülerleistungen fließen unterschiedliche Bezugs- oder Beurteilungsnormen ein, so z.B. die kriterienorientierte, die soziale, die individuelle, eine standardisierte, verordnete, abgesprochene oder eine statistische Norm. Da die hier genannten Bezugsnormen das Urteil erheblich verfälschen können, werden sie zunächst erklärt, um anschließend der Frage nachzugehen, wie pädagogisch verantwortlich gehandelt werden kann, um den Schülern möglichst gerecht zu werden.

Die erste Möglichkeit der Notenfindung besteht in der Anwendung der *kriterienorientierten Bezugsnorm*. Die Lehrerin setzt ein Kriterium, formuliert einen Leistungsanspruch und erklärt diesen den Schülern. Sie umschreibt schon lange vor der Durchführung einer Prüfung jene Ziele, die von den Schülern erreicht werden sollten, nennt Gütemaßstäbe, die anzustreben sind, sowie Lernbedingungen, unter denen die Leistungen gezeigt werden sollten, und spricht über die Notenvergabe, sofern bestimmte Kriterien erfüllt sein sollten. Die Schüler können sich nun im Verlauf des Unterrichts an diesen Kriterien orientieren, deren Erreichung zum Erfolg notwendig sind. Sie können zielstrebig – auch außerhalb des Unterrichts – lernen, bis sie glauben, den Leistungsanforderungen gerecht zu werden.

Die kundige Leserin hat in den vorstehenden Ausführungen sofort das Operationalisierungskonzept erkannt, in dessen Rahmen die Frage zu beantworten ist, welche Schüler was für ein Ziel in welcher Zeit unter was für Lernbedingungen mit was für Medien in welchem Gütemaßstab erreichen sollten. Doch ist hinreichend bekannt, dass sich zahlreiche Lernziele einer stringenten Operationalisierung entziehen. Im Mathematikunterricht mag dies häufig möglich sein, das Kriterium einer richtigen oder falschen Lösung zu nennen und den Schülern mitzuteilen, wer alle 10 Aufgaben richtig löst, erhält die Note 1, wer 8 richtig hat, die Note 2 usf. Doch im Hinblick auf die Beurteilung einer Erlebniserzählung müssen die Kriterien schon allgemeiner gehalten werden, weil es ziemlich schwierig ist, eine lebendige oder spannende Darstellung zu beurteilen. Zwar wissen wir, dass sich wirklich bedeutsame übergeordnete Lernziele einer Operationalisierung entziehen, die Gefahr besteht, den Prozess zu vernachlässigen und nur auf das Produkt hinzuarbeiten – Ziel erreicht, Ziel nicht erreicht –, wir wissen auch, dass die Lehrerin und die Schüler zu Sklaven ihrer zuvor getroffenen Absprachen werden können, die Gefahr besteht, die kreative Komponente des Unterrichts zu vernachlässigen. Doch steht bei jeder Leistungsbewertung und -beurteilung die Frage nach den Kriterien im Raum, und sie muss schließlich durch die Lehrerin beantwortet werden, möchte sie ihr Urteil begründen. Um die Problematik vielleicht besser zu erklären, sei auf das Eislaufen und auf die Preis-

Sich verschiedener Beurteilungsnormen bewusst werden

Normen
- die kriterienorientierte Norm
- die soziale Norm oder die Gruppennorm
- die individuelle Norm
- die standardisierte Norm
- die verordnete Norm
- die abgesprochene Norm
- die von einer Gruppe bevorzugte Norm
- die Norm der Normalverteilung

Eine pädagogisch begründete Norm wählen
- den zurückliegenden Lehr-Lern-Prozess überdenken
- Kriterien heranziehen
- das Lernklima in der Gruppe berücksichtigen
- individuelle Gegebenheiten berücksichtigen
- sich dann für den Sockelwert entscheiden

richter hingewiesen. Die Unterscheidung zwischen Pflichtteil und Kür ist geläufig. Im Pflichtteil können die Richter ganz genau sagen, was sie von der Sportlerin verlangen, hier sind die Ziele operationalisiert. Und auch die Sportlerin weiß genau, was von ihr erwartet wird. In der Kür ist das schon etwas anderes, weil hier eine Größe wie der künstlerische Eindruck hinzukommt, in die Subgrößen wie Ausstrahlung, Kostüm, Musik … einfließen, Größen, die stärker der subjektiven Einschätzung unterliegen und die weniger objektivierbar sind.

Für die Schüler ist bei der Anwendung der kriterienorientierten Bezugsnorm der Sockelwert entscheidend, der darüber Auskunft gibt, ob eine Prüfung bestanden oder nicht bestanden ist, die Lernleistung also noch mit ausreichend oder als nicht mehr ausreichend beurteilt wird. Da die Festlegung des Sockelwertes sowie des Spitzenwertes eine qualitative Entscheidung beinhaltet, sich dieses Problem also nicht einfach rechnerisch lösen lässt, variieren die Sockelwerte beträchtlich. Haben die Schüler Glück, gibt sich ihre Lehrerin mit 50% der zu erreichenden Punkte zufrieden, haben sie Pech, d.h. treffen sie auf eine Lehrerin, die höhere Ansprüche stellt, müssen sie 60 oder 70% der Punkte erreichen, um die Prüfung bestehen zu können. Eine Objektivierung dieser Prozentwerte lässt sich nur bei operationalisierbaren Zielen in Verbindung mit einem großen Datenpool erreichen, der allerdings bei einem prozessorientierten Unterricht nicht zur Verfügung stehen kann.

Der Autor hatte vor Jahren das Vergnügen, an einer Universität in den Vereinigten Staaten ein Lehrerinnen-Ausbildungsprogramm kennen zu lernen, welches sich an bestimmten Kriterien orientierte. Studentinnen, die 80% der Studienziele erreichten, durften sich einem weiterführenden Studiengebiet zuwenden. Wer dieses Kriterium nicht erreichte, musste so lange weiterarbeiten, bis die 80% erreicht waren. Auf die Frage, warum die Fakultät 80% verlange und ob nicht auch 70% ausreichend sein würden, wurde geantwortet: »Als wir diese Festlegung trafen, dachten wir wahrscheinlich an Charles Darwin und an sein Hauptwerk – Über den Ursprung der Arten.« Das klingt zwar etwas zynisch, ist aber für die Anwendung einer kriterienorientierten Bezugsnorm typisch: Je nachdem, wo der Sockelwert festgelegt wird, wird die Prüfung bestanden oder nicht bestanden.

Die zweite anzusprechende Bezugsnorm ist die *soziale Norm* oder die *Gruppennorm*. Die Leistung der einzelnen Schüler wird mit den Leistungen der Mitschüler innerhalb der Lerngruppe verglichen, die Leistung wird so in einen sozialen Kontext gesetzt. Der leistungsstärkste Schüler bekommt fast immer die Note 1 – das ist allen Mitschülern bekannt – und der leistungsschwächste kassiert seine 5 oder 6. Nach der Rückgabe einer Klassenarbeit entsteht zumeist etwas Unruhe, es wird getuschelt und gefragt: »Was hast du?« Gegenfrage: »Was hast du?« Und die Unruhe dauert so lange an, bis die Neugier befriedigt ist und jeder weiß, wo er wieder einmal steht, oben oder unten, ob er »gut« oder »schlecht« war. Dieser direkt mögliche Vergleich ist dem Sozialklima innerhalb einer Gruppe abträglich, er beeinflusst gruppendynamische Prozesse negativ und führt zur Etikettierung oder Stigmatisierung einzelner Schüler zum Streber oder Versager.

Bei der Anwendung der sozialen Norm analysiert die Lehrerin also weniger die erbrachte Leistung, sondern sie betrachtet die Leistungen der Schüler innerhalb der Gruppe und entscheidet, ob sie dieses Mal eine 1 oder eine 5 vergeben kann oder muss. Die als ausgezeichnet beurteilte Leistung muss aber gar nicht ausgezeichnet sein. Dies konnte Ingenkamp (1982) in einer Vergleichsuntersuchung an Berliner Hauptschulen nachweisen. Für vergleichbare Leistungen kann Schüler A in der Klasse 7a die Note befriedigend erhalten, während Schüler B in der Klasse 7b die Note mangelhaft bekommt. Offensichtlich kommt es ganz darauf an, in welcher Lerngruppe sich ein Schüler befindet und von wem er unterrichtet wird. Vermutlich sitzt Schüler A zwischen vielen leistungsschwachen Mitschülern und kann sich so profilieren. Auch ist anzunehmen, dass seine Lehrerin gutmütig ist, vielleicht relativ geringe Anforderungen stellt und außerdem einem Mildeeffekt (vgl. S. 65) unterliegt. Schüler B trifft in seiner Lerngruppe vielleicht auf mehrere leistungsstarke Schüler, wird von einer Lehrerin unterrichtet, die überzogene Anforderungen stellt und einem Strengeeffekt unterliegt. So hat er keine Chance, erhält die Note 5 und muss vielleicht deshalb das Schuljahr wiederholen oder sogar die Schule verlassen.

Da Lehrerinnen über die Lernleistungen ihrer Schüler positiv verstärkt werden, indem sie annehmen, bei ansprechenden Lernleistungen besonders gute Lehrleistungen erbracht zu haben, werden sie selten ganz auf die Vergabe der Noten 1 und 2 verzichten. Schließlich ist kaum anzunehmen, dass sich in einer Lerngruppe kein begabter und leistungsbereiter Schüler befindet, und wenn dieser keine 1 bekommt, müsste sich die Lehrerin selbst ein schlechtes Lehrzeugnis ausstellen, und wer tut dies schon gern? Wer sich bei der Vergabe von Noten allein auf die soziale Bezugsnorm verlässt, erscheint etwas naiv und verantwortungslos.

Vielleicht führt da die nächste anzusprechende Norm, die *individuelle* oder *individualdiagnostische Norm*, aus dem Beurteilungsdilemma? Zahlreiche Erziehungswissenschaftlerinnen und Lehrerinnen plädieren seit Jahren dafür, die Noten innerhalb einer Lerngruppe mit der abträglichen Vergleichbarkeit abzuschaffen und einfach nur den individuellen Lernfortschritt zu beurteilen. Das mag im Hinblick auf bestimmte Schulstufen und Schularten, auf Grundschulen und Sonderschulen sinnvoll und möglich sein. Doch jeder Verzicht auf die kriterienorientierte Norm und auf Leistungsvergleiche auch an weiterführenden Schulen erscheint doch etwas utopisch. Abnehmer, die Arbeitgeber, Lehrherren, aber auch die Universitäten, werden auch künftig auf bestimmten Kriterien bestehen und niemals auf einen Leistungsvergleich unter den Bewerbern verzichten. Ein solcher Vergleich kann, in größeren Zeitabständen durchgeführt, zu einer realistischen Einschätzung der Schüler oder Bewerber führen.

Die individuelle Bezugsnorm ist sicher die gerechteste. Zur Anwendung dieser Norm ist auf Seiten der Lehrerin die genaue Kenntnis des Schülers notwendig mit seinen besonderen Begabungen und Schwächen, seinen Interessen und seinem individuellen Lernvermögen. – Zum Ausgangspunkt der Beurteilung und Benotung wird der Leistungsstand eines Schülers zu Beginn eines Beurteilungszeitraums gewählt. Dabei kann der Einsatz verschiedener Testverfahren hilfreich sein, um die subjektive Diagnose zu ergänzen. Am Ende dieses diagnostischen Bemühens steht die Einschätzung des Lern- und Leistungsvermögens. Letzteres wird mit jenen Leistungen in Beziehung gesetzt, die der Schüler innerhalb des Beurteilungszeitraumes und am Ende desselben zeigt. Nun kann die Lehrerin entscheiden, wie sie die Beurteilung möglichst gerecht und im Hinblick auf den einzelnen Schüler abfassen soll.

Sicher ist es oft inhuman, alle Schüler einer Lerngruppe über einen Kamm scheren zu wollen. Ein Beispiel mag dies verdeutlichen: Zwei Schüler erhalten für ein Diktat mit 6 Fehlern die Note 3. Der eine Schüler lebt in geordneten sozialen Verhältnissen, sein Vater ist Bankdirektor, seine Mutter Lehrerin. Sie hat ihre Stelle vorübergehend aufgegeben, um sich ganz ihren beiden Kindern widmen und z.B. auch bei den Hausaufgaben helfen zu können. Der zweite Schüler ist erst seit 3 Jahren in der Bundesrepublik, er kommt aus Afghanistan. Sein Vater arbeitet auf dem Bau, die Mutter geht putzen. Er hat noch vier Geschwister, auf die er häufig aufpassen muss. Die Familie wohnt in beengten Wohnverhältnissen, und viele Dinge, die in anderen Familien selbstverständlich sind, stehen diesem Schüler nicht zur Verfügung. Deshalb erscheint es ungerecht, die gleichen Leistungen mit derselben Note zu beurteilen. Doch der Vergleich hinkt, weil wir keine Informationen über die individuellen Dispositionen und über andere Einflussfaktoren haben.

Versuche, individualdiagnostisch verfahren zu wollen, stoßen häufig bei den Schülern und Eltern, manchmal sogar bei Vertretern der Schulaufsicht, auf Widerstand. In ihren Augen erscheint eine Note nur dann gerecht, wenn alle Schüler gleich behandelt werden. Schüler und Eltern würden sofort protestieren, wenn der kleine Afghane die Note 2 bekommen würde. Um grobe Ungerechtigkeiten durch naive Gleichbehandlung zu vermeiden, bedarf es den Mitschülern gegenüber einer stichhaltigen Begründung. Fehlt z.B. ein Schüler wegen einer schweren Krankheit mehrere Monate und zeigt er eine ausreichende Leistung, die die Lehrerin in Erstaunen versetzt, dann besteht für sie natürlich die Möglichkeit, dem gerade Genesenen die Note 3 zu geben, indem sie den anderen Schülern ihre Entscheidung erklärt.

In ähnlicher Weise ist zu verfahren, wenn Schüler unmittelbar vor einer Leistungsbewertung oder Abschlussprüfung mit einem für sie bedeutsamen existenziellen Ereignis – z.B. dem Tod eines Angehörigen oder Freundes – konfrontiert werden. In solchen Ausnahmesituationen ist es legitim, im Kollegium eine Absprache zu treffen, die Prüfungsvorsitzende zu informieren und individualdiagnostisch zu verfahren, um so für ein Mehr an Gerechtigkeit zu sorgen. Fälle wie diese müssen allerdings die Ausnahme bleiben.

Eine *standardisierte Bezugs- oder Beurteilungsnorm* kann zur Notengebung verwendet werden, sofern sich die Lernziele weitgehend operationalisieren lassen und größere Datenmengen vorliegen. Dies ist aber im Unterricht an einer Regelschule, in dem prozessorientiert gelehrt und gelernt wird, nicht der Fall. Ganz anders sieht es in Bereichen der beruflichen Erwachsenenbildung aus, in denen es auf den Erwerb angebbarer Kompetenzen ankommt. Beispiele für die Anwendung standardisierter Normen sind Lehrgänge bei der Polizei oder Bundeswehr oder zum Erwerb des Führerscheins. In Verbindung mit der theoretischen Führerscheinprüfung lässt sich aufgrund des reichlich vorhandenen Datenmaterials genau und annähernd gerecht sagen, wo der jeweilige Kandidat einzustufen ist, ob seine Leistungen im ersten oder zweiten Perzentil liegen oder ob es sich um unterdurchschnittliche Leistungen handelt, die nicht mehr akzeptiert werden können, sodass die Prüfung wiederholt werden muss.

Verordnete Normen werden innerhalb eines hierarchischen Systems gesetzt und dienen dazu, einen bestimmten Anspruch zu stellen und diesen auch zu realisieren. Wenn Staatsexamina durchgeführt werden, aber nur wenige Plätze für das Referendariat zu vergeben sind, versuchen die abnehmenden Behörden häufig auf die Prüferinnen einzuwirken, um so die Durchfallquote zu erhöhen. Auch werden mitunter fragwürdige Empfehlungen gegeben – so z.B. die Norm der Normalverteilung bei der Benotung zugrunde zu legen –, um auf diese Weise die Anforderungen zu erhöhen und die Prüfungen zu verschärfen. Ob und inwieweit sich die Prüfenden an solche Weisungen halten, sei dahingestellt. Auf jeden Fall bedeutet eine solche Aufforderung oder Vorgabe zweierlei, einmal die Ausübung von Druck innerhalb einer Hierarchie und zum anderen wird versucht, den Prüfenden die Prüfungszuständigkeit teilweise zu entziehen.

Ein Sonderfall stellt eine *zentrale Prüfung* dar, etwa durch eine Handwerkskammer oder das Zentralabitur, bei der die Prüfungsaufgaben, eine Korrekturanweisung und der Notenschlüssel mitgeliefert werden. Sofern man den Lehrerinnen die Möglichkeit bietet, Prüfungsaufgaben oder Themen einzureichen, unter denen dann die vorgesetzte Behörde eine Auswahl trifft, oder mehrere Themen angeboten werden, unter denen die Schüler wählen können, werden die unterrichtenden Lehrerinnen nur teilweise aus dem Evaluationsprozess ausgeschlossen. Aufgrund der anfallenden Datenmenge ist innerhalb eines Prüfungsjahrganges ein Leistungsvergleich und ein Mehr an Gerechtigkeit möglich. Insgesamt betrachtet handelt es sich hier um eine abgeschwächte Form der verordneten Norm unter Einbeziehung der unterrichtenden Lehrerinnen, ein Vorgehen, das deshalb noch akzeptiert werden kann.

Ein Kuriosum stellen *abgesprochene Normen* dar, wenn sich z.B. das Kollegium einer Grundschule darauf einigt, wie es künftig alle Diktate beurteilen will – 0 Fehler Note 1, 1 Fehler 1–2, 2 und 3 Fehler 2, 4 Fehler 2–3 usf. Diese Einigung wird allen Schülern und Eltern kundgetan, und nun glauben alle Menschen im gesamten Einzugsgebiet, der Tag der Gerechtigkeit sei gekommen. Und eine solche Absprache hat ja viele Vorteile: Die Lehrerinnen brauchen sich über die Beurteilung keine Gedanken mehr zu machen, und alle Beteiligten können die Umrechnung von Fehlern in Noten mühelos nachvollziehen. Problembewusste Lehrerinnen durchschauen sofort, dass mit einer solchen Absprache eine Scheinobjektivität vorgegaukelt wird, deren Fragwürdigkeiten sehr bald erkennbar sind. Sollte eine solche Absprache Sinn haben, müssten alle Diktate im Schwierigkeitsgrad relativ konstant gehalten werden, und die Übungszeiten müssten ebenfalls in den Lerngruppen einander gleichen, Forderungen, die sich nicht erfüllen lassen. Lehrerin A versucht nach reiflicher Überlegung, den Schwierigkeitsgrad des Diktats auf das Leistungsvermögen der Schüler zu beziehen und bereitet mit ihnen das Diktat gründlich vor. Wenn sie dann den Schülern sagt: »Übermorgen schreiben wir ein Diktat«, dann rufen die Drittklässler begeistert: »Hurra, wir schreiben ein Diktat« – weil sie die schwierigen Wörter beherrschen und wissen, dass fast alle gute Noten erhalten werden. Das Diktat wird nun geschrieben, den Schülern werden die positiven Ergebnisse mitgeteilt, sie ziehen beglückt nach Hause, und die Eltern sind ebenfalls zufrieden. – Die Lehrerin B hingegen wägt den Schwierigkeitsgrad nicht ganz so sorgfältig ab, auch übt sie mit den Schülern die schwierigen Wörter nicht so intensiv, oder sie lässt sogar das Diktat unvorbereitet schreiben. Natürlich werden die Schüler ihrer Lerngruppe bei Anwendung des vereinbarten Notenschlüssels viel schlechter abschneiden, ja es wird sogar aufgrund der zahlreichen Vierer, Fünfer und Sechser ein Heulen und Zähneklappern geben, Kinder, die sich angstbesetzt nicht nach Hause trauen und die Freude an der Schule gänzlich verlieren.

Im Übrigen hatte in unserem Beispiel das gesamte Kollegium nicht durchschaut, dass die getroffene Vereinbarung noch einen Skalierungsfehler enthält, da die Noten 2, 3 und 4, also die ganzen Noten, ein stärkeres Gewicht als die halben Noten haben.

Die Kombination zwischen verordneter und abgesprochener Norm liegt vor, wenn eine höhere Instanz nach einer entsprechenden Vereinbarung einen Notenschlüssel herausgibt, an den sich dann alle Lehrerinnen zu halten haben. Ein solcher Schlüssel kann die Absprache enthalten, nur dann die Note 1 zu erteilen, wenn 96% der Punkte oder mehr erreicht sind, ab 91% gibt es die Note 1–2 usw. Ein solcher Notenschlüssel wird wiederum allen Lehrerinnen und Schüler bekannt gegeben, er schafft auch bei den Beteiligten eine naive Sicherheit, weil sie alle gesagt bekommen, wie zu verfahren sei, doch wird mit dieser Vorgabe wiederum nur eine Scheinobjektivität vorgespiegelt, die sich nicht begründen lässt.

Eine ebenso fragwürdige Absprache wird mitunter in Kollegien getroffen, wobei diese zwei weitere Komponenten enthält, *hierarchischen Druck* und *Gruppenzwang.*

Ein Kollegium trifft die Vereinbarung, am Ende eines Beurteilungszeitraumes die Zeugnisnote höchstens um eine Note zu verändern. Schüler, die im Vorzeugnis eine 2 hatten, dürfen nur eine 1 oder 3 bekommen, nicht aber eine 4. Und wer eine 4 hatte, darf nicht eine 2 und schon gar nicht eine 1 erhalten. Mit einer solchen Absprache soll dokumentiert werden, dass die ehemalige Lehrerin sich in der Leistungsbeurteilung nur geringfügig geirrt hat, höchstens um eine Note. Den Schülern und Eltern soll wiederum gezeigt werden, wie gerecht doch die Beurteilungen sind. Und von den Lehrerinnen wird ein solidarisches Handeln erwartet, eine Art Kumpanei. Schließlich kann sich ein Schüler durchaus bei einer anderen Lehrerin bei veränderter Motivationslage auch mal um zwei Noten verbessern, warum eigentlich nicht?

Schließlich muss noch auf eine statistische Norm eingegangen werden, weil sie immer noch in den Köpfen zahlreicher Lehrerinnen und Ministerialbeamtinnen herumspukt. Der Göttinger Mathematiker Carl Friedrich Gauß (1777–1855) hatte erkannt, dass sich zahlreiche Phänomene in der Natur in einer Glockenkurve, die Gaußsche Normalverteilung genannt, abzeichnen. Wenn man z.B. Körpergrößen misst, dann gibt es wenige Menschen, die zwergwüchsig sind, und wenige, die über 2 Meter groß in der amerikanischen Basketballliga mitspielen können, das Gros findet sich jedoch zwischen 160 und 180 cm wieder. In gleicher Weise verhält es sich mit Schuhgrößen, und – nun wird es kritisch – mit der in einem bestimmten Kulturkreis messbaren Intelligenz.

»Für eine große Bevölkerung lässt sich die Intelligenztestwertverteilung graphisch darstellen als Fläche unter der Normalverteilungskurve. Bei dieser Modellvorstellung erreichen 68,26% der Bevölkerung einen IQ zwischen 85 und 115, 15,87% einen höheren, 15,87% einen niedrigeren.« (Nuding 1997, S. 8)

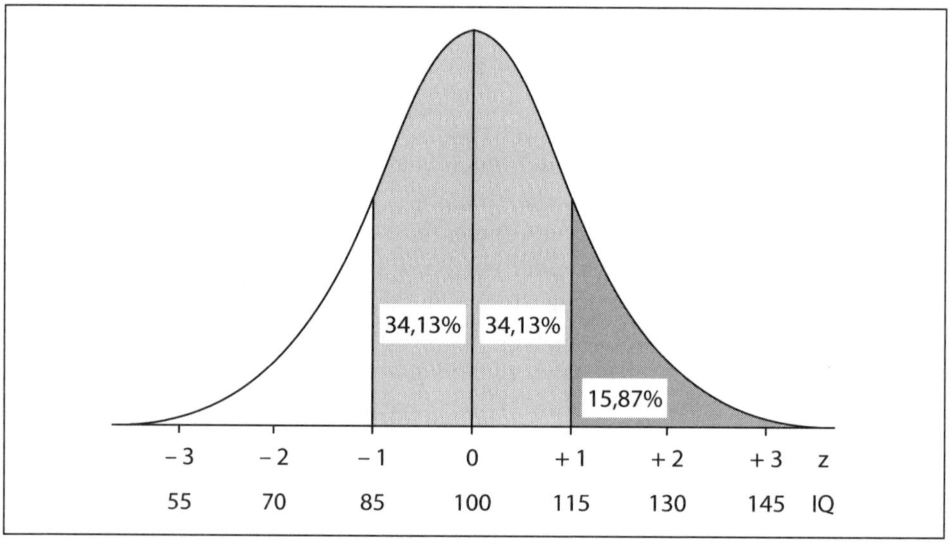

Immer wieder gab (und gibt?) es Versuche, die Normalverteilungsannahme auch auf Leistungsbeurteilungen zu übertragen, z.B. auf Abiturprüfungen, dienstliche Beurteilungen u.a. Dabei hätten dann etwa per Festlegung immer 68% aller Ergebnisse zwischen den Noten 2,5 und 4,5 zu liegen. Es gäbe also viele »mittlere« Resultate und wenig Extremzensuren. Jede Note wäre abhängig von der jeweiligen Bezugsgruppe« (Nuding 1997, S. 8 u. 9). Und man muss hier sofort ergänzen, dass etwa 16% der Schüler immer zum Scheitern verurteilt wären, indem sie eine 5 oder 6 erhalten würden. Zwar verteilt sich die messbare Intelligenz in einem bestimmten Kulturkreis normal und es steht außer Zweifel, dass es wenige Hochbegabte gibt, die mit ihrer eminenten Begabung zu kämpfen haben, und wenige nicht mehr Bildungsfähige, die ihr Leben in einer Anstalt verbringen müssen, doch genau dieses Begabungsspektrum fehlt in fast jeder Lerngruppe, und schon allein deshalb lassen sich die Werte der Normalverteilung nicht auf Lerngruppen übertragen. Allenfalls in Grundschulklassen mit einem sehr heterogenen Einzugsgebiet zeichnet sich ein annähernd normal verteiltes Intelligenzspektrum ab. Lehrerinnen versuchen deshalb, durch Maßnahmen der Binnendifferenzierung diesen heterogenen Lernvoraussetzungen gerecht zu werden. An weiterführenden Schulen wird stets mit ausgewählten Schülergruppen gearbeitet, so an Gymnasien mehrheitlich mit gut begabten Schülern, an Realschulen mit durchschnittlich begabten und an Hauptschulen mit weniger begabten Schülern, was natürlich nicht heißen soll, dass es nicht in fast jeder Gruppe einzelne Schüler gibt, die nicht in die betreffende Gruppe gehören und somit falsch eingeordnet sind.

Doch wie verteilen sich schulische Leistungen innerhalb einer Lerngruppe? Die Antwort ist ganz einfach – unregelmäßig und einseitig im positiven Bereich, sofern sich Lehrerinnen und Schüler um die Lehr-Lern-Ziele und um ansprechende Lehr-Lern-Ergebnisse bemühen und überwiegend das abgeprüft wird, was durchgenommen und erarbeitet worden ist. Verteilungen zeichnen sich als endlich und unstetig ab, denn sie haben einen geringsten und einen höchsten Wert, und zumeist ist keine Regelmäßigkeit erkennbar.

Wie sollte eine angehende Lehrerin in Anbetracht der vielen verschiedenen Bezugsnormen handeln? Eine einfache Antwort lässt sich auf diese Frage nicht geben. Die Norm der Gaußschen Normalverteilung scheidet aus, weil sie unsinnig ist. Abgesprochene und verordnete Normen erscheinen ebenso fragwürdig, und wo solche vorliegen, sind Proteste angebracht – was nicht für zentrale Abschlussprüfungen gilt. – Ein standardisiertes Bezugssystem lässt sich aufgrund des fehlenden Datenmaterials auch nicht heranziehen. Also bleiben im Grunde genommen nur die kriterienorientierte, die soziale und die individuelle Bezugsnorm, die ernsthaft in Erwägung zu ziehen sind. Wenn wir diese drei Bezugsnormen näher betrachten, zeichnet sich ihre Verwendung auf verschiedenen Schulstufen und in verschiedenen Schularten und Bildungseinrichtungen schwerpunktmäßig ab. Im Bereich der Grundschule kann die individuelle oder individualdiagnostische Bezugsnorm herangezogen werden, sie muss sogar im Sonderschulbereich zum Tragen kommen. Übrigens sollte die Einschätzung und Beurteilung von Praktikanten ebenfalls dieser Norm folgen. An weiterführenden Schulen und im Bereich der beruflichen Erwachsenenbildung, wo überwiegend lernzielorientiert gelehrt und gelernt wird, ist die Anwendung einer überwiegend kriterienorientierten Bezugsnorm unerlässlich.

Bezogen auf unser Beispiel, die Korrektur einer Arbeit in einem der Sachfächer, wird die Lehrerin nach einer *pädagogisch sinnvollen* Norm suchen, überwiegend kriterienorientiert verfahren, die Lerngruppe und deren Entwicklung betrachten, den zurückliegenden Lehr-Lern-Prozess durchdenken, selbstkritisch die eigene Lehrleistung einschätzen, vielleicht aber auch einen Schüler in die Überlegungen einbeziehen, bei dem eine individuelle Beurteilung und Benotung angebracht erscheint. Im Anschluss an die vorstehend genannten Überlegungen wird sie um den Sockelwert ringen, von dem schließlich so viel abhängt, den Spitzenwert festlegen und somit entscheiden, wer die Note 1 verdient, evtl. jedoch einen Schüler abweichend beurteilen und den Mitschülern diese Entscheidung erklären. Lehrerinnen, die so verfahren, brauchen die Kritik an den Beurteilungen und den Noten nicht zu scheuen, weil sie ihre Entscheidungen überzeugend begründen können.

Sich möglicher Beurteilungsfehler bewusst sein

Sofern die verehrte Leserin die beiden vorangehenden Kapitel sorgfältig studiert hat und nun glauben sollte, dass sie in der Lage sei, Schüler gerecht beurteilen zu können, muss sie leider enttäuscht werden. Die Vielzahl möglicher Wahrnehmungs-, Beobachtungs- und Beurteilungsfehler macht eine gerechte Schülerbeurteilung unmöglich.

Erziehungswissenschaftler, Vertreter der Pädagogischen Psychologie und Experten der Lehrerausbildung (Ingenkamp 1981, Nuding 1997, Preiser 1979, Schröder 1991) werden nicht müde, den Lehrerinnen immer wieder neue Fehler nachzuweisen. Deshalb wird in diesem Kapitel versucht, mögliche Beurteilungsfehler und die ihnen zugrunde liegenden Ursachen aufzuzeigen, sie in das Bewusstsein der Lehrerinnen zu heben, um anschließend die Frage nach den möglichen Konsequenzen zu stellen.

Schon bei der Aufgabenformulierung können sich erste Fehler einschleichen. Wenn eine Lehrerin prozessorientiert lehrt, also aus dem Prozess heraus die Prüfungsaufgaben stellt, lassen sich Formulierungsschwächen nicht ganz vermeiden. Nun könnte sie sich mit dem Slogan »Nobody is perfect« trösten, doch werden durch *missverständliche Aufgabenformulierungen* primär die leistungsschwachen Schüler benachteiligt, während die leistungsstarken zu erraten vermögen, was die Lehrerin gemeint haben könnte.

Bei der Zuordnung der Rohwertepunkte zu den einzelnen Aufgaben werden sich wiederum kleine Fehler einschleichen, die, sofern sie alle Schüler in gleicher Weise betreffen würden, nicht als gravierend zu betrachten wären. Doch muss wohl davon ausgegangen werden, dass die doch recht subjektive Entscheidung, der einen Aufgabe 3 Punkte, der anderen 6 Punkte zuzuordnen, bestimmte leistungsschwache oder leistungsstarke Schülergruppen benachteiligen oder bevorzugen wird. Das statistische *Problem der Trennschärfe* – inwieweit eine Aufgabe in der Lage ist, leistungsschwache von leistungsstarken Schülern zu unterscheiden – kann eine Lehrerin bei der Formulierung von Prüfungsaufgaben nicht für alle Schüler in gerechter Weise lösen.

Beurteilungsfehler lassen sich auch bei der Durchführung von Prüfungen nachweisen. Das beginnt schon mit der Bearbeitungs- oder *Prüfungszeit.* Viele Lehrerinnen werden die Schüler moderat unter Zeitdruck setzen, die Anzahl und den Schwierigkeitsgrad der Aufgaben so bemessen, dass nur die leistungsstarken Schüler innerhalb von 40 oder 85 Minuten alle Aufgaben bearbeiten und lösen können. Andere Lehrerinnen versuchen bewusst, den Zeit- und Leistungsdruck aus solchen Prüfungssituationen herauszunehmen, um auch leistungsschwachen Schülern eine

Chance zu geben. Sie vereinbaren mehrere Abgabetermine und warten, bis auch die langsameren Schüler zur Abgabe der Arbeit bereit sind. Auf diese Weise werden die Prüfungsbedingungen ungleich und somit ungerecht gestaltet.

Gleiches geschieht hinsichtlich der Anforderung, bei Klausuren und schriftlichen Prüfungen selbstständig zu arbeiten. Die eine Lehrerin tauscht das Klassenzimmer mit dem Kunsterzieher und sorgt dafür, dass alle Schüler ungestört an einem großen Tisch arbeiten können. Oder sie formuliert zwei Arbeiten für die Schülergruppen A und B, damit ein *Abschreiben* nicht möglich ist. Die andere Lehrerin verzichtet auf solche vorbeugenden Maßnahmen, bittet die Schüler lediglich, sich keine ungerechtfertigten Vorteile zu verschaffen, und vertraut auf deren Ehrlichkeit.

Ein Rückblick auf die *unterschiedlichen Bezugsnormen* lässt sofort mögliche Beurteilungsfehler deutlich werden. Da entscheidet sich eine Lehrerin naiv für einen Sockelwert von 50% und wird so zu einer Hochbeurteilerin. Eine andere Lehrerin schwört auf den Sockelwert von 75% und zeigt sich so als Tiefbeurteilerin mit Strengeeffekt. Beide entziehen sich der Mühe, um den Sockelwert ringen und jedes Mal nach einer stichhaltigen Begründung suchen zu müssen. Eine Lehrerin bezieht ihre Beurteilungen auf die sich in der Lerngruppe zeigenden Leistungen, verteilt häufig die Note 1, ohne zu registrieren, dass diese Leistungen einem Vergleich mit anderen Lerngruppen nicht standhalten. Dann halten sich einige Lehrerinnen an fragwürdige Absprachen im Kollegium oder fragwürdige ministerielle Vorgaben, während andere diese Absprachen durchbrechen, die Vorgaben ignorieren und versuchen, die Beurteilungen eigenverantwortlich vorzunehmen. Schließlich wird es noch wenige Lehrerinnen geben, die mit der Gaußschen Normalverteilung liebäugeln. Lehrerinnen, die derart unterschiedliche Bezugsnormen verwenden, können die Schüler niemals gerecht beurteilen.

Ingenkamp (1982) beklagt immer wieder zu Recht die *mangelnde Validität, Objektivität und Reliabilität* der Urteile. Eine Leistungsbeurteilung gilt dann als *valide*, wenn auch wirklich das gemessen oder geprüft wird, was gemessen oder geprüft werden soll. Die Validität oder Gültigkeit einer Prüfung ist zwar bei operationalisierbaren Lernzielen recht hoch, doch in allen Fächern, in denen schwerpunktmäßig kreative oder soziale Ziele angestrebt werden, Einstellungen und Haltungen aufgebaut werden sollen, ist die Validität entsprechend gering. Wenn also im Lehrplan »Bruchrechnen« steht, eine Lehrerin das Beherrschen der Bruchrechenarten abprüft und die Schüler für diese Fähigkeit eine Note erhalten, kann von einer validen Prüfung gesprochen werden. – Ganz anders verhält es sich jedoch in Fächern wie Musikerziehung, Religionslehre oder Kunsterziehung. Eine Musiklehrerin lässt die Schüler ein Lied vorsingen und vergibt danach die Noten. Wer über ein glockenreines Stimmlein verfügt, hat Glück gehabt, wer sich gerade im Stimmbruch befindet, hat Pech. Die Kollegin bemüht sich um eine validere Basis ihrer Noten, indem sie vorsingen, zwölf Fragen zur Musikgeschichte beantworten lässt und noch ein Notendiktat verlangt. Was in diesem zweiten Fall geprüft wird, erscheint schon valider und somit sinnvoller. – Eine Pastorin, die das Fach Religionslehre erteilt, lässt Gesangverse aufsagen oder biblische Geschichten nacherzählen, und es wird sofort

Von Beurteilungsfehlern umstellt!

- keine einheitlichen Beurteilungsnormen
- mangelnde Validität
- mangelnde Objektivität
- mangelnde Reliabilität
- Mängel bei der Aufgabenformulierung
- Mängel bei der Zusammenstellung der Prüfungsarbeit
- Mängel bei der Durchführung
- Mängel bei der Korrektur
- Kontrastfehler
- Reihungsfehler
- Ermüdungsfehler
- simple Rechenfehler
- Wahrnehmungsfehler
- Skalierungsfehler
- Fehler ungewichteter Mittelwerte
- Erwartungsfehler – Pygmalion-Effekt
- Hof-Effekt – Halo-Effekt
- Fehler des ersten und des letzten Eindrucks
- Fehler der sozialen Erwünschtheit
- Sympathiefehler – Antipathiefehler
- Mildeeffekt
- Strengeeffekt
- Fehler der Zentraltendenz
- Fehler der falschen Analogiebildung
- Fehler aufgrund falscher hierarchischer Vorgaben
- Fehler, die durch Gruppendruck zustande kommen

Weitere Fehler?

Wer will von sich behaupten, er könne gerecht urteilen?

deutlich, dass hier eine mangelnde Validität vorliegt. – Auch erscheint es sehr fragwürdig, wenn eine Englischlehrerin die Noten im Fach Englisch in erster Linie nach der Anzahl der Fehler in den »dictations« vergibt – allein deshalb, weil sich solche Fehler leicht in Noten umrechnen lassen. Eine validere Beurteilung müsste sich wohl mehr an dem Sprachvermögen und der mündlichen Ausdrucksfähigkeit orientieren.

Eine Leistungsmessung oder Prüfung gilt dann als *objektiv*, wenn verschiedene Prüferinnen dieselben Lernleistungen in gleicher Weise beurteilen. Doch wie sich in zahlreichen empirischen Untersuchungen nachweisen lässt (Ingenkamp 1981), benoten Lehrerinnen, die unabhängig voneinander dieselbe Klassenarbeit korrigieren, die Schülerleistungen recht unterschiedlich. Das gilt nicht nur für die Aufsatzbeurteilung, sondern auch für die Beurteilung und Benotung von Mathematikarbeiten, wenn eine Lehrerin nur die richtigen Ergebnisse gelten lässt, die andere jedoch versucht, alle dokumentierten Gedanken und Teilergebnisse in die Beurteilung und Benotung einzubeziehen.

Schließlich gilt eine Leistungsbeurteilung oder Prüfung dann als *reliabel*, wenn sie zeitversetzt zuverlässig zu gleichen Ergebnissen und Beurteilungen führt. Aber auch mit der zu fordernden Reliabilität ist es oft nicht zum Besten bestellt. Lehrerinnen sind wie alle Menschen Gemüts- und Stimmungsschwankungen unterworfen. Befinden sie sich in einem Stimmungshoch, kommt es zu positiven Übertragungseffekten auf die zu prüfenden Schüler und häufig auch zu besseren Prüfungsergebnissen. Gegenteilige Auswirkungen sind möglich, wenn sich die Lehrerin schlecht gelaunt in einem Stimmungstief bewegt. Lehrerinnen, welche den Grad der Reliabilität des eigenen Urteils überprüfen möchten, sei ein Selbstversuch empfohlen. Sie brauchen nur eine Klassenarbeit unkorrigiert abzulichten und diese für ein halbes Jahr in einer Schreibtischschublade zu versenken, die Klassenarbeit dann zeitlich versetzt nach einem halben Jahr noch einmal zu korrigieren und die Korrekturergebnisse miteinander zu vergleichen – es werden nicht immer dieselben Ergebnisse und Noten sein.

Die mangelnde Validität, Objektivität und Reliabilität der Urteile sollte dem eigenen Urteil und der eigenen Benotungspraxis gegenüber zu einer vorsichtigen Einstellung und zu der Einsicht führen, dass eine Lehrerin im testtheoretischen Sinn auf bestimmten Gebieten nicht mit den Schulleistungstests konkurrieren kann, sie allerdings den Schülern gegenüber verpflichtet ist, sich um größtmögliche Validität, Objektivität und Reliabilität zu bemühen.

Weitere Beurteilungsfehler werden sofort bei einem Vergleich der Noten am Ende der Grundschule mit den Noten an weiterführenden Schulen sichtbar. Besonders der Notenvergleich – 4. Schuljahr Grundschule mit dem 5. Schuljahr im Gymnasium – zeigt fast immer einen *Notenknick*. Dieser lässt sich allerdings aufgrund der unterschiedlichen Zusammensetzung der Lerngruppen stimmig erklären. Während die Grundschullehrerin fast mit dem gesamten Begabungs- und Leistungsspektrum arbeitet, hat es die Gymnasiallehrerin mit einem begrenzten Begabungsspektrum im oberen Bereich zu tun. Doch vielleicht sind Gymnasiallehrerinnen auch aufgrund ihrer unterschiedlichen beruflichen Sozialisation eher geneigt, die Notenskalen auszuschöpfen? Die Einsicht bleibt auch hier zurück – Note ist nicht gleich Note.

Gleiches gilt übrigens auch für den Vergleich der Noten in den Haupt- und Nebenfächern. Um eine ansprechende Note in einem Hauptfach zu erzielen, bedarf es zumeist einer weitaus größeren Leistungs- und Anstrengungsbereitschaft im Vergleich zur Note in einem Nebenfach. Also hat die Note in einem Hauptfach ein viel größeres Gewicht, doch wird oft allen Noten das gleiche Gewicht beigemessen, was nicht nachvollziehbar ist und so zu dem *Fehler ungewichteter Mittelwerte* führt.

Besonders interessant erscheint immer wieder der Beurteilungsfehler aufgrund bestimmter Erwartungen, auch *Pygmalion-Effekt* (Rosenthal/Jacobson 1968) genannt: Ovid berichtet von einem König auf Kypros (Zypern), dem keine Frau gefallen wollte. Also ergriff er Hammer und Meißel und schuf sich die Statue einer Jungfrau, in die er sich unsterblich verliebte. Aphrodite hatte Mitleid mit dem König, hauchte ihr Leben ein, und der König nahm seine ideale Frau zur Gemahlin.

Rosenthal und Jacobson (1968) führten mit Lehrerinnen und Schülern einen Versuch durch, indem sie bei den Lehrerinnen (falsche) Erwartungshaltungen aufbauten und nachweisen konnten, dass sich die Schüler auch den Erwartungshaltungen entsprechend entwickelten. Sie baten Lehrerinnen um die Erlaubnis, Schüler testen zu dürfen, teilten den Lehrerinnen allerdings (falsche) Testergebnisse mit. Wenn ein Schüler z.B. einen messbaren IQ von 120 und gute Noten hatte, wurde die Lehrerin mit der Feststellung irregeführt, man verstehe gar nicht, wie es zu diesen Leistungen kommen könne, denn der Schüler sei schließlich nur durchschnittlich begabt. Derart fehlinformiert wurde die Lehrerin mit dem Schüler allein gelassen, in dem Glauben, sie habe den Jungen stets zu hoch eingeschätzt. Nach wenigen Monate konnte bei dem Schüler ein Leistungsabfall nachgewiesen werden, weil sich die Lehrerin weniger um den Schüler kümmerte und er sich ihren Erwartungen entsprechend auch negativ entwickelte.

Diese Studie von Rosenthal und Jacobson ist natürlich umstritten, und es gab Untersuchungen, welche sie in Frage stellten und welche sie bestätigten. Doch steht außer Zweifel, dass die *Erwartungshaltungen* der Lehrerinnen mit für die Leistungen und Noten der Schüler verantwortlich sind. Wenn das Kind einer befreundeten Kollegin eingeschult wird, sind die Erwartungen der Lehrerin, die das Kind nun als Schüler zu betreuen hat, zumeist recht hoch, und – das ist das Besondere – der Schüler versucht nun auch seinerseits, diesem Leistungsanspruch gerecht zu werden. Ganz ähnlich verhält es sich, wenn Kinder aus einer Familie dieselbe Schule besuchen. Die Lehrerinnen kennen den Erst- und Zweitgeborenen als besonders leistungsstarke Schüler, da bleibt dem Drittgeborenen kaum etwas anderes übrig, als sich ebenfalls um ansprechende Leistungen zu bemühen, tut er dies nicht, arbeiten die Lehrerinnen darauf hin und fordern ihm entsprechende Leistungen ab. – Es soll Lehrerinnen geben, die 30 Jahre lang bis zur Pensionierung am selben Ort in derselben Schule Dienst tun und Schüler unterrichten, deren Eltern sie schon unterrichtet haben. Aufgrund verinnerlichter Erwartungshaltungen ist es ihnen möglich, für die Schüler der nachfolgenden Generation Zeugnisse zu schreiben, ohne sie unterrichtet zu haben. – Diese Vermutung ist allerdings nicht empirisch belegt.

Bemerkenswert am Pygmalion-Effekt ist die Wechselwirkung, die sich zwischen der Lehrerin und dem Schüler einstellt, ein Interaktionsprozess auf Gegenseitigkeit, wie er auch im Musical »My fair Lady« zwischen dem Professor Higgins und seiner Schülerin Eleisa sichtbar wird. Der Sprachwissenschaftler müht sich ab, und sie sucht ihm zu entsprechen. Durch seine Erwartungen werden bei ihr Lernhaltungen aufgebaut, die schließlich zu dem gewünschten Erfolg führen.

Auf einen weiteren sicher immer wieder auftretenden Beurteilungsfehler hat schon der Nestor der Pädagogischen Psychologie, Thorndike aufmerksam gemacht, nämlich auf den *Halo-Effekt* oder *Hof-Effekt*. Bei diesem Fehler überlagert ein beurteilungsfremdes das zu beurteilende Merkmal. Wenn der Mond von dichten Nebeln überlagert wird, sodass er einen Hof aufweist, verdecken diese ganz oder teilweise die wahre Größe und das sonst übliche Aussehen des Planeten. So gibt es bestimmte Merkmale, die eine schriftliche Leistung, z.B. einen Aufsatz, in einem besonders guten Licht erscheinen lassen, wenn dieser fein säuberlich, also leserlich und noch dazu fehlerfrei abgefasst ist, kann aus einer Note 3 schon mal eine 2 werden. Umgekehrt ist eine Abstufung häufig, wenn sich die Lehrerin während der Korrektur mit einer kaum lesbaren Schrift abmühen muss und sie über zahlreiche orthographische Fehler stolpert.

In mündlichen Prüfungen spielt dieser Hof-Effekt dann eine Rolle, wenn der Schüler äußerlich besonders attraktiv erscheint und es ihm gelingt, durch sein Äußeres, die Frisur oder die Kleidung, die Prüfenden von der wahren Prüfungsleistung abzulenken. Als sachfremdes Merkmal kann auch die Sprechgeschwindigkeit und eine besondere Eloquenz betrachtet werden, wenngleich es – den physikalischen Leistungsbegriff zugrunde gelegt – wohl mit darauf ankommt, in relativ kurzer Zeit zahlreiche Ergebnisse vorzutragen.

In die Reihe des Hof-Effekts gehören auch die *Fehler des ersten und des letzten Eindrucks*, bei dem merkmalsfremde Ereignisse, wie z.B. ein selbstbewusstes und freundliches Auftreten, eine Prüfungssituation einleiten und abschließen, sodass die Prüferinnen während der Prüfung ganz unter dem ersten vorzüglichen Eindruck des Schülers stehen und noch lange über ihn nachdenken.

Auch das nächste Beispiel lässt sich in die Reihe der Hof-Effekte einordnen: An einer Schule für Diätassistentinnen hatten Lehrerinnen und Schülerinnen große Schwierigkeiten mit einem Prüfungsvorsitzenden. Der Herr brachte bei allen vollschlanken Examenskandidatinnen mindestens eine Note in Abzug, weil er der Auffassung war, vollschlanke Diätassistentinnen seien für eine Diätberatung ungeeignet, da sie ein schlechtes Beispiel geben würden. Das beurteilungsfremde Merkmal des Körpergewichts überlagerte so die tatsächlichen Leistungen. Die Lehrerinnen bangten um die Noten ihrer vollschlanken Schülerinnen, und Letztere lebten vor dem Examen in ständiger Furcht vor dem großen Vorsitzenden – und unterwarfen sich Schlankheitskuren.

Interessant und allseits bekannt sind *Sympathie-* bzw. *Antipathiefehler*, die sich aus den Beziehungen zwischen Lehrerinnen und Schülern ergeben. Häufige Schüleräußerungen wie: »Die kann mich ganz gut leiden«, oder: »Bei der bin ich unten durch, bei der bekomme ich nie eine 2«, deuten auf diese Fehlerquelle hin. So beurteilen Lehrerinnen ihre Lieblingsschüler ungerecht, weil sie für die tatsächlichen Leistungen blind sind – Liebe macht ja bekanntlich blind. Sie übersehen bei den Lieblingsschülern Fehler in den Diktaten, ganz unbewusst, einfach so. Oder sie behandeln ohne ersichtlichen Grund den Lieblingsschüler besonders streng, damit er ihren Vorstellungen entspricht. In jedem Fall besteht die Gefahr der Einflussnahme durch eine irrationale Komponente, die im Einzelfall der psychoanalytischen Interpretation bedarf – wollte man sich einen solchen Fehler bewusst machen. Um bestimmten Schülern gegenüber nicht grob ungerecht zu verfahren, bleibt nur der Versuch, Affekte und Beziehungen etwas zu kontrollieren – ganz vermeiden lassen sich diese Fehler nicht.

In enger Beziehung zum Hof-Effekt stehen auch die *Fehler der sozialen Erwünschtheit*, d.h. es werden Schüler, welche die von Lehrerinnen erwünschten Verhaltensweisen der sozialen Mittelschicht verinnerlicht haben, zumeist besser beurteilt als jene, die diese vermissen lassen. Schüler, die schnell ihren Platz aufsuchen, sobald die Lehrerin das Klassenzimmer betritt, die den Gruß freundlich erwidern, die ihre Hefte und Bücher immer dabeihaben, mit einem Beitrag warten, bis sie aufgerufen werden und im Übrigen den Unterricht nicht stören, haben bei fast jeder Lehrerin gewonnen und werden deshalb auch häufig besser beurteilt. Fast erübrigt es sich, darauf hinzuweisen, dass Schüler, welche die Lehrerin ignorieren, vergesslich sind, immer wieder den Unterricht stören und sich mit den Mitschülern prügeln, auch Nachteile bei der Beurteilung zu erwarten haben. Schulbekannte Problemschüler werden so über ihre auffälligen Verhaltensweisen und weniger über ihre tatsächlichen Lernleistungen eingeschätzt, bewertet, beurteilt und benotet.

Es gibt Lehrerinnen, die unterliegen einem *Strengeeffekt*, d.h. sie beurteilen häufig die von den Schülern erbrachten Lernleistungen geringer, als dies der Fall sein müsste. Für einen solchen Beurteilungsfehler lassen sich mehrere Erklärungen finden. Häufig sind solche Lehrerinnen darauf erpicht, den Kolleginnen, Eltern und Schülern gegenüber zu dokumentieren, dass sie allein einen besonders hohen Leistungsanspruch stellen. Manchmal gehen solche Lehrerinnen auch von einem nicht erfüllbaren Perfektionsanspruch aus – dem sie vielleicht in der eigenen Schulzeit ausgesetzt waren und den sie nie erfüllen konnten. Oder es ist ihnen der Unterschied zwischen einer Prozess- und einer Produktevaluation nicht bekannt, d.h. sie können nicht akzeptieren, dass es auf dem Weg zu einer vollkommenen Leistung zahlreiche Vorleistungen geben muss, die noch nicht so perfekt sein können. Und schließlich lässt sich der Strengeeffekt auch mit einem undisziplinierten Schülerverhalten in Verbindung bringen, weil über eine zu harte Beurteilung und Benotung die Möglichkeit besteht, Rachegelüste zu befriedigen. Lehrerinnen, die permanent einem Strengeeffekt unterliegen, können so unter den Schülern Angst und Schrecken verbreiten.

Dem Strengeeffekt steht der *Mildeeffekt* gegenüber, indem die tatsächlich gezeigten Lernleistungen zu gut beurteilt werden. Solche Lehrerinnen, die allzu oft die Noten 1 und 2 vergeben, haben vielleicht früher negative Erfahrungen mit zu strengen Lehrerinnen gemacht und möchten nun bewusst ganz anders handeln. Oder sie sind konfliktscheu, haben Angst vor den Protesten der Schüler und Eltern. Vielleicht möchten sie auch auf diese Weise eine gute Stimmung verbreiten und die Lernatmosphäre verbessern. Oder sie denken an die geminderten Zukunftschancen ihrer Schüler, sofern sie ihnen keine 1 oder 2 geben. Während Lehrerinnen, die dem Mildeeffekt unterliegen, als Hochbeurteilerinnen bezeichnet werden, nennt man jene, bei denen ein Strengeeffekt sichtbar wird, Tiefbeurteilerinnen.

Neben diesen beiden fragwürdigen Gruppen gibt es noch jene, die zum *Fehler der Zentraltendenz* neigt. In diesen Fällen wird häufig allen Schülern die Note 2 erteilt. Es werden Extremwerte vermieden, weil man nicht in der Lage ist, sie ausreichend zu begründen, die Gedankenarbeit für eine differenzierte Begründung scheut oder die leidige Arbeit der Benotung schnell hinter sich bringen möchte. Ein typisches Beispiel für diesen Beurteilungsfehler gibt jene Pastorin, die das Klassenzimmer betritt, die Schüler über ihre Absicht informiert, allen die Note 2 zu geben, und die Frage stellt, ob auch alle mit dieser Note zufrieden seien. Die Schüler nicken, die Tochter des Kantors bekommt schnell noch ihre 1, die Noten sind in wenigen Sekunden erteilt, und alle Beteiligten sind damit zufrieden.

Ein weiterer oft anzutreffender *Fehler* ist jener *der falschen Analogiebildung*, der teilweise dem Erwartungsfehler und dem Hof-Effekt zuzuordnen ist. Lehrerinnen erwarten von einem Schüler, der im Fach Physik die Note 1 hat, dass er im Fach Chemie natürlich auch eine 1 oder 2 bekommen muss. Und ist von einem Schüler erst einmal bekannt, dass er in vielen Fächern vorzügliche Leistungen zeigt, verbreitet er bald eine Aura, die eine Abstufung in einem Fach kaum zulässt. Fast in jeder Zensuren-Abschlusskonferenz wird ein solcher Fehler sichtbar, wenn ein Fachlehrer vom vorherrschenden Urteil abweichen möchte.

Damit ergibt sich eine Überleitung zu jenen Beurteilungsfehlern, die durch *hierarchische Vorgaben*, durch *Gruppendruck* oder sogar *Gruppenzwang* entstehen können. Von ihnen war schon in Verbindung mit den fragwürdigen Bezugsnormen die Rede. Ein Beispiel dafür ist die Aufforderung eines Unterrichtsministeriums an die Lehrerinnen, jenen Schülern eine Note in Abzug zu bringen, die in den Sachfächern Erdkunde, Geschichte oder Gemeinschaftskunde zahlreiche Rechtschreibfehler machen, was einer Aufforderung gleichkommt, die Validität der Noten zu mindern. Da in diesem Erlass den Lehrerinnen auch noch freigestellt wird, ob sie so verfahren wollen oder nicht, ergibt sich zusätzlich eine geminderte Objektivität der Beurteilung. Und da es den Lehrerinnen gestattet ist, die Meinung zu ändern, wird die Reliabilität der Beurteilung auch noch herabgesetzt. Wenn sich also ein Kollegium abspricht, der Empfehlung des Ministeriums zu folgen, wird ein Schüler mit unzureichenden Rechtschreibleistungen in allen Fächern mehrfach für dieses Leistungsdefizit bestraft.

Abschließend seien noch die vielen möglichen *Korrektur- und Verrechnungsfehler* erwähnt, die bei der Beurteilung und Benotung eine Rolle spielen können, simple Rechenfehler, die von den Schülern sofort entdeckt werden, Flüchtigkeitsfehler, die auf mangelnde Sorgfalt zurückzuführen sind, Fehler, die durch falsche oder inkonsequente Anwendung der Korrekturbestimmungen entstehen, Reihungs- und Kontrastfehler, Skalierungs- und Umrechnungsfehler. Wenn sich eine Lehrerin zu Beginn einer Korrektur für ein bestimmtes Vorgehen entschieden hat, sollte sie sich möglichst an die selbst getroffene Entscheidung halten und versuchen, die Arbeiten aller Schüler in der gleichen Weise zu korrigieren und zu beurteilen. Korrekturen, bei denen sich mehrere Inkonsequenzen nachweisen lassen, stoßen bei den Schülern auf Widerstand, und die betreffende Lehrerin verliert an Glaubwürdigkeit. Reihungsfehler kommen häufig durch eine Beharrungstendenz oder durch Ermüdung zustande, wenn die korrigierende Lehrerin eine Arbeit nach der anderen mit Note 3 beurteilt, ohne auf die doch erheblichen Leistungsunterschiede zu achten. Neben dieser perseverierenden Tendenz gibt es Fehler, die durch starke Kontrastwirkungen zustande kommen. Korrigiert eine Lehrerin drei Arbeiten, mit denen sie in keiner Weise zufrieden ist, und stößt sie bei der vierten Arbeit auf eine Leistung, die sie voll befriedigt, kann es vorkommen, dass dieser Schüler eine 2 erhält, obwohl er nur eine 3 verdient hätte. Dieses Beispiel lässt sich natürlich auch umkehren, wobei Beurteilungsfehler dieser Art wohl auf Überraschungseffekte zurückzuführen sind, auf unverhoffte Freude oder Ärger über die jeweils abweichende Leistung. Skalierungsfehler liegen vor, wenn bei der Umrechnung der Rohwertepunkte in Noten Skalen mit ungleichen Intervallen verwendet werden. Und zu Gewichtungsfehlern kommt es schließlich, wenn eine Lehrerin auf die Idee verfällt, alle Noten, die sie für schriftliche Arbeiten, für mündliche Leistungen und für Hausaufgaben in ihrem Notenbüchlein vorfindet, zu addieren und durch die Anzahl der Noten zu teilen, sie also einen ungewichteten Mittelwert errechnet, ein Vorgehen, das natürlich einen Beurteilungsfehler beinhaltet.

Was kann nun eine Lehrerin in Anbetracht dieser zahlreichen Beurteilungsfehler tun? Die Handlungsmöglichkeiten sind zahlreich und doch begrenzt.

Sie kann sich der vielen möglichen Beurteilungsfehler bewusst sein und versuchen, auf dem Gebiet der Leistungsbeurteilung und Benotung so sorgfältig wie möglich zu verfahren. Eine verantwortungsbewusste Lehrerin wird Prüfungen sorgfältig vorbereiten und auf eine ebenso gewissenhafte Durchführung achten. Bei der Korrektur wird sie sich um ein realistisches Anforderungsprofil bemühen und eine pädagogische Bezugsnorm zugrunde legen. Sie wird sich immer wieder die Frage vorlegen, ob die geforderten Leistungen auch annähernd valide erscheinen, ob andere Lehrerinnen in vergleichbarer Weise urteilen würden, und versuchen, die Beurteilungsschwankungen zu minimieren. Was die weiteren Beurteilungsfehler anbelangt, so ist jede Lehrerin von ihnen umstellt, sie kann zwar versuchen, sie zu vermeiden, doch ganz ausschließen lassen sie sich nicht. Diese Erkenntnis führt zu der Einsicht, dass eine gerechte Beurteilung der Schüler niemals möglich sein wird, die Lehrerin jedoch verpflichtet ist, sich um größtmögliche Gerechtigkeit zu bemühen. So betrachtet sind auch die Noten zu relativieren. Sie sind zwar für die Lehrerin wichtig und für die Schüler oft existenzbedeutsam, doch gibt es wichtigere Dinge im Leben als Zensuren und Zeugnisse.

Für die Schüler bleibt die Hoffnung, dass einzelne Lehrerinnen verschiedenen Beurteilungsfehlern unterliegen – die eine z.B. einem Mildeeffekt, die andere einem Strengeeffekt – und auf diese Weise ein gewisser Ausgleich geschaffen wird. Dass alle Lehrerinnen Beurteilungsfehler begehen und kein Kollegium frei von ihnen ist, mag zwar beruhigen, nicht aber über grobe Ungerechtigkeit hinweghelfen.

Prüfungsarbeiten zurückgeben

Auch heute noch soll die Rückgabe der Klassenarbeiten häufig mit fragwürdigen Ritualen verbunden sein, mit sinnentleerten Verhaltensweisen, die gar nicht mehr hinterfragt werden. Das muss nicht sein. So soll es Lehrerinnen geben, die

- ihr rotes Notenbüchlein zücken und jede Note der Gruppe bekannt geben;
- die Hefte den Leistungen entsprechend ordnen und zuerst jene Schüler nennen, die eine 1 geschrieben, und zuletzt jene, die wieder mal versagt haben, sodass die Hierarchie besonders deutlich wird und die leistungsschwachen Schüler bis zuletzt auf ihre Verurteilung warten müssen;
- die Hefte den Leistungen entsprechend auf den Lehrertisch legen, rechts außen die Hefte mit den sehr guten Leistungen, links außen jene mit den ungenügenden Leistungen.

Sinnlos erscheint es, immer wieder dieselben Schüler zu loben oder zu tadeln. Aufforderungen wie »Ihr dürft raten, wer wieder eine 1 geschrieben hat« oder »... wer wieder mal eine 6 kassiert hat« sollten der Vergangenheit angehören. Schließlich lässt sich nur vage abschätzen, worauf die Leistungsstärke bzw. die Leistungsschwäche eines Schülers zurückzuführen ist. Ein Schüler, der immer wieder die Note 1 erhält, weiß ohnehin, dass sich die Lehrerin über seine Leistungen freut. Und jene Schüler, die immer wieder mangelhafte oder ungenügende Leistungen zeigen, wissen ebenfalls, dass die Lehrerin nicht einverstanden sein kann. Stattdessen sollten sich Lob oder Tadel, sofern sie überhaupt ausgesprochen werden, an Leistungen orientieren, die stark von den zuvor erbrachten Leistungen abweichen. Wenn ein Schüler, der bislang nur mangelhafte Leistungen gezeigt hat, nun eine 3 schreibt, verdient er ein Lob. Und wenn ein anderer Schüler, der sonst immer sehr gute Leistungen erbrachte, plötzlich ein Ausreichend erhält, erscheint ein Einzelgespräch angebracht.

Die Rückgabe der Arbeiten ist möglichst in den Lehr-Lern-Prozess einzubinden, indem die Feedback-Funktionen betont werden. Zwar werden sich viele Schüler in erster Linie für ihre Noten interessieren, so lange es diese im deutschen Schulsystem gibt, doch kommt es darauf an, die Schüler auf ihre Leistungsstärken und -schwächen aufmerksam zu machen, Lernlücken zu erkennen und Lerndefizite auszugleichen. Und dementsprechend ist die Rückgabe der Arbeiten zu gestalten.

Fast alle Schüler sind unmittelbar nach der Arbeit an ihren Ergebnissen interessiert. Diesen motivationalen Faktor gilt es zu nutzen. Ideal wäre die Rückgabe einer Arbeit schon am nächsten Tag. Nach 24 Stunden sind den Schülern die einzelnen

Aufgaben mit ihren Frage- und Problemstellungen noch vertraut, sodass ein zeitintensives Eindenken entfällt und eine zügige Aufgaben- und Fehleranalyse möglich ist.

Sportler werden in bestimmten Disziplinen unmittelbar nach dem Versuch mit einer Videoaufzeichnung konfrontiert, die Aufzeichnung wird analysiert, um Hinweise für den nächsten hoffentlich besseren Versuch zu gewinnen. Nun lassen sich Klassenarbeiten nicht immer von einem Tag auf den anderen korrigieren, doch wenn Wochen bis zur Rückgabe verstreichen, sinkt das Schülerinteresse an der eigenen Leistung erheblich ab. Korrigiert werden muss die Arbeit ja ohnehin, ob sofort oder in 14 Tagen, und diese Einsicht sollte zur baldigen Korrektur führen.

Bei der Gestaltung der Rückgabesituation kann die Tabelle der Rohwertepunkte hilfreich sein. Sie ermöglicht eine exakte Aufgabenanalyse und gibt der Lehrerin z.B. Hinweise, welche Aufgaben nicht mehr angesprochen werden müssen, weil sie von allen Schülern gelöst worden sind, welche Aufgaben einbezogen werden sollten, weil sie von einigen Schülern noch nicht bewältigt werden konnten, und welche Aufgaben im nachfolgenden Unterricht unbedingt geübt werden müssen, weil sie von vielen Schülern noch nicht beherrscht werden. Die Tabelle der Rohwertepunkte auf S. 46 zeigt, dass die Aufgabe 3 von allen Schülern gelöst werden konnte. Entweder war die Aufgabe tatsächlich zu leicht oder es wurde in Verbindung mit dieser Aufgabe besonders lange und intensiv geübt. Lehrerin und Schüler können sich über diesen Lehr-Lernerfolg freuen. Die Aufgaben 1 sowie 5 bis 9 wurden von vielen Schülern erfolgreich bewältigt. Diese Aufgaben, die im Schwierigkeitsgrad zwischen 0,7 und 0,9 schwanken, können z.B. in leistungsheterogenen Kleingruppen erklärt werden, indem die leistungsstarken Schüler – Antje, Theo und Udo – als Gruppenleiter aktiv werden. Die Aufgaben 2 und 4 waren offensichtlich zu schwierig, da sie nur von jedem zweiten Schüler gelöst werden konnten. Im Hinblick auf diese Aufgaben müsste – sofern sie fundamental erscheinen – mit der gesamten Lerngruppe ein lückenschließendes Lehren und Lernen einsetzen.

Problematisch sind jene beiden Schüler – Franz und Britta –, die den Sockelwert nicht erreicht haben. Besonders mit Britta wäre lehr-lern-diagnostisch zu verfahren, um festzustellen, wie groß die Lernlücken sind und wo diese Schülerin wirklich steht (vgl. Eigler/Straka 1978). Zur Abklärung der Lernvoraussetzungen muss allerdings ein besonderer Termin vereinbart werden – evtl. werden auch mehrere Termine notwendig –, um von ganz einfachen Aufgaben ausgehend den Schwierigkeitsgrad vorsichtig zu steigern und zu erkunden, wo diese Schülerin den Lernprozess mit Aussicht auf Erfolg aufnehmen kann. Anschließend gibt es mehrere Möglichkeiten:

- Die Lehrerin erstellt für Britta einen Lernplan, der die Inhalte, Ziele und Zeitvorstellungen enthält, und fordert die Schülerin auf, eigenständig lückenschließend zu verfahren.
- Sie empfiehlt Nachhilfeunterricht, übergibt der Nachhilfelehrerin den Lehrplan und kooperiert mit ihr.

Worauf bei der Rückgabe zu achten ist

- auf fragwürdige Rituale verzichten
- die Rückgabe in den Lehr-Lern-Prozess einbeziehen
- den Prozess auf die Lernlücken abstimmen
- bestimmte Aufgaben mit den Schülern analysieren
- die Punktevergabe transparent machen
- die Schüler ihrem Leistungsvermögen entsprechend loben
- Nachkorrekturen in Ruhe außerhalb des Unterrichts vornehmen
- leistungsschwache Schüler beraten

- Sie erkennt aufgrund der erheblichen Lernlücken die Aussichtslosigkeit des Bemühens und empfiehlt die Nichtversetzung oder den sofortigen Übergang auf eine andere Klassenstufe.
- Sie spricht mit allen Beteiligten, den Eltern, der Schülerin, der Rektorin und den Kolleginnen, und empfiehlt einen Schulwechsel, sofern auch in anderen Fächern erhebliche Leistungsdefizite zu verzeichnen sind.

Auf jeden Fall ist es unökonomisch und für einen leistungsschwachen Schüler frustrierend, wenn er ein ganzes Jahr lang in einer Lerngruppe mitarbeiten muss, deren Leistungsniveau er nicht erreichen kann. Hier liegt eine zentrale Schwäche unseres Schulsystems, das sich eines ergänzenden Unterrichtssystems, dem Nachhilfeunterricht, bedienen muss (vgl. Behr 1990).

Um die Situation der Rückgabe so sinnvoll wie möglich zu gestalten, erscheint nachstehendes Vorgehen angebracht: Die Lehrerin lässt zu Beginn der Stunde die Hefte austeilen und fordert die Schüler auf, die Arbeit in Ruhe durchzulesen. Sie macht Angaben über den Sockel- und über den Spitzenwert sowie über die Punktevergabe. Vielleicht spricht sie auch im Hinblick auf bestimmte Aufgaben von den sich ergebenden Schwierigkeiten bei der Korrektur. Sodann ermutigt sie die Schüler, die Punktevergabe sowie die Addition zu überprüfen. Einfache Rechenfehler werden sofort korrigiert, bei sich häufenden Reklamationen bittet sie um Rückgabe der Hefte, um zu Hause eine Überprüfung und gegebenenfalls eine Nachkorrektur vornehmen zu können. In dieser Situation ist besonders auf die ruhigen und gehemmten Schüler zu achten, die weniger bereit und in der Lage sind, ihr Recht einzufordern. Schließlich sollte eine Lehrerin jedem Schüler die Punktevergabe begründen können und sei es mit dem Hinweis, dass sie nicht dazu da sei zu erraten, was der Schüler gemeint haben könnte, oder mit der Erklärung, im Zweifelsfall für den zu beurteilenden Schüler zu entscheiden.

Nach einer ersten Sichtung der Arbeitsergebnisse kann der Lehr-Lern-Prozess in der vorbeschriebenen Art wieder aufgenommen werden, indem bestimmte Inhalte und Ziele nochmals mit der gesamten Lerngruppe angestrebt werden oder eine Phase der Kleingruppen- oder Partnerarbeit initiiert wird. Natürlich sind auch ganz andere Vorgehensweisen denkbar, so das Nachvollziehen bestimmter Lösungswege die mit Hilfe einer Overhead-Folie vorgegeben werden und einen Vergleich mit den eigenen Lösungen ermöglichen. Oder es erfolgt ein vertiefendes Lehren und Lernen vor der Rückgabe der Arbeiten, sodass die Schüler später ihre Lernlücken selbst diagnostizieren können. Auf jeden Fall sollten die Schüler das Gefühl haben, dass die Klassenarbeit zum Unterricht gehört und nicht der Unterricht primär dazu dient, Noten und Zensuren zu vergeben.

Vor- und Nachteile der Zifferzensur erkennen

Die im Unterricht von den Schülern erbrachten Leistungen werden im Allgemeinen mit Noten bedacht, wobei mehrere Noten am Ende eines Halbjahres oder eines Schuljahres in einer Endnote oder Zensur zusammengefasst werden.

Das an deutschen Schulen und im deutschen Ausbildungswesen vorherrschende Notensystem mit den Ziffern 1 bis 6 oder den Kurzbezeichnungen sehr gut, gut, befriedigend, ausreichend, mangelhaft und ungenügend ist allen Beteiligten – den Schülern, Lehrerinnen, Eltern und Abnehmern – wohl bekannt und wird selten hinterfragt. Doch die Lehrerinnen sollten sich der Vor- und Nachteile bewusst sein, um einen fragwürdigen Umgang mit Noten oder einen Notenmissbrauch vermeiden zu können.

Der *Vorteil des Notensystems* liegt im *hohen Bekanntheitsgrad*, d.h. alle Personen oder Personengruppen, die sich für eine Schulleistung interessieren, können sich sofort verständigen. Und das gilt nicht nur für die unmittelbar Beteiligten, sondern z.B. auch für den Urgroßvater, der voller Stolz die Note 1 der Urenkelin zur Kenntnis nimmt.

Ein *Schüler*, dem eine Mathematikarbeit mit der Note 6 beurteilt wird, weiß auch sofort, dass er in diesem Fall versagt hat, er sich innerhalb der Lerngruppe wahrscheinlich auf dem letzten *Rangplatz* befindet, ihn einige Mitschüler für dumm halten, die Lehrerin mit ihm unzufrieden ist, er den Erwartungen der Eltern nicht gerecht wird, er vielleicht doch Nachhilfeunterricht nehmen oder die Schule ganz verlassen sollte. Und er weiß, dass er auf keinen Fall Mathematik studieren wird, er eigentlich für dieses Fach mehr arbeiten müsste, doch am Erfolg dieser Bemühungen zweifelt, weil er sich wahrscheinlich auch auf diesem Gebiet für völlig unbegabt hält.

Lehrerinnen haben den Umgang mit dem Notensystem verinnerlicht, und sie nutzen diese Vorteile, indem sie sich *zeitsparend* über die Schülerleistungen verständigen können, so über die »gute« neue Schülerin, die in allen Fächern auf 2 steht, den »schlechten« Problemschüler, der in einer Notenkonferenz in wenigen Minuten von allen Lehrerinnen mit den Noten 4 oder 5 bedacht wird. Sie sprechen über eine »gute« Klasse, was so viel bedeutet, dass wahrscheinlich zahlreiche Schüler die Noten 1 oder 2 verdienen.

Lehrerinnen schätzen aber auch die *Praktikabilität* des Notensystems. So lassen sich Einzelnoten mühelos zusammenzählen, und über das arithmetische Mittel lässt sich die Endnote errechnen. Bei der Korrektur einer Arbeit bedarf es nicht vieler Worte, sondern nur einer Ziffer. Und schließlich lassen sich die ermittelten Lernleistungen von 180 Schülern aus 7 verschiedenen Klassen in einem kleinen roten Büchlein unterbringen, welches man mühelos mit sich führen und bei Bedarf zücken kann.

Eltern können sich mit Hilfe der Noten laufend über den schulischen Leistungsstand ihres Sprösslings informieren, sich beruhigt zurücklehnen, sofern die Noten 1 und 2 überwiegen, aber auch sofort einschreiten, wenn sich die Noten 4, 5 oder 6 häufen. Nun haben sie *Gelegenheit zur Intervention*, können stärker die Hausaufgaben kontrollieren, sofern sie dazu noch fähig sind, einen Nachhilfelehrer engagieren, sofern das Geld dazu reicht, die Lehrerin in der Elternsprechstunde aufsuchen oder den Übergang ihres Sohnes in eine Privatschule erwägen.

Lehrherren und *Personalsachbearbeiter*, die in ihren Betrieben und Firmen keine eigenen Aufnahmeprüfungen durchführen, können mit einem Blick ein Zeugnis zur Kenntnis nehmen, verschiedene Zeugnisse miteinander vergleichen, um sich dann für einen Bewerber zu entscheiden. Und in ähnlicher Weise verfahren Universitäten und Behörden bei der Vergabe von Studienplätzen über einen Numerus clausus, bei Einstellungen und bei der Besetzung von Funktionsstellen. Noten und Zeugnisse dienen der *Orientierung*, dem *Vergleich* und der *Entscheidungsfindung*. Der allgemeine Bekanntheitsgrad und die Möglichkeit zum zügigen Informationsaustausch garantieren dem Notensystem auch künftig seinen Bestand.

Den angeführten Vorteilen stehen aber auch *viele Nachteile* gegenüber. Eine nackte Zifferzensur ist ausgesprochen *informationsarm*. Sie sagt nichts über das Zustandekommen der Leistung aus, ob z.B. mündliche und schriftliche und praktische Leistungen in die Zensur eingeflossen und wie diese gewichtet worden sind. Die Zensur informiert auch nicht über den Prozess im Beurteilungszeitraum, ob der Schüler die Einzelnoten 1, 2, 3, 4 und 6 erhalten hat, also ein eklatanter Leistungsabfall zu verzeichnen ist, oder umgekehrt ein Leistungsanstieg festgestellt werden kann.

Eine nackte Zensur im Fach Deutsch, z.B. eine 2, sagt auch *nichts über die besonderen Fähigkeiten und Fertigkeiten* des Schülers aus, ob er z.B. fehlerfrei schreiben, flüssig lesen, ausdrucksvoll vortragen, frei reden, sich in Auseinandersetzungen behaupten, trefflich argumentieren und diskutieren kann, ob er Textstrukturen durchschauen, analysieren und Texte zu gestalten vermag. Diese Zensur sagt also nichts über besondere Stärken und Schwächen des Schülers, und sie informiert auch nicht darüber, wie diese Ziffer zustande gekommen ist, ob sich der Schüler in seiner Lerngruppe sozial verträglich gezeigt oder ob er ein massiv egoistisches Verhalten an den Tag gelegt hat.

Die Noten und Zensuren gestatten den Schülern – aber auch allen Beteiligten – einen direkten Leistungsvergleich. Sie fördern deshalb bei vielen Schülern ein *fragwürdiges Konkurrenzdenken* und Leistungsstreben. Noch vor dem 1. Weltkrieg wurden die Schüler nach ihren Leistungen im Klassenzimmer platziert, vorne saßen die Streber und hinten die Nichtstreber, und nach jeder Klassenarbeit begann ein Umsetzen, zwei Plätze vor oder drei zurück. Ohne Noten würde wahrscheinlich die Zahl der Streber erheblich abnehmen.

Dieser unmittelbare Vergleich führt aber auch innerhalb der Lerngruppe zu einem Konkurrenzdenken und einem Konkurrenzdruck, der die *gruppendynamischen Prozesse negativ beeinflusst* und so dem Lehren und Lernen in der Gruppe abträglich

Die Zifferzensur hat

Vorteile:
- sie ist allgemein bekannt,
- praktikabel,
- leicht handhabbar,
- vergleichbar,
- weist den Schülern einen Rangplatz zu,
- lässt sich verrechnen,

und

Nachteile:
- sie ist informationsarm,
- sagt nichts über den Prozess aus,
- fördert das Konkurrenzdenken in der Gruppe,
- erzeugt Überlegenheits- und Minderwertigkeitsgefühle,
- führt oft zu einer Notenfixierung, zum Lernen um der Note willen,
- verhindert so intrinsische Motivation,
- verführt die Lehrerin zur Oberflächlichkeit,
- provoziert Fehler der ungewichteten Mittelwerte,
- kann als Disziplinierungsmittel missbraucht werden

ist. Viele Schüler sind bemüht, sich in der Gruppe hervorzutun. Sie versuchen, ihre Mitschüler auszustechen, sich bei der Lehrerin beliebt zu machen u.a.m.

Der ständige Kampf um Noten ist zumeist auch den *Beziehungen* zwischen der Lehrerin und den Schülern *abträglich*. Ein offenes und natürliches Umgehen auf Seiten der Schüler ist kaum möglich, weil sie stets damit rechnen müssen, dass sich eine unbedachte Äußerung später in einer schlechten Note niederschlagen kann. Umgekehrt wird durch die Benotung bei der Lehrerin ein Persönlichkeitsbild aufgebaut, das ziemlich einseitig auf die schulische Leistung bezogen ist. Da sich Lehrerinnen in ihrem Selbstwert auch über die Leistungen ihrer Schüler definieren, ist es verständlich, wenn sie zumeist jene Schüler, die ihren Leistungserwartungen voll entsprechen, auch besonders sympathisch finden. So erfolgt häufig unbewusst durch die Benotung eine *Etikettierung* oder Stigmatisierung leistungsschwacher Schüler.

Die derzeitige Praxis der Notengebung *belastet* auch häufig die *Beziehungen zwischen Schule und Elternhaus*, wenn Eltern eine Beurteilung für ungerecht erachten, das Recht ihrer Kinder einfordern, der Lehrerin die Schuld für eine schlechte Note und für das Leistungsversagen zuschreiben wollen. In der Mehrzahl solcher Fälle wird nicht mehr um die Lerninhalte und die nicht erreichten Lernergebnisse gestritten, sondern nur noch um Noten, Zensuren und Zeugnisse.

Dass Noten im testtheoretischen Sinn weder objektiv noch valide noch reliabel erteilt werden können, wurde schon mehrmals betont (Ingenkamp 1982). Und die *prognostische Validität*, ihr Vorhersagewert im Hinblick auf Ausbildungs- oder Studiengänge, ist eher als *gering* einzuschätzen. Und doch begeben sich alle Beteiligten in das so fragwürdige Benotungssystem hinein und tun so, als sei eine gerechte Notengebung möglich.

So gibt es einige Lehrerinnen, die sich besonders in der Rolle der *Notenschreiberin* gefallen. Dabei handelt es sich zumeist um solche, die in ihrem Leben nie etwas anderes als Noten kennen gelernt haben, die in der Schule, Hochschule und im Referendariat stets benotet worden sind und sich nun endlich selbst als Notenschreiberin betätigen können.

Ein Notenmissbrauch liegt vor, wenn Leistungsbeurteilungen und Noten als *Disziplinierungsmittel* eingesetzt werden, wenn Lehrerinnen das unangepasste Verhalten eines Schülers mit einer 6 ahnden oder wenn es in einer Randstunde, in der die Schüler schon müde und unruhig sind, heißt: »So, nun schreiben wir ein Diktat!«

Der größte Nachteil der Notengebung besteht jedoch in der Etablierung einer *extrinsisch motivationalen Komponente*, die von der Sache, der Frage- oder Problemstellung ablenkt, was sehr schade ist. Schließlich macht das Lernen – die Möglichkeit, neue Kenntnisse und Einsichten zu gewinnen – Spaß oder sollte den Schülern Spaß machen. Sich intensiv mit einer Sache befassen, einem Ereignis nachgehen, einen Sachverhalt klären, eine Frage beantworten, nach einer Problemlösung suchen, sind Lernaktivitäten, die überwiegend intrinsisch gesteuert sein sollten. Doch stattdessen überlegen sich die Schüler laufend, was und wie viel sie tun müssen, um eine bestimmte Note zu erhalten. Dieses *Notendenken* dominiert auch, wenn Hausaufgaben zu erledigen sind und nur so lange gearbeitet wird, bis der Schüler glaubt, den Erwartungen der Lehrerin und den eigenen im Hinblick auf eine bestimmte Note gerecht zu werden. Ähnlich sieht die Vorbereitung auf eine Klassenarbeit aus. Der Autor erinnert sich an ein Gespräch mit seiner 13-jährigen Tochter, die eines Tages feststellte: »Morgen kann ich nicht zur Schule gehen, morgen schreiben wir eine Englischarbeit, das ist die Letzte vor den Zeugnissen. Bisher habe ich dreimal eine 2 und zweimal eine 3 geschrieben. Wenn ich morgen nicht zur Schule gehe, muss er mir eine 2 im Zeugnis geben. Ich wäre ja dumm, wenn ich hingehen würde!« – Selbstverständlich wurde dieser Realitätssinn mit einem Entschuldigungsschreiben belohnt.

Und damit ist ein weiterer Nachteil des Systems angesprochen, indem der Kampf um Noten und Zensuren den Einsatz unlauterer Mittel provoziert, die Schüler im *Erfinden von Ausreden*, im Lügen und Betrügen schult und so die Beziehungen ständig belastet.

Insgesamt betrachtet überwiegen sicher die Nachteile, und es erscheint deshalb sinnvoll, wenn sich Lehrerinnen und Schüler immer wieder auf die Lerninhalte konzentrieren und sich so wenig wie möglich um die Noten kümmern. Kurzfristig lässt sich das Benotungssystem sicher nicht abschaffen, aber Lehrerinnen können die *abträgliche Notenfixierung vermeiden* und sich und den Schülern die *Freude am Lehren und Lernen bewahren.*

Möglichkeiten und Grenzen der zifferlosen Zensur sehen

Viele Lehrerinnen und Pädagogen treten dafür ein, die Zifferzensur mit ihren vielen Mängeln durch die zifferlose Zensur zu ersetzen. Dieser Vorschlag ist nicht neu, denn in den ersten Grundschulklassen, an Modell- und Privatschulen, an Waldorf- und Montessorischulen, an der Laborschule Bielefeld oder in den Landerziehungsheimen wird seit Jahren so verfahren.

Der Begriff »Zensur« ist etwas irreführend, handelt es sich doch um einen Text, eine Stellungnahme, ein Gutachten oder einen Bericht zum Lern- und Leistungsverhalten innerhalb eines bestimmten Beurteilungszeitraumes. Im Weiteren wird für diese Art der Leistungsbeurteilung der letztgenannte Begriff, also Bericht, verwendet.

Was zeichnet nun einen solchen *Bericht* gegenüber einer Zifferzensur aus? Im Gegensatz zur nackten Zifferzensur kann er viel mehr und für den Schüler *nützliche Informationen enthalten*. Der Schüler kann einem qualifiziert abgefassten Bericht entnehmen, was er aus der Sicht der Lehrerin gelernt hat, welche Lernziele erreicht und welche noch nicht erreicht worden sind, über welche besonderen Fähigkeiten und Fertigkeiten er verfügt, welche Leistungsstärken und -schwächen vorliegen, wie groß seine Lernlücken oder Lerndefizite sind, welche konkreten Hinweise es gibt, um die Lernlücken zu schließen, wie es um sein Lern- und Arbeitsverhalten steht und was er daran verbessern kann, wie er sich im Beurteilungszeitraum entwickelt hat, ob eine aufsteigende oder absteigende Tendenz zu verzeichnen ist, wie die Lehrerin sein Sozialverhalten in der Lerngruppe sieht und – das ist sicher besonders wichtig – dass sich seine Lehrerin bei der Abfassung des Berichts viel Mühe gegeben hat und er sich deshalb ebenfalls Mühe geben sollte. Ein qualifiziert abgefasster Bericht kann deshalb auch die Beziehungen zwischen der Lehrerin und den Schülern positiv beeinflussen.

Aber er bietet noch weitere Vorteile. So muss sich die *Lehrerin intensiv mit dem Lern- und Leistungsverhalten des betreffenden Schülers befassen*, um einen sinnvollen Bericht schreiben zu können. Die rasche und oft leichtfertige Vergabe einer Zensur ist so nicht möglich.

Ein anderer Vorteil liegt in der *mangelnden Vergleichbarkeit* der Berichte, in ihrer Einzigartigkeit und Einmaligkeit, denn Vergleiche setzen sorgfältige Textanalysen voraus. Damit wird das oft abträgliche Strebertum und Konkurrenzdenken innerhalb einer Lerngruppe abgeschwächt.

Weiterhin entfällt das Lernen um der Note willen, denn in einem Bericht ist schließlich vom Schüler und seinen Leistungen, nicht aber von Noten die Rede. Der *sach- und personenbezogene Gütemaßstab rückt in den Vordergrund*, und der soziale und gruppenbezogene Maßstab tritt zurück. Allerdings kann ein Schüler nun auch

Beispiel einer zifferlosen Zensur

(a) Berichte des Kursleiters im Rahmen der halbjährlich erteilten »BzLV«

Beurteilungsbogen
Schuljahr 1980/81
1. Halbjahr

Laborschule
des Landes Nordrhein-Westfalen
an der Universität Bielefeld

Name:
Erfahrungsbereich: Sprache/Latein

Jahrgang/Stammgruppe
Lehrer:

Beschreibung des Lernverhaltens von YY (vierzehnjährig)

Mein Bericht über dein Lernverhalten ist eigentlich immer ein Bericht über deine Person: deine Gaben, deine Schwierigkeiten, deine Bemühungen ... Dies alles ist auf eine stetige Weise schwankend. Du strengst dich an, aber du verzagst schon nach dem ersten leichten, oft nur eingebildeten Straucheln, und dann fasst du lange Zeit den rechten Mut nicht: Die Antworten sind so leise, dass ich zurückfrage; diese Rückfrage hältst du dann schon für den Beweis, dass deine Antwort falsch war, und schon greifst du – wider dein besseres Wissen – zu einer anderen, nunmehr bloß geratenen Lösung! Ich denke, du wirst so bald nicht vergessen, wie es dir einmal eine halbe Stunde lang (unter eifriger emotionaler Beteiligung deiner Kameraden) nicht gelungen ist, hintereinander drei richtige Lösungen aus einem beschränkten Kreis von Möglichkeiten zu geben. Und lass mich gleich hinzufügen: Es ist ein Unglück, wenn du das nicht vergisst. Denn dein Hauptproblem ist der Mangel an Selbstvertrauen. Ein übers andere Mal habe ich dir versichert: Du kannst mehr, als du glaubst und zeigst. Nimm dir Zeit für deine Antwort; stell deine Fragen weiter, wie du es tust, aber höre auch auf die Antwort; lass dir durch äußere Ordnungen helfen: durch sofortige und vernünftige Ablage der Arbeitsbögen (statt sie achtfach gefaltet in die Hosentasche zu stecken!) und durch eine lesbare Schrift. Da du die nicht hast: Nimm die Schreibmaschine zu Hilfe.
Mir gefallen deine unabhängigen Urteile in allgemeinen Fragen, die wir im geschichtlichen Teil unseres Unterrichts oder auch sonst erörtern. In dir geht viel vor sich. Ich bin überzeugt, dass du ein interessierter und interessanter Student sein wirst (kein »guter« im Sinne der Studienordnung), und wünsche mir, dass der Lateinunterricht im letzten Halbjahr an der Laborschule noch dazu beitragen kann, dir die Erfahrung zu geben: Konzentration ist möglich; Ruhe lohnt sich; auf die Erwartungen, die Hilfen und Reaktionen der anderen zu achten wirft einen meist aus der Bahn.

der Lehrerin zuliebe lernen und ständig daran denken, am Ende des Beurteilungszeitraumes einen möglichst positiven Bericht zu erhalten.

Bei einer Berichterstattung *entfallen die Rechenfehler*, Skalierungsfehler, Umrechnungsfehler, Fehler der falschen Gewichtung, weil sich aus Berichten kein arithmetisches Mittel bilden lässt.

Und schließlich kann eine Lehrerin *keinen Notendruck* mehr ausüben, weil es Noten in der üblichen Form nicht gibt. Sie kann unbotmäßige Schüler nicht mit schlechten Noten bestrafen und undisziplinierte Gruppen nicht durch Notendruck ruhig stellen.

Die Vorteile dieser Art der Beurteilung liegen auf der Hand, doch können, wie der nachstehende Bericht (entnommen aus: v. Hentig: Das Beurteilungssystem der Bielefelder Laborschule. In: Neue Sammlung 22/1982, S. 251) zeigen wird, fragwürdige Formulierungen seinen Wert mindern.

Dieser Bericht enthält fast keine Informationen über das Fach Latein, nur so viel, dass sich der Schüler für den geschichtlichen Teil des Unterrichts interessiert. Ansonsten wird ein in der Pubertät stehender Junge beschrieben, mit seinen Unsicherheiten und schwankenden Stimmungslagen. Ein Satz wie: »Denn dein Hauptproblem ist Mangel an Selbstvertrauen« wird wahrscheinlich für diesen Jungen wenig hilfreich sein, im Gegenteil, es besteht die Gefahr, dass sich dieser Satz in das Bewusstsein des Schülers eingräbt und seine weitere Entwicklung beeinträchtigt. – Ob dieser Schüler eines Tages studieren wird, steht noch nicht fest, schon gar nicht, wie er einmal studieren wird, ob im Sinne einer Studienordnung oder in einer eher selbstständigen Art. Übrigens müssen nicht alle Studienordnungen untauglich sein und die Studierenden einengen. – Ob nun der Schüler ein »interessanter Student« sein wird, können vermutlich die Kommilitoninnen besser beurteilen.

Und dann erscheinen die Anmerkungen zum Arbeitsverhalten – zur nicht erfolgten Ablage der Arbeitsbögen und zur unleserlichen Schrift – am Ende eines Beurteilungszeitraumes fragwürdig. Wenn eine Lehrerin einen Schüler beobachtet, wie er einen Arbeitsbogen achtfach faltet und dann in die Hosentasche steckt, ist ihre sofortige Intervention gefragt – und zwar hier ausnahmslos in Form einer direkten Einflussnahme. Und die Empfehlung, mit der Schreibmaschine oder dem Computer zu arbeiten, statt sich um eine leserliche Handschrift zu bemühen, erscheint ebenfalls fragwürdig. Soll eine Lehrerin von einem 14-jährigen Schüler nicht mehr verlangen, dass er leserlich schreiben lernt – braucht er diese Kulturtechnik nicht mehr?

Aufgrund dieser Textanalyse wird deutlich, was ein Bericht keinesfalls sein und welche Formulierungen er nicht enthalten sollte:

Ein Bericht darf

- nicht zu einem Charaktergutachten mutieren, das mehr Schaden anrichten als Nutzen stiften kann,
- keine gewagten Prognosen enthalten, die sich allein auf die Eingebungen des Verfassers stützen und sich durch nichts belegen lassen,
- keine Banalitäten enthalten, weil sie vom Hauptanliegen des Berichtes – dem Lern-, Arbeits- und Sozialverhalten sowie den erbrachten Leistungen in einem bestimmten Gebiet – ablenken, und schließlich sollte er
- keine lange zurückliegenden punktuellen Ereignisse beschrieben, z.B. konfliktträchtige Ereignisse, die ein sofortiges Eingreifen erfordern, die aber durch die Aufnahme in den Bericht eine Überbewertung erfahren.

Diesem etwas fragwürdigen Bericht soll nun ein positives Beispiel folgen, ein Bericht, in dem das Lernverhalten einer Schülerin im Erfahrungsbereich »Soziale Studien/Sprache« beschrieben wird.

Berichtsbogen

Schuljahr 1993/94, 1. Halbjahr

Laborschule des Landes Nordrhein-Westfalen an der Universität Bielefeld

Name: Olivia Olden
Jahrgang/Stammgruppe: 9 terracotta
Erfahrungsbereich: Soziale Studien/Sprache
Lehrerin: Susanne Thurn

Beschreibung des Unterrichts

1. Max Frisch, Andorra
Wir haben das Drama gemeinsam gelesen, über den Inhalt, den Aufbau und die sprachlichen Gestaltungsmittel gesprochen, in verteilten Rollen vorgetragen, die Entstehungsgeschichte bearbeitet, die einzelnen Personen und ihre Veränderungen charakterisiert, zu den Bildern Inhaltsangaben geschrieben und über die Umsetzungsmöglichkeiten auf der Bühne diskutiert. Dazu haben wir uns eine Theateraufzeichnung des Düsseldorfer Theaters angesehen, die Kürzungen, Hervorhebungen, Charakterisierungen durch die Rollenbesetzung, die Bühnengestaltung und Requisitenausstattung besprochen und Alternativen entwickelt. Begleitend haben wir uns mit Themen wie »Juden in der Geschichte«, »Umgang mit den (jeweils anderen in Geschichte und Gegenwart« und »Ursachen, Mittel und Methoden von Massenbeeinflussungen« beschäftigt. Alle Schülerinnen und Schüler haben ein Heft mit Aufzeichnungen, Inhaltsangaben, Charakterisierungen und Notizen zu dem Drama angelegt und zum Abschluss einen umfangreichen Test auf dieser Grundlage geschrieben.

2. Gedichte
Die im vergangenen Schuljahr geschriebenen Gedichte wurden rhetorisch für eine Aufführung anlässlich der Ernennungsfeier zur UNESCO-Projektschule aufbereitet.

3. Pro- und Contra-Diskussionen
Alle Schülerinnen und Schüler haben Themen nach Wahl für die Präsentation mehrerer Pro- und Contra-Diskussionen ausgewählt, Argumente für die jeweiligen Positionen zusammengetragen und der Gruppe im Rollenspiel vorgetragen. Abgesehen von der inhaltlich-multiperspektivisch angelegten Aufgabe dienten diese Diskussionen der Vorbereitung von schriftlichen Argumentationen. Folgende Themen wurden bearbeitet: Berlin – Bundeshauptstadt?; Legalisierung von Drogen?; Hilfe für Bosnien?; Alkoholfreigabe ab 14 Jahre?; Heiratsmöglichkeit für homosexuelle Paare?

4. Geographiereferate
Alle Schülerinnen und Schüler haben in Gruppen zwei Referate geschrieben und mit den Inhalten je eine Unterrichtsstunde vorbereitet und durchgeführt. Beim ersten Durchgang konnten sie aus einer aufbereiteten Liste von Themen auswählen, die genaue Literaturvorgaben enthielt, beim zweiten Durchgang waren Wahl des Themas und der Literatur freigestellt. Zur Aufgabenstellung gehörte: in Gruppen arbeiten; das Referat gliedern, die Arbeit aufteilen, die Literatur genau zitieren; die Inhalte mit Medien anschaulich den anderen vermitteln (Landkarten, Videofilmausschnitte, Plakate, Arbeitsblätter mit Kontroll-

fragen, Diskussionsaufgaben); Referat und Präsentation reflektieren; eigene Beurteilungen schreiben. Themen waren beim ersten Durchgang: Israel-Palästina-Konflikt; Japan und China; EG-EU; Erdoberfläche; USA; beim zweiten Durchgang: DDR; Himalaja; Galapagosinseln; Osterinsel; Kriminalität in USA.

5. Praktikumsvorbereitung
Vom 10. bis zum 27. Januar fand das Praktikum von Jahrgang 9 im Dienstleistungsbereich statt. Im Unterricht wurden dieser Wirtschaftssektor vorgestellt, die verschiedenen Bereiche besprochen, die Praktikumsplätze verteilt, die Berufsinformationsbörse der Stadt Bielefeld in den Carl-Severing-Schulen besucht, die Aufgaben, die während des Praktikums zu erledigen sind, genau vorgesprochen. Über die Ergebnisse kann erst die Beurteilung des kommenden Halbjahres Auskunft geben.

6. Jungen-Mädchen-Konferenz

Lernverhalten von Olivia Olden

Liebe Olivia,
du hast ein erfolgreiches Halbjahr hinter dir – ich kann dich nur beglückwünschen! Beglückwünschen zu deinen Leistungen – aber auch zu dem Fleiß, der Nachdenklichkeit und der Sorgfalt, mit der du sie dir erarbeitet hast!
Das Drama »Andorra« von Max Frisch hat dir als Lektüre gefallen. Mit großem Engagement hast du dir den Inhalt erarbeitet, ihn interpretiert, dich mit den Personen, ihren Charakteren und ihren Wandlungen beschäftigt. Der mündliche Unterricht hat von deinen Beiträgen mächtig profitiert – was immer ich ansprach, hat dich erreicht! Große Sorgen hast du dir am Anfang gemacht, als du mit deinen Inhaltsangaben nicht zufrieden warst – letztlich, weil du so genau auf die Texte gesehen hast, dass dir alles wichtig erschien (was es auch ist!), du dich nur schwer entscheiden konntest, was wegzulassen ist, um dennoch eine sinnvolle Aussage zu machen. Außerdem warst du stets so nah an Interpretationen, wolltest auch diese in die Inhaltsangaben packen, konntest sie noch nicht indirekt in die Gestaltung derselben einfließen lassen. Deine Probleme mit den Inhaltsangaben rührten also eher von »zu viel« als »zu wenig« Durchblick her. Im Laufe deiner eigenen Auseinandersetzung mit dieser Textform ist es dir dann aber zunehmend und am Schluss wirklich gut gelungen, Inhaltsangaben zu schreiben, die auch deinen eigenen hohen Anforderungen an dich selber genügten. Ist das nicht ein gutes Gefühl, sich dies selbst erarbeitet zu haben? Dafür war dir das Opfer von viel Freizeit nicht zu hoch – durch deinen Erfolg hast du dich aber selbst für die Entbehrungen belohnt!
Im großen Test sind dir alle Aufgaben gelungen – nicht zuletzt die große, die Zeit richtig einzuteilen! Besonders gut hast du Barblin und den Lehrer charakterisiert und großartig Andri. Ganz vorzüglich fand ich auch deine Vorbereitung auf die Gegenüberstellung der Andorraner und der Juden! Du machst, wenn du darauf achtest, nur noch sehr wenige Fehler. Manchmal formulierst du ein wenig umgangssprachlich oder allzu »literarisch« – das sind aber keine Einschränkungen, sondern nur Hinweise, auf was du achten kannst, um dich noch weiter zu steigern: Schließlich sind Lehrerinnen bekanntlich unersättlich in ihren Forderungen!
Du hast dein gesamtes Deutschheft noch einmal abgeschrieben – toll, aber nicht unbedingt nötig. Meine Anmerkungen sollen dir nur weiterhelfen, dich aber nicht dazu bringen, über Gebühr zu arbeiten. Was allein zählt, ist das, was du schließlich gelernt hast und

am Ende beherrschst, kleinere »Lücken« auf dem steinigen Weg sind wichtig, sonst geht's ja nicht voran! Also gehe mit deinen Kräften sorgsam um!
Bei den Pro- und Contra-Diskussionen hast du lebhaft mitgearbeitet, für die Gruppe mit dem Thema »Hilfe für Bosnien« hast du die Moderation übernommen und gut bewältigt. Dein eigenes Thema war die Legalisierung von Drogen – dieses Thema hast du bei der »kleinen« Diskussion gewählt und auch für die »große« Gruppendiskussion vorgeschlagen. Du hast sicherlich die meisten Argumente von allen gefunden, vor allem für die »Pro«-Position. Von deinem Engagement und deiner Argumentationskraft lebten die Diskussionen. Es ist dir schwer gefallen, andere, weniger redegewandte Schülerinnen und Schüler überhaupt zu Wort kommen zu lassen, weil du kaum ertragen konntest, wenn diese Argumente dadurch verschenkten, dass sie sie nicht so eloquent »rüber«brachten. Natürlich hättest du es jeweils besser gemacht – da fällt es ungemein schwer, mal zurückzustecken. Wie gut kenne ich dieses Problem von mir – gerade wenn es um etwas geht, was mir wichtig ist, kann ich mich nur sehr schwer beherrschen, nicht vorzupreschen und andere durch meine Rede zum Verstummen zu bringen! Die Gruppe aber spürt sehr genau, dass du nicht »gegen« sie redest, um im Vordergrund zu stehen, sondern »für« die Sache, die dir wichtig ist. Dadurch bekommst du auch keine Probleme, sondern bist anerkannt. Bei der großen Diskussion habe ich mich schließlich für die »Contra-Seite« eingemischt, damit du mehr zu kämpfen hattest – ich hoffe, du hast es mir nicht übel genommen, dass ich es dir dadurch schwerer gemacht habe, als wenn du nur gegen Mitschülerinnen und Mitschüler hättest argumentieren müssen!
Bei diesen Diskussionen, aber auch bei den Referaten kommt dir dein großes Allgemeinwissen über politische Zusammenhänge zu Hilfe, was dir den Umgang und das Verständnis schwieriger Texte erleichtert. Dein erstes Gruppenreferat handelte von den USA. Du hattest das Unterthema »Wirtschaft« und dieses für deinen eigenen Referatteil wiederum sinnvoll gegliedert in die Abschnitte: »Was versteht man unter dem Begriff Wirtschaft?«, »Entwicklungsphasen der US-amerikanischen Wirtschaft«, »Die Wirtschaft der USA heute« und »Die Entwicklung der USA zur führenden Wirtschaftsmacht«. Richtig, dass du erst definieren wolltest, worüber du zu schreiben vorhattest! Unnötig, dass du dich hast entmutigen lassen, weil die anderen nicht gleich nachvollziehen konnten, was du dir doch durch die Lektüre mehrerer Texte mühsam erarbeitet hast. Ist das nicht ganz verständlich?

Du schreibst zu dieser Arbeit:
»Ich würde meine Arbeit folgendermaßen beurteilen: Ich habe mir wieder einmal ein Thema gesucht, das mich interessierte, aber wahrscheinlich keinen meiner Klassenkameraden. Wie schwierig es ist, über Wirtschaft zu referieren, habe ich schon beim Einlesen gemerkt, dennoch habe ich versucht, das Referat über die US-amerikanische Wirtschaft in meiner Sprache zu schreiben, die leider auch nicht jeder aus meiner Gruppe für verständlich hält. Ich würde meine Arbeit inhaltlich für gut bewerten, aber die Vorstellungsart war zu trocken und unverständlich. Allgemein kann ich über meine gesamten Referatsarbeiten sagen, dass es mir leicht fällt zu formulieren, es aber schwer für mich ist, bestimmte Themen gruppengerecht vorzustellen.
Über die Gruppenarbeit kann ich mich nur negativ äußern, denn es lief wenig Absprache bei den Referaten. Das Plakat wurde auch nicht in Gruppenarbeit erstellt, nurdie eigenen Vorstellflächen wurden eigens von allen gestaltet.«
Schade, dass es mit der Gruppe deiner Meinung nach nicht so gut lief. Eurer Vorstellung war das nicht anzumerken. Bei einem »gruppengerechten« Vortrag musst du dir nur vorher genau klarmachen, welche Begriffe dir ganz geläufig sind, weil du sie dir durch die Lektüre angeeignet hast, den anderen aber fremd bleiben müssen, wenn du sie nicht

kleinschrittig erklärst. Ein bekanntes Problem von Unterricht überhaupt – aber wie solltest du in deinem Alter denn auch noch den »Lehrerinnenjob« beherrschen? Vorzüglich finde ich, dass du nicht der Versuchung erliegst, Texte aus Büchern einfach abzuschreiben, sondern deine eigene Sprache nimmst, womit du zeigst, dass du die Texte nicht nur verstanden, sondern auch verarbeitet hast.
Dein zweites Gruppenreferat beschäftigte sich mit der DDR, einem Thema, das dir ebenfalls sehr am Herzen lag. Wiederum hast du für deinen Teil eine eigene Gliederung gefunden und wiederum hast du dich zuerst mit der grundlegenden Frage beschäftigt, was »Kommunismus« eigentlich ist, und dann erst die Verfassungen der DDR und der BRD verglichen, die beiden Systeme an Einzelfragen verglichen und über die »Stasi« einen kurzen Bericht geschrieben.
Für die Definition hast du dich auf die Gegenüberstellung von Textpassagen aus der BRD-Literatur und der DDR-Literatur entschieden, wodurch deutlich wird, wie schwer eine Definition sein muss. Noch ist es der »Wissenschaft« nicht gelungen, genau zu definieren, was eigentlich Kommunismus ist. Daher ist deine Entscheidung vernünftig. Dich hier auf die Auseinandersetzung mit der Literatur einzulassen, wäre eine heillose Überforderung gewesen. Die Gegenüberstellung der beiden Verfassungen ist dir gut gelungen – allerdings hast du die Literaturangaben vergessen! Diesmal ist es dir auch geglückt, das sicherlich nicht weniger anspruchsvolle Thema der Gruppe zu vermitteln, was an deiner freien, verständlichen Einführung lag und an den von dir den anderen zur Verfügung gestellten Unterlagen. Du siehst – nicht das anspruchsvolle Thema, sondern die Präsentation ist entscheidend, nun bist du also doch noch in die »Lehrerinnenrolle« geschlüpft und hast etwas Wichtiges über Vermittlungsmöglichkeiten gelernt.

Du selbst schreibst zu deiner Gruppenarbeit:

»Ich habe mich bei diesem Referat mehr auf die Vorstellung vorbereitet, weil meiner Meinung nach die erste Präsentation zu langweilig war. Ich wollte die Schüler mit einbeziehen, um ihr Interesse zu wecken. Ich glaube, es ist mir gelungen, denn es gab viel Diskussion und auch Zuspruch. Was mir weniger gut gelungen ist, ist der schriftliche Teil. Er ist mir selbst nicht umfassend genug. Ich glaube, wenn man das 1. und das 2. Referat zusammen sieht, ist es gut, einzeln fehlt jedem ein bisschen.
Die Gruppenarbeit war insofern gut, dass wir meistens abgesprochen haben und es viel Hilfe in der Gruppe gab. Ich glaube, dass auch in diesem Punkt sich etwas gebessert hat und sich auch noch was bessern könnte.«

Richtig erkannt: Deine beiden Referate sind zusammengenommen eine echte »Erfolgsstory«. Bleibt noch hinzuzufügen, dass du auch die Referate der anderen aufmerksam verfolgt, mitgeschrieben und mitdiskutiert hast, die Gruppenpräsentationen konstruktiv besprechen und kritisieren konntest, ohne dass dies zu Entmutigungen geführt hätte. Schließlich hast du selber gemerkt, wie wohl der Zuspruch der Gruppe tut, wie hilfreich aber auch die richtige Kritik ist, soweit sie in angemessener Form vorgetragen wird. Bei meinen Praktikumsbesuchen habe ich dich von einer neuen Seite kennen gelernt. Die Art und Weise, wie du mit den alten und kranken Menschen einfühlsam umgegangen, wie du über sie nachgedacht, wie selbstlos du ihnen geholfen hast, hat mich sehr angerührt. Ich habe dich bewundert!
Was habe ich doch für ein Glück, dass du zu meiner Gruppe gehörst!

Susanne Thurn

Der vorstehende Bericht (entnommen aus: Thurn, Susanne: Ermutigung – Lernen ohne Noten. In: Bambach et al. (Hrsg.) Friedrich Jahresheft XIV, 1996, S. 86ff.) bezieht sich eindeutig auf den Lern- und Erfahrungsbereich. Er beinhaltet auch die Bemühungen der älteren Schülerin, die Lernleistungen selbst einzuschätzen und zu beurteilen. Der Bericht verfügt über einen hohen Informationsgehalt und kann deshalb voll akzeptiert werden. Er ist sehr differenziert abgefasst und kennzeichnet das intensive Bemühen der Lehrerin, der Schülerin möglichst gerecht zu werden. Die etwas emphatischen Glückwünsche am Anfang und Ende des Berichtes werfen die Frage auf, ob diese in allen Gutachten enthalten sind und was die Lehrerin den leistungsschwachen Schülern ins Stammbuch schreibt, etwa: »Was habe ich doch für ein Pech, dass du zu meiner Gruppe gehörst!«

Der Bericht zeigt aber auch die Grenzen der zifferlosen Zensur auf, indem sofort der große Zeit- und Arbeitsaufwand deutlich wird. Berichte dieser Art können allenfalls für 20 oder 30 Schüler verfasst werden, nicht aber für eine noch größere Schülerzahl. Sie können nur von jenen Lehrerinnen geschrieben werden, die für längere Zeit in möglichst vielen Unterrichtsstunden pro Woche mit den Schülern zusammenarbeiten, also von Grundschullehrerinnen, Lehrerinnen an Waldorf- oder Montessorischulen, an Modellschulen oder Lehrerinnen, die in Leistungskursen der gymnasialen Oberstufe überschaubare Lerngruppen unterrichten. Fachlehrerinnen an weiterführenden Schulen, die z.B. in sechs verschiedenen Lerngruppen mit über 130 Schülern pro Woche zusammenarbeiten müssen, sind mit dieser Art der Berichterstattung deutlich überfordert.

Ein genereller Übergang von der Zifferzensur zum Bericht wäre nur bei einer grundlegenden Änderung der vorherrschenden Unterrichtsorganisation denkbar. Der Unterricht müsste in Epochen, Kursen oder Projekten stattfinden, in Konzeptionen, die den Lehrerinnen Gelegenheit bieten, die Schüler intensiv beim Lernen zu beobachten.

Doch drängen sich weitere Fragen auf. *Ein Berichtswesen kann auch ausufern.* Wenn sich Lehrerinnen mehrere Wochen mit der Anfertigung seitenlanger Berichte über jeden einzelnen Schüler befassen, stellt sich die Frage, ob nicht ein Teil dieser Arbeitszeit besser in die Planung und Vorbereitung des Unterrichts investiert werden sollte.

Mit einer ausufernden Berichterstattung kann auch *bei den Schülern ein negativer Effekt* im Sinne einer Abwehrhaltung erzeugt werden. Dazu der ehemalige Schüler eines Landerziehungsheimes: »Wenn wir die Berichte bekamen, versorgten wir uns mit Rum und Cola, schlossen uns in ein Zimmer ein, um ungestört zu sein, setzten uns auf die Betten, tranken viel Rum und wenig Cola, lasen uns gegenseitig vor, was die Lehrerinnen so alles über uns geschrieben hatten, und amüsierten uns köstlich dabei!«

Dieser hochinteressanten und etwas eigenwilligen Art einer Verarbeitung von Beurteilungen stehen aber auch *positive Stellungnahmen* gegenüber. So zeigte z.B. eine ehemalige Waldorfschülerin kürzlich voller Stolz dem Autor die vielen schönen Berichte, die sie während ihrer Schulzeit erhalten hatte und die sie unbedingt aufbewahren wollte.

Die zifferlose Zensur hat viele *Vorteile*

- hoher Informationsgehalt
- auf das individuelle Leistungsvermögen abgestimmt
- kein unmittelbarer Vergleich möglich
- Stärken können hervorgehoben werden
- Leistungsschwächen können beschrieben werden
- konkrete Lernhilfen lassen sich beschreiben
- die Leistungstendenz lässt sich darstellen
- das Sozialverhalten lässt sich umschreiben
- das Lernverhalten lässt sich präzisieren

und die Lehrerin muss
- den Schüler beim Lernen beobachten
- sich intensiv mit jedem Schüler befassen
- darüber nachdenken, wie sie ihm beim Lernen helfen kann

und *Nachteile*

- hoher Arbeitsaufwand
- für Schüler und Eltern oft interpretationsbedürftig
- für Abnehmer fehlt ein direkter Vergleich
- Berichte lassen sich nicht verrechnen

Eltern fassen Berichte über ihre Kinder recht unterschiedlich auf. Wenn sie weniger in der Textanalyse geübt sind, stellen sich zahlreiche Fragen, und die Texte erscheinen interpretationsbedürftig. »Die Eltern entdecken aber in einer gekonnten Beschreibung oft zu ihrem Erstaunen neue Seiten des Wesens ihres Kindes« (Alber 1984, S. 245), was zu einem Dialog zwischen Schule und Elternhaus führen kann.

Für die *Vertreter der Schulaufsichtsbehörden* eröffnen sich neuartige Kontroll- und Feedbackmöglichkeiten. »In Einzelfällen wurden den Lehrern – manchmal sogar in der Öffentlichkeit – Rechtschreibschwächen, Stilblüten und unbeholfene Ausdrucksformen angekreidet, die man in den Mitteilungsblättern entdeckte. Der Lehrer ist tatsächlich bei der Abfassung dieser Texte mehr exponiert als bei der Ziffernbenotung, die eine unbestechliche Objektivität vortäuschte.« (a.a.O., S. 247) Wenn also ein Schulrat die Berichte einer Lehrerin liest, kann er sehr schnell feststellen, ob sich die Lehrerin intensiv mit ihren Schülern befasst, sie beim Lernen beobachtet und deshalb in der Lage ist, sie individuell zu beurteilen, oder ob sie zu Standardformulierungen greift und versucht, sich der Berichtspflicht rasch zu entledigen.

Die *Abnehmer der Berichte* – Personalsachbearbeiter, Ausbildungsleiter oder Lehrherren – sind schnell überfordert, wenn sie aufgrund vorliegender Berichte über die Aufnahme eines Ausbildungsverhältnisses oder über die Einstellung entscheiden sollen. Ein Vergleich der Bewerber mittels der traditionellen Zensuren und Zeugnisse ist nun nicht mehr möglich, und zu tagelangen Textanalysen fehlt die Zeit. Deshalb fordern die Abnehmer von ihren Bewerbern die üblichen Zensuren und Zeugnisse. Die vorerwähnten Versuchs- oder Modellschulen sind zumeist dazu übergegangen, ihren Schulabgängern neben den Berichten auch Zeugnisse mit auf den Weg zu geben, welche die bekannten Zensuren enthalten.

Der *Evaluationstheoretiker* Ingenkamp steht den zifferlosen Zensuren kritisch gegenüber, indem er anmerkt: »Auch das ›ziffernlose‹ Zeugnis ist nicht objektiver, zuverlässiger, gültiger oder vergleichbarer als die Zifferzensur. Es ermöglicht eine differenziertere Stellungnahme als die informationsarme Ziffer und erleichtert pädagogische Einwirkungen … Auch ein im Satz formuliertes Fehl- oder Vorurteil würde ein Fehl- oder Vorurteil bleiben.« (Ingenkamp 1982, S. 201) Damit ist die Problematik äußerst prägnant umschrieben. Eine überlegt erteilte Zifferzensur kann dem Schüler besser gerecht werden als ein Bericht, der viele fragwürdige Formulierungen enthält. Ein sorgfältig ausgearbeiteter Bericht, den der Schüler voll akzeptiert, weil er sich in ihm wieder findet, kann für ihn noch hilfreicher sein.

Beurteilungen mit Hilfe von Schulleistungstests überprüfen

Die Vielzahl der Beurteilungsfehler macht deutlich, dass die Noten und Zensuren, die von Lehrerinnen erteilt werden, subjektiv und fehlerhaft sind. Das Lehrerinnenurteil ist im testtheoretischen Sinn wenig valide, objektiv und reliabel. Um aber den Schülern annähernd gerecht zu werden, erscheint es angebracht, die subjektiven Urteile durch den Einsatz standardisierter Tests zu überprüfen, d.h. die Beurteilungen und Zensuren mit den Testergebnissen zu vergleichen, um sie erforderlichenfalls zu korrigieren.

Der Testtheoretiker K. Ingenkamp (1982, S. 200/201) fordert seit Jahrzehnten die Lehrerinnen dazu auf, ihr Urteil durch den Einsatz von Schulleistungstests abzusichern. Auch verfasste er – wohl in der Absicht, einen vermehrten Einsatz zu provozieren – ein Pamphlet mit dem Titel »Die Test-Aversion des deutschen Intellektuellen« (Ingenkamp 1989). In dieser Streitschrift führt er den Nachweis, dass in der Bundesrepublik die Bereitschaft, sich der vorhandenen Schulleistungstests zu bedienen, hinter jener in afrikanischen Ländern zurücksteht. Deutschland erscheint auf dem Gebiet der Testanwendung als Entwicklungsland, und Ingenkamp – einem Prediger in der Wüste vergleichbar – möchte dieses Defizit abbauen, doch seine Worte verhallen oft ungehört. Die möglichen Ursachen für die zu beobachtende *Test-Aversion* unter den Lehrerinnen sollen deshalb aufgezeigt und hinterfragt werden.

Ein *Schulleistungstest* wird für ein bestimmtes Lerngebiet oder für einen Fähigkeitsbereich entwickelt und erprobt, bevor er zum Einsatz kommen kann. Beispiele für Schulleistungstests sind der DRT 4 – Diagnostischer Rechtschreibtest für 4. Klassen – oder der BDT 6 – Bruch- und Dezimalrechentest, der am Ende der 6. Klasse zur Anwendung kommen kann. Neben den typischen Schulleistungstests stehen die Vorschul- und Entwicklungstests, die Einschulungstests, Intelligenz- und spezielle Eignungstests sowie Fragebogen-Inventarien.

Um einen Schulleistungstest entwickeln zu können, bedarf es eines *Expertinnenteams*, das idealerweise aus einer Testpsychologin, aus Lehrerinnen, welche im Lerngebiet längere Zeit unterrichtet haben, und aus einer Expertin für die Datenverarbeitung besteht.

Das Team hat zunächst die Aufgabe, das Lerngebiet oder den *Fähigkeitsbereich abzugrenzen* und mit möglichst vielen und für das Gebiet typischen Aufgaben abzudecken. Diese Aufgaben oder Testitems werden in einem oder in mehreren Vortests jenen Schülern gestellt, für welche der Test entwickelt werden soll. Aufgaben, die im Vortest von allen Schülern (Schwierigkeitsgrad 1) oder von keinem Schüler (Schwierigkeitsgrad 0) gelöst werden, die also zu leicht oder zu schwierig sind, werden aus dem Aufgabenpool entfernt, weil sie keinen Erklärungswert haben. Für das Entwick-

BDT 6
Bruch- und Dezimalrechentest

Autoren: H. Haenisch, H. Lukesch
Reihe: Westermann-Test
Bereich: Ende der 6. Klasse

Aufgabe und Aufbau des Tests: Der BDT besteht aus je 37 Aufgaben für Form A und B. Die Beantwortung erfolgt so, dass der Schüler die Lösung selbst errechnet und in ein Antwortkästchen einträgt. Bei der Auswertung kann der Lehrer die Zwischenschritte, die zu einer richtigen oder falschen Lösung führen, nachvollziehen. Die 37 Aufgaben decken 11 Teilbereiche ab, 27 betreffen das Bruchrechnen und 11 das Dezimalrechnen.

Testdauer: 60 Minuten (reine Testzeit)

Bestandteile:
2103301 Komplett 29 Euro
2103302 Handanweisung 29,80 Euro
2103303 Testhefte A (20 St.) 13 Euro
2103304 Testhefte B (20 St.) 13 Euro

Gültigkeit: Das Verfahren ist inhaltlich gültig durch die Übereinstimmung der Anforderung der Tests mit den Lehrplänen. Die Korrelation des BDT mit der Mathematiknote am Ende des 6. Schuljahres beträgt r = .70 (N = 316), die Korrelation mit dem CFT 2 r = .29 (N = 905).
Zuverlässigkeit: Die Halbierungszuverlässigkeit (korrigiert nach Spearman-Brown) liegt für die Teilbereiche Bruchrechnen und Dezimalrechnen bei r = .94 bzw. r = .92, für den Gesamttest beträgt sie r = 0.95.
Normen: Individualnormen in der Form von Prozenträngen, T-Werten, Stanine-Werten und klassenspezifischen Werten (N = 2625 Schüler bzw. 84 Klassen).

lungsteam sind die Aufgaben mit einem mittleren Schwierigkeitsgrad (0,5) besonders interessant, weil hier die Wahrscheinlichkeit, die Aufgabe lösen bzw. nicht lösen zu können, gleich groß ist. Außerdem wird bei diesen Aufgaben auf die Trennschärfe geachtet und überprüft, ob mit dem betreffenden Testitem auch die begabten von den weniger begabten Schülern unterschieden werden können. Die als sinnvoll und nützlich erkannten Testitems werden nun in eine Abfolge gebracht. Dann wird zu dieser ersten Testversion eine *Testanleitung* geschrieben, die jede Anwenderin in gleicher Weise zu verlesen hat, um die Durchführung möglichst objektiv und reliabel zu gestalten.

Nun wird der Test an einer hinreichend großen *Stichprobe geeicht*, d.h. das Material wird etwa 1.000 oder mehr Schülern zur Bearbeitung vorgelegt, die für die Gruppe, in welcher der Test zum Einsatz kommen soll (z.B. Schüler der 6. Klasse im deutschen Sprachraum) repräsentativ sind. Die Stichprobengröße ist u.a. abhängig von der Absicht, die mit dem Test verfolgt wird, den verfügbaren Versuchspersonen, den finanziellen Mitteln und den statistischen Notwendigkeiten, wobei größere Stichproben zu aussagekräftigeren Ergebnissen führen können. Nach der Eichung erfolgt eine letzte Überarbeitung des Testmaterials, die endgültige Zusammenstellung des Tests sowie die Drucklegung und Veröffentlichung. Eine Handreichung, welche die Testanleitung, Hinweise zur Gültigkeit, Zuverlässigkeit und den Normen sowie zur Auswertung und Interpretation der Ergebnisse enthält, vervollständigt das Material.

Ein derart entwickelter und geeichter Schulleistungstest entspricht weitgehend den *Haupttestgütekriterien* der Validität, Objektivität und Reliabilität. Die Testaufgaben beziehen sich eindeutig auf den abgegrenzten Lern- oder Fähigkeitsbereich. Wenn verschiedene Lehrerinnen den Test einsetzen und sie sich an die Testanleitung halten, kommen sie auch zu vergleichbaren Ergebnissen. Und ein solcher Test ist schließlich auch noch zuverlässig oder reliabel, indem er zeitlich versetzt vergleichbare Ergebnisse liefert. Also erscheint ein Schulleistungstest geeignet, um subjektive Urteile von Lehrerinnen zu überprüfen und zu korrigieren.

Doch wenn man einem Kollegium an einer weiterführenden Schule die Frage stellt, ob jemand in letzter Zeit einen Schulleistungstest eingesetzt hat, wird man fast immer Fehlanzeigen erhalten. Etwas anders dürfte die Antwort bei Grundschullehrerinnen ausfallen, die Einschulungstests kennen und anwenden. Für Sonderschul- und Beratungslehrerinnen ist der Einsatz selbstverständlich.

Die Testabstinenz oder Testaversion der Lehrerinnen an weiterführenden Schulen hat zahlreiche Ursachen. Zunächst einmal gibt es einen sehr allgemeinen *wissenschaftsgeschichtlichen Grund*. In den angelsächsischen Ländern wurde in den letzten hundert Jahren die Disziplin »Educational Psychology« überwiegend mit Methoden der empirischen Sozialforschung ausgebaut. Zur Weiterentwicklung dieser Disziplin gehörten auch die Teilgebiete der Testtheorie, der Testentwicklung und Testanwendung. In Deutschland hingegen konnten Ansätze aus den 20er-Jahren in der Zeit des Nationalsozialismus nicht weiter verfolgt werden, da Tests als »Werkzeuge jüdisch-analytischen Geistes« abgewertet wurden. Und nach dem 2. Weltkrieg dominierten an den Lehrerausbildungs-Institutionen Vertreter der geisteswissenschaftlichen Pädagogik, die sich weniger mit den Schulleistungen von Schülern, sondern, weit abgehoben, mit Fragen der Erziehungsphilosophie befassten und sich hermeneutischer Methoden bedienten. Erst Ende der 60er-Jahre wurden die Ergebnisse angelsächsischer Forschung auch in Deutschland zur Kenntnis genommen, und es wurde versucht, Anschluss an den aktuellen Forschungsstand zu gewinnen. So besteht bis zum heutigen Tag noch ein Forschungs- und Entwicklungsrückstand.

Ein weiterer Vorbehalt ist *zeitgeschichtlich* bedingt, da viele der deutschen Intellektuellen bis in unsere Tage hinein durch die nationalsozialistischen Verbrechen traumatisiert sind. Sie assoziieren mit dem Begriff »Test« auch sofort »Selektion«. Schließlich versuchten Ärzte, die sich mit Eugenik befassten, mit Hilfe pseudowissenschaftlicher Testverfahren ethnische Unterschiede zu konstruieren oder ihre rassenhygienischen Maßnahmen zu legitimieren. Zwar ist ein direkter Vergleich zwischen dem Einsatz von Schulleistungstests und jenen Verfahrensweisen geradezu absurd, doch wird deutlich, weshalb Lehrerinnen in den angelsächsischen Ländern unbefangen drauflos testen, während die Lehrerinnen in der Bundesrepublik größte Zurückhaltung üben.

Eine weitere zeitgeschichtlich bedingte Ursache kann in der Einstellung und Haltung vieler Vertreterinnen der 68er-Generation liegen, bei den *Aussteigerinnen* und Leistungsverweigerinnen, die sich blind gegen jedes Leistungsdenken richteten, gegen Leistungsdruck und den oft vorherrschenden Schulstress. Durch den Einsatz von Schulleistungstests befürchteten sie eine Verschärfung der Konkurrenzsituation, eine noch rigidere Selektion verbunden mit einem Verlust an Lebensqualität. Erst allmählich hat sich wieder die nüchterne Erkenntnis durchgesetzt, dass jeder gesunde Mensch, ob Schüler oder Bürgerin, einen Beitrag zur eigenen Existenzerhaltung leisten muss und kein Gesellschaftssystem auf die Leistungen seiner Bürgerinnen verzichten kann.

Stark ideologisch gefärbt erscheinen auch jene Argumente, die Vertreter von Anti-Testbewegungen vorbringen, weil sie jeden Test als *Instrument der Macht- und Herrschaftsausübung* ablehnen, das lediglich dazu diene, die leistungsschwachen Schüler auszusondern, um ihnen einen Platz auf der untersten Stufe der Sozialskala zuweisen zu können. Mit dem Zusammenbruch des real existierenden Sozialismus tritt diese Argumentation zwar etwas zurück, doch lässt sich nicht leugnen, dass Arbeitgeber in privatwirtschaftlichen Systemen von ihren Arbeitnehmern stets Leistungen verlangen und sie, sofern sie die Wahl haben, leistungsstarke Auszubildende oder Mitarbeiter bevorzugen werden. Dabei ist es unerheblich, ob Leistungen im Rahmen einer Abschlussprüfung an der Schule erbracht werden oder ob größere Betriebe oder Institutionen ihre eigenen Leistungstests entwickeln und durchführen.

Ein *anthropologisch akzentuiertes Argument* gegen die Testanwendung ist zwar ernst zu nehmen, bei näherer Betrachtung jedoch kaum haltbar, nämlich, die Auffassung, man möge jeden Schüler in seiner Einmaligkeit und Einzigartigkeit voll akzeptieren, ihn fordern und fördern und auf jeden Leistungsvergleich verzichten, da dieser inhuman sei. Eine solche humanistische Sichtweise, die allein eine individualdiagnostische Bezugsnorm gelten lässt, findet zwar zahlreiche Anhängerinnen, doch widerspricht sie entwicklungs- und lernpsychologischen Einsichten sowie der sozialen und gesellschaftlichen Realität. Selbst Kinder im Vorschulalter möchten ihre Kräfte mit anderen Kindern messen. Schüler haben viel Spaß am Kräftevergleich, an Wettspielen und Wettkämpfen. Und ein Wirtschaftssystem, welches die freie Marktwirtschaft favorisiert, kann nur bestehen, wenn Arbeitgeber und Arbeitnehmer den Vergleich nicht scheuen und sich der Konkurrenz erfolgreich stellen.

Eine Ursache für den seltenen Einsatz von Schulleistungstests mag im System der Schule begründet sein, das bis zum heutigen Tag nach den Regeln des klassisch hierarchischen Bürokratiemodells gesteuert wird. In solchen Systemen ist die *Innovationsrate* vergleichsweise *gering*. Die Testentwicklung und der Testeinsatz stellen eine Neuerung dar, die verunsichert und innerhalb der Hierarchie Misstrauen und zusätzliche Arbeit schafft. Da das traditionelle System der Regelschule seit Jahrzehnten

Überzeugende Argumente oder Ausreden?

- Für meine Fächer gibt es keine Tests
- Ich kann meine Schüler auch so gerecht beurteilen
- Ich unterrichte prozessorientiert und kann deshalb keine Tests einsetzen
- Ich habe keine Erfahrungen auf dem Gebiet der Testanwendung, deshalb lasse ich lieber die Finger davon
- Der Aufwand ist mir zu groß
- Die Tests sind mir zu teuer
- Durch Testergebnisse möchte ich mich nicht beeinflussen lassen
- Ich finde das Testen von Menschen inhuman
- Die Nazis haben doch auch Zigeunerkinder getestet
- Tests dienen der herrschenden Schicht, um leistungsschwache Glieder der Gesellschaft zu selektieren
- Durch Tests werden die gesellschaftlichen Verhältnisse stabilisiert, nicht jedoch positiv verändert
- Die Korrektur subjektiver Urteile erscheint mir nur im Fach Mathematik möglich

ohne den Einsatz von Schulleistungstests funktioniert hat, besteht kein begründeter Anlass, einen vermehrten Einsatz von Seiten der Schulverwaltung zu befürworten.

Ein weiteres Hindernis stellen Eltern dar, die in einigen Bundesländern erst ihre Zustimmung geben müssen, wenn Lehrerinnen in ihren Lerngruppen einen simplen Rechen- oder Rechtschreibtest durchführen wollen. Dieses *Elternrecht* lässt sich in seiner Fragwürdigkeit nur aus den Erfahrungen mit totalitären Herrschaftssystemen erklären. Denn der Zugriff der nationalsozialistischen und kommunistischen Machthaber auf die Kinder und die Entmündigung der Eltern war total. So betrachtet ist es gerechtfertigt, wenn peinlich darauf geachtet wird, dass in staatlichen Schulen mit den Kindern nicht beliebig verfahren werden darf; doch sehen sich Lehrerinnen wenig motiviert, die eigenen Urteile durch den Einsatz standardisierter Schulleistungstests zu überprüfen, wenn vor dem Einsatz eine Elternbefragung stattzufinden hat und zahlreiche bürokratische Hürden überwunden werden müssen.

Es sind sodann bestimmte übergeordnete *Lerninhalte und Lernziele*, welche dem Einsatz von Schulleistungstests enge Grenzen setzen. Verantwortungsbewusste Lehrerinnen werden argumentieren, dass sich wichtige Lernergebnisse nie über einen Test abprüfen lassen, weil sie manchmal erst nach Jahren sichtbar werden. Dies gilt für übergeordnete Anliegen, wie z.B. einer Erziehung zur Verantwortung, Konfliktfähigkeit, Toleranz, Solidarität oder zur Zivilcourage.

Auch *aktuelle existenzbedeutsame Themen*, die aufgrund besonderer und oft überraschender Ereignisse fächerübergreifend im Gemeinschafts-, Geschichts- oder Deutschunterricht bearbeitet werden müssen, lassen sich nicht mit Hilfe von Tests abprüfen. Für solche Themen, auf die Hartmut von Hentig (1971, S. 13ff.) mit seinem daseinsinterpretatorischen Ansatz der Curriculumentwicklung hingewiesen hat und die heute Wolfgang Klafki (1994) als epochaltypische Schlüsselprobleme bezeichnet, können keine Schulleistungstests entwickelt werden, weil sie zu sehr der gesellschaftlichen Dynamik unterliegen.

Und schließlich lassen sich auch *komplexere Lernleistungen*, welche eine *kreative oder dialogisch kommunikative Komponente* beinhalten, kaum über Schulleistungstests erfassen. Neuland (1982) hat sich in ihrem Beitrag »Sprachtests. Möglichkeiten und Grenzen standardisierter Sprachleistungsmessung« mit dieser Frage intensiv auseinander gesetzt; und sie zieht folgendes Fazit:

»Obwohl die zunehmende Anzahl[1] der bislang entwickelten Sprachtests zunächst erstaunlich ist, konzentrieren sie sich doch nur auf einige wenige Bereiche des Sprachverhaltens, und zwar vorwiegend auf diejenigen, in denen ein bestimmtes Endverhalten des Schülers genau bestimmt, operationalisiert und mit einer Richtig/Falsch-Entscheidung bewertet werden kann. Dies ist – bei allen prinzipiellen[2] und spezifischen Vorbehalten im Einzelnen – zumal bei den Grundfertigkeiten des Rechtschreibens und Lesens der Fall, in denen die Reproduktion der orthographisch richtigen Schreibweise und der korrekten Lautgestalt aus dem graphischen System der Schrift gemessen werden können, sowie im Bereich der grundlegenden Grammatikkenntnisse, z.B. von Wort- und Satzbildungsregeln, deren Anwendung nach der Norm grammatischer Korrektheit beurteilt werden kann.
Die Grenzen der normorientierten standardisierten Sprachtests liegen hingegen in all denjenigen Bereichen des Sprachverhaltens, in denen »objektive«, normative Richtigkeitskriterien nicht so problemlos verfügbar sind, für die eine strenge Lehrzieloperationalisierung nicht immer möglich und auch nicht sinnvoll ist und die sich letztlich auch der Messbarkeit entziehen. Dies gilt für den gesamten Bereich des dialogisch-kommunikativen Sprachverhaltens, für den Bereich der spontanen mündlichen und schriftlichen Produktion, darüber hinaus aber auch für alle situations-, sozial- und regionalspezifischen Sprachleistungen, die in den an der Standardnorm orientierten Sprachtests eher als Störfaktoren und Fehlerquellen auftreten. Dies gilt letztlich auch für Sprachverständnis, Sprachreflexion und sprachliche Kreativität.[3]
Vom Aspekt der sprachdidaktischen Nützlichkeit muss daher festgehalten werden, dass gerade diejenigen Sprachleistungen durch standardisierte Sprachtests gemessen werden können, denen im Rahmen übergeordneter kommunikativer Lehrziele ein nur begrenzter, instrumenteller Stellenwert zugeschrieben wird.[4]«

1 Dahinter darf wohl nicht zu Unrecht auch ein merkantiles Interesse der Autoren und Verlage vermutet werden.
2 Diese betreffen beispielsweise die je mitgesetzten Prämissen über die Relevanz der getesteten Sprachleistungen sowie die fehlenden gesonderten Ursachenreflexionen bei festgestellten Leistungsschwächen.
3 Die wenigen in diese Richtung zielenden Versuche standardisierter Sprachleistungsmessung können dieses Fazit nur bestätigen: Im Verbalen Kreativitätstest von Schoppe 1975 werden z.B. alle instruktionsadäquaten Antworten rein quantitativ ausgezählt, d.h. Kreativität reduziert sich auf den Aspekt der Flüssigkeit. Ähnliche Einschränkungen gelten für die wenigen Untertests in den Sprachentwicklungstests, die sich mit interaktiven und kommunikativen Aspekten beschäftigen, wie z.B. der Subtest interaktive Bedeutung/Benennungsflexibilität im HSET und das Telefonspiel im LSV.
4 In dieser Einschätzung geht die Mehrzahl aktueller fachdidaktischer Konzeptionen einig; vgl. z.B. den Limburger Grundkurs für Deutschlehrer: Sprachliche Kommunikation. Weinheim 2/1973, S. 282f. (a.a.O. 277).

Neuland legt in ihrer kritischen Analyse überzeugend dar, dass sich die wirklich bedeutsamen Lernziele und deren Zielerreichung dem Zugriff standardisierter Verfahren entziehen.

Aufgrund vorstehender Ausführungen wird deutlich, dass viele Lehrerinnen auf den Einsatz von Schulleistungstests verzichten müssen, weil es für ihre Lehrgebiete keine geeigneten Schulleistungstests gibt. Ein Verzeichnis der lieferbaren Tests des Hegrete-Verlags aus dem Jahr 2002 weist Vorschul- und Entwicklungstests, Einschulungstests, Schulleistungstests – die überwiegend Rechtschreib- und Rechenfähigkeiten abprüfen – aus, doch *es fehlen Tests* für jene Fächer oder Lerngebiete, bei denen affektive oder soziale Lernziele im Mittelpunkt stehen, die sich nicht operationalisieren lassen.

Eine weitere Ursache für den seltenen Einsatz von Schulleistungstests liegt in der *Tradition der Lehrerinnenausbildung* begründet. Während Pädagogikstudenten in den angelsächsischen Ländern selbstverständlich Lehrveranstaltungen zur Testtheorie, Testkonstruktion und Testanwendung geboten bekommen und ein Testpraktikum durchlaufen – ihren eigenen IQ kennen und gelernt haben, mit ihm zu leben –, gibt es nach Kenntnis des Autors in der Bundesrepublik Pflichtveranstaltungen auf diesem Gebiet nur für angehende Sonderschul- und Beratungslehrerinnen. Das Gros der Lehrerinnen wird auf diesem Gebiet mangelhaft ausgebildet und ist deshalb auch nicht in der Lage, die Möglichkeiten und Grenzen der Schulleistungstests zu sehen und diese zweckentsprechend zu nutzen.

So scheuen viele Lehrerinnen den *Aufwand*, sich in ein fremdes Gebiet einzuarbeiten, die Zeit und Kraft, die für die Beschaffung, den Einsatz, die Auswertung und Interpretation der Testergebnisse investiert werden müsste.

Sicher haben auch einige Lehrerinnen *Angst vor der Wahrheit.* Sind sie von ihren eigenen Lehrleistungen und den Lernleistungen ihrer Schüler überzeugt, ist es schwierig, sich durch Testergebnisse von einmal bezogenen Positionen und Vorurteilen abbringen zu lassen. Andere Lehrerinnen glauben, ihre Schüler gerecht beurteilen und auf die Korrekturmöglichkeit verzichten zu können. Häufig ist auch das Argument zu hören, man wolle sich durch die Testergebnisse nicht in seiner positiven Grundhaltung einzelnen Schülern gegenüber beeinflussen lassen, es bestünde die Gefahr, dem Pygmalion-Effekt zu erliegen und Schüler zu etikettieren.

Abschließend bleibt festzuhalten, dass die Ursachen für den seltenen Einsatz von Schulleistungstests mannigfaltig sind. Ihr Einsatz wird wohl auch künftig auf wenige Fächer, Lerngebiete oder Fähigkeitsbereiche beschränkt bleiben. Da aber Leistungsbeurteilungen, Noten, Zensuren und Zeugnisse für die Schüler existenzbedeutsam sind, erscheint es geboten, die wenigen Einsatzmöglichkeiten zu nutzen, um auf diese Weise die Schüler in einigen Fächern gerechter beurteilen zu können.

Mündliche Leistungen beurteilen

In diesem Abschnitt wird zuerst die mündliche Prüfung als Einzelprüfung betrachtet, sodann die mündliche Prüfung in Kleingruppen und schließlich der Versuch, mündliche Leistungen in der Lerngruppe zu registrieren und zu beurteilen.

Die mündliche Prüfung als *Einzelprüfung* stellt sich als typische Tertiade dar, Vorbereitung auf die Prüfung, Durchführung derselben und Auswertung der Prüfungsleistungen sowie Mitteilung des Ergebnisses. Prüfungen dieser Art werden im Rahmen von Abschlussprüfungen an allgemeinbildenden Schulen, z.B. mündliches Abitur, an Berufsschulen und Hochschulen durchgeführt.

Ein *vorbereitendes Gespräch* ist zumeist üblich, wenn auch nicht unbedingt notwendig. Im Verlauf eines solchen Gespräches lassen sich Spezialgebiete vereinbaren, Themen abgrenzen, Literaturempfehlungen geben und Absprachen über die zu erbringenden Leistungen sowie über den Prüfungsablauf treffen. Insgesamt betrachtet dienen solche Gespräche einmal dem Versuch, Transparenz zu schaffen und somit die Prüfungsängste zu reduzieren, zum anderen sollten sie dem Kandidaten eine gezielte Vorbereitung ermöglichen. An Hochschulen können diese Gespräche entfallen, weil der Kandidat in der Prüfung zu beweisen hat, dass er eigenständig Informationen gewinnen, verarbeiten und problembewusst darstellen kann.

Für die *Durchführung mündlicher Einzelprüfungen* haben sich einige Grundregeln bewährt. Zunächst einmal sollten die Prüfenden *auf fragwürdige Rituale verzichten*, wie sie durch eine besondere Sitzordnung, durch unterschiedliche Sitzmöbel oder durch mehrere Uhren auf dem Tisch zum Ausdruck kommen. Gleiches gilt für den Kandidaten, der auf übertriebene Höflichkeit, die Anrede der Prüfenden mit Titeln und auf eine devote Haltung verzichten kann. Prüfungssituationen sind Ausnahmesituationen, in denen die Prüfenden aufgrund ihrer sozialen Position und ihres Amtes Macht über die Kandidaten ausüben. Doch erscheint es überflüssig, diese Machtverhältnisse besonders zu betonen. Prüfende werden nicht intelligenter fragen und gerechter urteilen, wenn sie sich zum Prüfungstag ausnahmsweise eine Krawatte umbinden. Und die Prüfungskandidatinnen und -kandidaten werden die Qualität ihrer Beiträge nicht durch das Tragen eines Kostüms oder eines dunklen Anzuges steigern. Leider gibt es auch heute noch Prüfende, die auf die Einhaltung fragwürdiger Rituale wert legen oder sich durch diese beeinflussen lassen. Und viele Prüfungskandidaten entsprechen den Erwartungen, weil sie der Kampf um die bestmögliche Note und die Existenzangst dazu treiben.

Aufgabe der Prüfenden ist es, sich während der gesamten Prüfungssituation *voll* auf den Kandidaten zu *konzentrieren*. Eine wache Haltung, eine gespannte Aufmerksamkeit, überträgt sich auf den Kandidaten und führt so auch bei ihm zu einer er-

Grundregeln zur Durchführung mündlicher Prüfungen

- Auf fragwürdige Rituale verzichten
- Sich voll auf den Kandidaten konzentrieren
- Mit einem Spezialgebiet beginnen
- Anfangs den Kandidaten referieren lassen
- Aktiv zuhören
- Unverständlich erscheinende Ausführungen präzisieren lassen
- Unvollständige Beiträge weiterführen lassen
- Das kognitive Niveau anheben, d.h., Prüfungsfragen stellen, die ein analytisches, verknüpfendes oder bewertendes Denken erfordern
- Das kognitive Niveau senken, d.h., auf einfachere Kenntnis-, Verständnis- oder Übertragungsleistungen zurückgehen
- Den Prüfungsverlauf protokollieren
- Auf mögliche Beurteilungsfehler achten, z.B. auf Hof-Effekte, Erwartungsfehler, Kontrastfehler, Fehler des ersten und des letzten Eindrucks

höhten Konzentrationsbereitschaft. Umgekehrt sinkt die Qualität der Beiträge rasch ab, wenn der Kandidat spürt, dass sich die Prüfenden nicht für seine Aussagen interessieren.

Es hat sich bewährt, *zu Beginn einer Prüfung* ein *Spezialgebiet* anzusprechen, in das sich der Kandidat seinen Interessen folgend eingearbeitet hat. Die Wahrscheinlichkeit, auf diesem Gebiet zu versagen, ist gering. Der Kandidat erhält auf diese Weise Gelegenheit, sich frei zu sprechen, fundiert, differenziert und problembewusst zu referieren. Und während er dies tut, gewinnt er das positive Gefühl, Pluspunkte zu sammeln, der Affektstau ebbt ab und die Prüfungsangst wird reduziert.

Zur Konzentration auf den Kandidaten gehört auch ein *aktives Zuhören*, wie es aus der Gesprächspsychotherapie bekannt ist. Gehemmt wirkenden Kandidaten kann durch nonverbale Zeichen, durch Nicken, Lächeln, durch ein warmes »Hm«, durch die Umschreibung emotionaler Aussagen oder durch »Türöffner«, die das Interesse an den Beiträgen dokumentieren, geholfen werden.

Sind die Ausführungen unverständlich oder fehlerhaft, bedarf es der Aufforderung, dieselben zu präzisieren oder zu korrigieren. Unvollständige Beiträge werden die Prüfenden weiterführen lassen. Was das kognitive Niveau der Kandidaten betrifft, so lässt sich dieses oft schon aus den Ausführungen zum Spezialgebiet erkennen. Referiert der Kandidat flüssig und problembewusst, indem er z.B. verschiedene Definitionen einbringt und diese miteinander vergleicht oder unterschiedliche Positionen darstellt und in Beziehung setzt, signalisiert er den Prüfenden, dass er anspruchsvoll gefordert werden möchte. Ein sich anschließendes Prüfungsgespräch wird sich dann auch auf analytisches, verknüpfendes und bewertendes Denken konzentrieren, also auf die oberen Ebenen der Bloomschen Taxonomie. Der Übergang auf andere Themen, die nicht das Spezialgebiet betreffen, fällt dann oft auch nicht schwer (vgl. Bloom et al., a.a.O.).

Anders verläuft das Prüfungsgespräch, wenn schon die ersten Ausführungen zum Spezialgebiet unbeholfen und fehlerhaft vorgetragen werden. Dann ist ein häufigeres Zwischen- und Nachfragen erforderlich, das sich auf einfachere Kenntnis-, Verständnis- oder Übertragungsleistungen bezieht, also auf die unteren Ebenen der Bloomschen Taxonomie. Der Übergang auf andere Themen bereitet dem Kandidaten dann oft auch Schwierigkeiten, und die Leistungen sinken dementsprechend ab.

Es ist üblich und auch notwendig, den Prüfungsverlauf zu protokollieren. In dieser stichwortartigen Mitschrift sind die angesprochenen Themen, die Frage- und Problemstellungen sowie die Teilleistungen festzuhalten. Letztere können durch Symbole, wie z.B. + oder – oder + – gekennzeichnet werden, damit sich der Prüfungsverlauf sowohl quantitativ als auch qualitativ im Protokoll widerspiegelt.

Wahrscheinlich ist die Anzahl der *Beurteilungsfehler* besonders groß. Während bei der schriftlichen Prüfung alle Schüler dieselbe Aufgabe gestellt bekommen und somit eine gewisse Vergleichbarkeit der schriftlichen Ergebnisse gegeben ist, variieren bei mündlichen Prüfungen schon die Frage- und Problemstellungen von Kandidat zu Kandidat. Auch überdecken leistungsfremde Kriterien, wie z.B. die *Sprechgeschwindigkeit*, die äußere Attraktivität oder das erste bzw. letzte Auftreten, die tatsächliche Prüfungsleistung. So ließ Pritz (1981) einen Prüfungsdialog im Fach Geographie einmal in 10 Minuten flüssig und dann in 21 Minuten verlangsamt 101 Gymnasiallehrerinnen zur Beurteilung vorspielen. Dabei wurde die langsamere Version um etwa eine Notenstufe schlechter beurteilt. In dieser Untersuchung konnte gezeigt werden, wie die Variable der Sprechgeschwindigkeit eine Bedeutung erlangt, die ihr im Hinblick auf die Leistungen im Fach Geografie sicher nicht zukommt.

Im Gegensatz zu schriftlichen Prüfungen kann auch die *äußere Attraktivität* des Kandidaten bedeutsam sein. Prüfende, welche den Kandidaten nicht aus dem Unterricht oder aus Lehrveranstaltungen kennen, unterliegen häufig dem *Fehler des ersten oder des letzten Eindrucks*. Ein selbstsicheres Auftreten zu Beginn der Prüfungssituation kann nachfolgende Beiträge überlagern. Oder ein großartiger Abgang am Ende einer Prüfung vermag vorangegangene korrekturbedürftige Beiträge zu überdecken.

Wenn Schüler von Lehrerinnen geprüft werden, die sie jahrelang unterrichtet haben, sind *Erwartungsfehler* kaum zu vermeiden. Die Prüfenden haben sich vom Kandidaten ein Bild gemacht, und der Schüler wird diesen Vorstellungen entsprechend auf die Note 1 oder 4 geprüft. Allerdings lässt sich in solchen Fällen darüber streiten, ob es sich hier wirklich um einen Beurteilungsfehler handelt oder um den gerechtfertigten Versuch, neben der Produktevaluation auch den zurückliegenden Prozess zu berücksichtigen.

Die *Auswertung mündlicher Einzelprüfungen* erfolgt meist in Abwesenheit des Kandidaten in einem Meinungsaustausch zwischen den Prüfenden. Zur Steigerung der Objektivität kann jede Prüfende die intendierte Note unabhängig von den anderen Mitgliedern der Prüfungskommission auf einen Zettel schreiben. Der sich anschließende Notenvergleich führt dann zu einer raschen Einigung oder zu einem Gespräch, in dessen Verlauf das Prüfungsgeschehen anhand des Protokolls rekonstruiert und bewertet werden kann. Auf diese Art lassen sich Argumente finden, vergleichen und Meinungsunterschiede ausgleichen. Bestehen einzelne Mitglieder der Kommission auf ihren unterschiedlichen Positionen, dann muss der Mechanismus demokratischer Beschlussfassung greifen, die Abstimmung, wenngleich der auf Einigung zielende Diskurs als der bessere Weg erscheint. Es liegt auf der Hand, dass eine Einigung rascher erfolgt, wenn sich die Prüfenden gegenseitig akzeptieren, respektieren und tolerieren. Sind die Prüfenden befreundet, besteht die Gefahr von Gefälligkeitsfehlern. Bei Statusunterschieden – wenn eine Direktorin mit einer Studienrätin oder eine Ordinaria mit einer Akademischen Rätin prüft – lassen sich hierarchische Fehler kaum vermeiden.

Wer über langjährige Erfahrungen in der Abnahme mündlicher Prüfungen verfügt, weiß auch um die erheblichen Schwankungen, denen die Beteiligten an einzelnen Prüfungstagen ausgesetzt sind. So gibt es Tage, an denen die Noten 1 und 2 vorherrschen, die Prüfenden und die Kandidaten mit den Prüfungsergebnissen hoch zufrieden sind. Und es gibt andere Tage, an denen die Prüfungsleistungen weit hinter den Erwartungen zurückbleiben. Schwankungen dieser Art lassen sich nicht hinreichend durch die zufallsbedingte Zusammensetzung der Gruppe der Kandidaten an diesem Tag erklären oder durch Witterungseinflüsse wie den bayerischen Föhn. Wenn die Prüfenden selbstkritisch bleiben, wird am Ende eines Prüfungstages oft das ungute Gefühl zurückbleiben, nicht allen Kandidaten gerecht geworden zu sein.

Bei Staatsexamina besteht häufig die Regelung, dem Kandidaten auf dessen Wunsch das Prüfungsergebnis mitzuteilen, dabei aber auf ein Feedback zu verzichten. Regelungen dieser Art erscheinen fragwürdig und undemokratisch. Jeder Kandidat hat das Recht zu erfahren, warum er diese oder jene Note erhalten hat, was gut und was weniger gut war, wo seine Stärken und Schwächen liegen. Und jede Prüfungskommission hat die Pflicht, ihr Urteil möglichst überzeugend zu begründen. Wenn sie dies nicht vermag, sollte sie das Urteil so lange überdenken, bis sie es fundiert und differenziert darstellen kann.

An einigen Institutionen ist es üblich, die Kandidaten in kleinen Gruppen zu prüfen. Dies geschieht zumeist in der Absicht, die Belastungen der Prüfenden zu reduzieren und Zeit zu sparen. Sind solche *Gruppenprüfungen* existenzbedeutsam, ergeben sich einige gravierende Nachteile. Zuerst einmal fehlt Prüfungszeit, um sich hinreichend mit jedem einzelnen Kandidaten befassen zu können. Sodann muss sich jeder Kandidat in der Prüfungssituationen gegenüber den Mitkandidaten behaupten, direkt mit ihnen konkurrieren, muss versuchen, die Aufmerksamkeit auf sich zu lenken, sich in den Vordergrund zu spielen und die Mitkandidaten abzuwerten. Aber auch die Prüfungskommission muss sich auf mehrere Kandidaten gleichzeitig konzentrieren und nach der Prüfung mehrere Urteile finden. Der Vorteil des unmittelbaren Vergleichs lässt sich durch die zahlreichen Nachteile sicher nicht ausgleichen.

Während sich die Leistungen im Anschluss an mündliche Prüfungen noch verhältnismäßig sinnvoll beurteilen und benoten lassen, weil die Prüfungssituationen doch stark strukturiert sind – Prüfungszeit, Prüfungskommission, Spezialgebiet oder Spezialgebiete, Übergang auf allgemeine Frage- und Problemstellungen, Anheben oder Absenken des Niveaus –, ist die *Leistungsbeurteilung in der Lerngruppe* weitaus schwieriger. Denn hier geht es um zufällig auftretende mündliche Leistungen, um Leistungen bei einem eher systematischen Abfragen, um mündliche Leistungen, die bei der Partner- oder Kleingruppenarbeit erbracht werden, um die Beurteilung von Referaten und um die allgemeine Mitarbeit.

Da bringt ein Schüler im Unterricht eher *zufällig* mehrere bemerkenswerte Beiträge, die bei der Lehrerin und den Mitschülern auf großes Interesse stoßen. Es wird nachgefragt und diskutiert, und der Schüler gestaltet so durch seine Beiträge die Stunde mit. Hoffentlich vergisst die Lehrerin nicht, ihm im Anschluss an diese Stunde auch eine 1 in das Notenbüchlein in der Rubrik »mündliche Leistungen« einzutragen.

Das *Abfragen* mit dem Notenbüchlein in der Hand, das in seiner rigiden Form der Vergangenheit angehören sollte, ist ebenfalls vielen Zufälligkeiten ausgesetzt. Einmal kann es keiner Lehrerin gelingen, die Zahl und das Niveau der mündlich gestellten Fragen über einen Beurteilungszeitraum von mehreren Monaten konstant zu halten. Und deshalb haben bestimmte Schüler Glück, weil sie einfache Fragen gestellt bekommen und andere Pech, weil der Schwierigkeitsgrad höher ausfällt. Und dann ist diese mündliche Leistung auch vom Vorhandensein bzw. Nichtvorhandensein eines einsagenden Mitschülers abhängig.

Die mündlichen Leistungen, die bei *Partner- oder Kleingruppenarbeit* erbracht werden, lassen sich nur indirekt über die am Ende der Arbeitsphase vorgetragenen Ergebnisse einschätzen und beurteilen. Schließlich kann niemand mehrere Kleingruppenprozesse gleichzeitig verfolgen, und so bleiben Art und Umfang der Beteiligung einzelner Schüler teilweise verborgen.

Vergleichsweise einfach erscheint hingegen die Beurteilung der von Schülern vorgetragenen *Referate*. Beurteilungskriterien sind hier der Bezug zum Thema, die sachrichtige Darstellung, die Schwerpunktsetzung, die Verständlichkeit, das Problembewusstsein, die Art des Vortrags, das allgemein rhetorische Verhalten mit Gestik, Mimik, Kopf- und Körperbewegung, interpersonale Distanz und räumliche Orientierung, der Stimmführung mit Lautstärke, Sprechtempo, Betonung und Aussprache sowie die Art des den Vortrag begleitenden Medieneinsatzes.

Was die *mündliche Mitarbeit*, die Beteiligung am Unterricht betrifft, so ist eine Lehrerin auf eher zufällige und punktuelle Wahrnehmungen angewiesen. Ob ein Schüler dem Unterricht aufmerksam folgt, lässt sich erst erkennen, wenn er auf Fragen keine Antworten weiß. Schließlich haben alle Schüler im Verlauf ihrer schulischen Sozialisation gelernt, Aufmerksamkeit vorzutäuschen (vgl. Jackson 1966). Lehrerinnen, die in zahlreichen Lerngruppen Fachunterricht erteilen, sind bei dem Versuch, die Vielzahl der Schülerbeiträge und -fragen aufzufassen, einzuordnen, zu gewichten und zu beurteilen gänzlich überfordert. Allenfalls können sie die Mitarbeit und die mit ihr verbundenen mündlichen Leistungen einschätzen, nicht aber exakt benoten. Und dann gibt es noch jene bescheidenen Schüler, die sich selten melden, anderen gerne den Vortritt lassen, den Prozess jedoch aufmerksam verfolgen und bei direkter Ansprache durchaus in der Lage sind, qualifizierte Beiträge zu leisten. Zieht nun eine Lehrerin überwiegend die Anzahl der Beiträge zur Beurteilung heran, werden Merkmale und Eigenschaften wie Zurückhaltung und Bescheidenheit bestraft.

Insgesamt betrachtet erscheint es besonders schwierig, die mündlichen Leistungen eines Schülers zu beurteilen. Bei schriftlichen und praktischen Prüfungen gibt es stets ein Produkt – die Mathematikarbeit, die Klausur oder das Werkstück –, das sich in Ruhe analysieren und auswerten lässt. Nach mündlichen Leistungen bleibt nur ein Eindruck zurück, der sich rasch verändern kann. Desto wichtiger erscheinen Protokolle, Notizen, aber auch Tonband- oder Videoaufzeichnungen, um die Beurteilungen annähernd zu objektivieren.

Die Schüler zur Selbstbeurteilung anleiten

Wenn die Beurteilung der Lernleistungen durch die Lehrerinnen zahlreichen Beurteilungsfehlern unterliegt, die Urteile ohnehin nicht valide, objektiv und reliabel sein können, wenn sich auch in die ziffernlosen Zensuren Formulierungsmängel einschleichen und standardisierte Verfahren keinen Ausweg aus dem Beurteilungsdilemma bieten, weil sie nur für bestimmte Lerngebiete zur Verfügung stehen und die Lehr-Lern-Prozesse nicht berücksichtigen können, dann stellt sich die Frage, ob es nicht sinnvoller sein mag, den Lehrerinnen zu empfehlen, auf diese fragwürdigen Formen der Fremdbeurteilung ganz zu verzichten und die Beurteilung und Benotung den Schülern zu überlassen.

Dieser wahrlich revolutionäre Gedanke ist gar nicht so neu, denn Vertreter humanistischer Ansätze des Lehrens und Lernens vertreten die Auffassung: »*Selbstbewertung* ist die einzige wünschenswerte Form der Bewertung. Selbstbewertung ist die Voraussetzung für die Entwicklung der *Autonomie*« (Gage/Berliner 1979, S. 609). Etwas differenzierter argumentiert Gorny (1979) in seinem Beitrag »Selbsteinschätzung und Unterrichtserfolg«: »Es ist nahe liegend, dass in diesem Kontext weitere Persönlichkeitsmerkmale berührt werden, so unter anderem die Selbstsicherheit. Die Leistungserfahrungen wirken sich auf die kognitive Selbstsicherheit insofern aus, als die adäquate Einschätzung der eigenen Leistungsmöglichkeiten das Sicherheitserleben verstärkt. Derjenige Schüler ist hinsichtlich des zu erzielenden Lerneffekts im Vorteil, der mit einem der Realität adäquaten Selbstkonzept und dem damit verbundenen Selbstvertrauen bewusst das von ihm Geforderte oder Gewollte in Angriff nimmt. Die richtige und begründete Einstellung zu sich selbst bietet von vornherein bessere Erfolgschancen. Vorausschauend kann besser entschieden werden, was von den Anforderungen gemeistert werden kann, was weniger gut gelingen wird. Insofern wird die Arbeitsweise zielstrebiger, zügiger, entschlossener, stabiler und auch selbstständiger« (Gorny a.a.O., S. 402/403).

Die Zielsetzung erscheint eindeutig: Erwünscht sind Schüler, die in der Lage sind, ihre Lernprozesse und Lernergebnisse selbstkritisch zu betrachten, die zur Selbstkontrolle und Selbstkorrektur fähig sind, die ihr Lernen autonom gestalten und steuern können, die sich im Stadium der *Selbstbildung* befinden. Doch im Hinblick auf diese Zielsetzung ist anzumerken, dass hier ein Zustand beschrieben wird, der erst in einem jahrelangen intensiven Bemühen erreicht werden kann. Jede Lehrerin-Schüler-Beziehung ist auch durch Fremdeinschätzung und -beurteilung gekennzeichnet. Jüngere Schüler sind auf die Fremdbeurteilung durch die Lehrerin angewiesen, und einige Schüler werden die anspruchsvollen kognitiven Leistungen, die eine Selbstbeurteilung voraussetzt, nie erbringen können.

Das Ziel einer *realistischen Selbsteinschätzung* und -beurteilung lässt sich nur schrittweise erreichen. Hier handelt es sich um eine Fähigkeit, die altersgemäß zu entwickeln ist, wobei einige Schüler nur mühsam vorankommen, andere bessere Fortschritte erzielen. Es gibt Schüler, die nach einer Mathematikarbeit mit einer geringen Irrtumswahrscheinlichkeit ihre Note voraussagen können, andere, bei denen diese Fähigkeit zur Selbsteinschätzung gering ausgebildet ist. Erstere sehen gelassen dem Urteil entgegen, Letztere zeigen sich häufig überrascht. Schüler, die ihre eigenen Leistungen annähernd realistisch einschätzen können, verfügen über eine solide Basis für weiterführende Lernprozesse.

Wer die Forderung erhebt, Lehrerinnen sollten ganz auf die Formen der Fremdeinschätzung, -bewertung und -beurteilung verzichten, der verkennt die Beziehung, die zwischen jeder Lehrerin und ihrem Schüler besteht, sieht nicht die gerechtfertigten Erwartungen, die sowohl an die Rolle der Lehrerin als auch an die des Schülers gerichtet werden. Eine Lehrerin verfügt zumeist über einen Kenntnis- und Erfahrungsvorsprung, und sie verfügt über Kriterien, die sie in die Lage versetzen, bestimmte Sachverhalte oder Ereignisse zu beurteilen. Der Schüler möchte von diesem Vorsprung profitieren und jene Kriterien kennen lernen, die es ihm ermöglichen, im Lernprozess selbstständig voranzukommen. Einige Beispiele mögen dieses besondere Verhältnis verdeutlichen:

- Wenn ein Grundschüler seiner Lehrerin am Wochenende ein Bild malt und es ihr am Montagmorgen stolz präsentiert, erwartet er natürlich ein Lob, aber dann möchte er auch noch gerne wissen, warum dieses Bild nun besonders gelungen erscheint, um konkrete Hinweise für sein künstlerisches Schaffen zu erhalten.
- Wenn sich ein 16-jähriger Schüler um eine neue Klavierlehrerin bemüht, weil er seiner derzeitigen in Teilbereichen ebenbürtig geworden ist, erhofft er sich von der Konzertpianistin nicht nur möglichst viele konkrete Spielhilfen, sondern auch die Einschätzung und Beurteilung seines Vortrags sowie Begründungen mittels nachvollziehbarer Kriterien.

*Entwicklungspsychologisc*h betrachtet ist die Fähigkeit zur Selbsteinschätzung und -beurteilung altersabhängig und muss über Jahre hinweg gelernt werden (vgl. Gorny, a.a.O., S. 404). Selbstbeurteilung bedingt die Bereitschaft und die Fähigkeit, vom eigenen Lernverhalten und den Lernleistungen zu abstrahieren, sich gleichsam neben das Bild, das Diktat, den Aufsatz, die Rechenarbeit oder das Klavierspiel zu stellen, den *Lernprozess und die* Lernleistung distanziert zu betrachten, sie auch mit anderen Leistungen zu vergleichen, um dann erst eine Einschätzung oder Beurteilung zu versuchen. Grundschüler sind zu einer solchen Abstraktionsleistung noch kaum in der Lage, und gerade sie erwarten hier die Hilfe der Lehrerin. In Analogie zur Ausbildung des Abstraktionsvermögens gelingt es älteren Schülern zunehmend, eigene Lernprozesse und Lernleistungen in der vorher beschriebenen Weise einzuschätzen und zu beurteilen.

Schüler werden auch künftig auf die Beurteilung vieler Lernleistungen durch die Lehrerinnen angewiesen sein, weil

- sie zunächst einmal jene Methoden und Lernstrategien erwerben müssen, die ihnen ein unabhängiges Lernen ermöglichen,
- sie häufig so stark in den Lernprozess involviert sind, dass ihnen ein Abstrahieren unmöglich ist,
- ihnen die erforderlichen Beurteilungskriterien fehlen,
- sie noch keine Vergleichsmöglichkeiten haben,
- sie noch nicht jene kognitive Leistung erbringen können, die es ihnen gestatten würde, die eigene Lernleistung mit Beurteilungskriterien in Beziehung zu setzen,
- sie auch motivationale Hilfen benötigen,
- viele Schüler auch Antriebshilfen brauchen,
- eine Beurteilung der Lernleistungen durch die Lehrerin jener Beziehung entspricht, wie sie nun einmal seit Jahrtausenden bekannt ist: Die Lehrerin verfügt über einen Kenntnis-, Erfahrungs- und Beurteilungsvorsprung, von dem der Schüler profitieren möchte.

Kognitionsspsychologisch betrachtet handelt es sich bei einer echten Beurteilung um eine Leistung auf der anspruchsvollsten Ebene der Bloomschen Taxonomie. So genannte unechte Bewertungen, die nur auf einer oberflächlichen Einschätzung eines Sachverhalts beruhen oder die per Akklamation vorgenommen werden – Hat euch die Geschichte gefallen? Wollt ihr heute Nachmittag ins Schwimmbad gehen? – können auch schon von Grundschülern und leistungsschwachen Schülern vorgenommen werden. Doch echte Beurteilungen erfordern nun einmal Kenntnisse und Einsichten, analytisches Denken, die Fähigkeit, Vergleiche anzustellen, die Fähigkeiten, Beurteilungskriterien zu entwickeln oder heranzuziehen und diese auf das zu beurteilende Ereignis zu beziehen.

Viele Schüler werden während ihrer gesamten Schulzeit kaum in der Lage sein, diese kognitiv doch recht anspruchsvollen Leistungen zu erbringen. Sie sind auf die Hilfe ihrer Lehrerin angewiesen, wissen das auch und wenden sich an sie, nicht etwa deshalb, weil sie in Abhängigkeit lernen mussten, sondern weil sich bei ihnen Begabungs- und Fähigkeitsgrenzen abzeichnen, die sich nicht ignorieren lassen.

Welche Möglichkeiten zeichnen sich ab, um die Schüler zunehmend zu befähigen, ihre Lernprozesse und Lernergebnisse selbst einzuschätzen, zu bewerten, zu beurteilen und – wenn es denn unbedingt sein muss – zu benoten?

Im Bereich der Vorschulerziehung und in der Grundschule besteht eine Möglichkeit darin, *Lernmaterialien* so zu konzipieren, dass die Schüler beim Umgang mit dem Material Informationen darüber erhalten, ob sie erfolgreich oder nicht erfolgreich mit dem Material umgehen können. Vertreter der Montessori-Pädagogik sind seit Jahrzehnten um die Herstellung solcher Materialien bemüht, und sie fördern mittels dieser Materialien auf Teilgebieten ein unabhängiges Lernen. Einfache Aufgabenarten sind z.B. Wendekarten, die auf der einen Seite einen Gegenstand, auf der anderen die Bezeichnung für denselben enthalten, oder verschiedene Puzzle-Arten, bei denen der lernende Schüler am Ende des Bemühens sofort merkt, ob das Puzzle vollständig ist. Solche Lernmaterialien mit eingebauter Selbstkontrolle sind von Lehrerinnen konzipiert und von ihnen entwickelt. Sie werden den Schülern vorgegeben, verlangen überwiegend konvergente Produktion, die divergente und kreative Komponente, aber auch aktuelle Lernbedürfnisse der Schüler treten in den Hintergrund. Das Aufgabenspektrum, das sich mit Lernmaterialien dieser Art abdecken lässt, erscheint doch sehr begrenzt. Wenn sich die Lehrerin mit ihren Schülern in eine auch für sie neuartige Lehr-Lern-Situation hineinbegibt, mit ihnen gemeinsam an einer Frage- oder Problemstellung herumdenkt, nach Antworten oder Lösungsmöglichkeiten sucht, dann sind zur Prozess-Steuerung und zur Beurteilung der Ergebnisse Kriterien gefragt, über die häufig die Lehrerin verfügt, seltener hingegen die Schüler.

Eine zweite Möglichkeit der Selbstkontrolle und der damit verbundenen Selbstbeurteilung ist aus dem Mathematikunterricht bekannt, aus dem Sachunterricht oder aus jenen Fächern, in denen es auch um den Erwerb abrufbarer Kenntnisse und abfragbarer Einsichten oder Erkenntnisse geht. Aufgaben lassen sich so formulieren und Arbeitsblätter so anlegen, dass die Schüler die Lösung oder das Arbeitsergebnis selbst überprüfen können, wenn sie z.B. aufgefordert werden, aus dem Ergebnis die Quersumme zu bilden, die einer bestimmten Zahl zu entsprechen hat. Aufgaben dieser Art haben den großen Vorteil, dass die Schüler sich so lange mit ihnen befassen können, bis sie aufgrund der Selbstkontrolle zu der Einsicht gelangen, die Frage richtig beantwortet oder das Problem gelöst zu haben. Doch auch für diese Art der Aufgabenformulierung gelten jene Einschränkungen, die schon im Hinblick auf die Lernmaterialien gemacht worden sind – die Lehrerin kennt mögliche Lösungswege und die Lösung, und die Schüler werden so aufgefordert, vorgegebene Lernwege zu beschreiten.

Köster (1982) versucht die Frage zu beantworten, wie Kontroll- und Bewertungshandlungen die Ausbildung einer bewussten Lerntätigkeit fördern. Er gibt einige methodische Hinweise für das Durchlaufen von *Problemlösungsprozessen*, die es den Schülern zunehmend ermöglichen, Lernprozesse selbst zu beurteilen. Am Beginn eines Problemlösungsprozesses hat die Problemanalyse zu stehen, denn von einer korrekten Analyse sind alle weiteren Schritte abhängig. Sodann können »heuristische Fragen« den Lernprozess steuern:

- »Welches Ergebnis soll eigentlich erreicht werden?
- Worin unterscheidet sich das (mir) Bekannte, das Gegebene von dem gesuchten Ergebnis?
- Was muss man jetzt im Einzelnen tun, um die Lösung zu erhalten?
- Welche Mittel können mir beim Suchen helfen?
- Welche Operationen/Kenntnisse benötige ich?
- Welche kenne ich?
- In welcher Reihenfolge muss ich vorgehen?
- Warum komme ich nicht weiter?

- Was habe ich falsch gemacht?
- Sind mir ähnliche Aufgaben bekannt?
- Wie habe ich es damals gemacht?« (Köster, a.a.O., S. 157)

Auf diese Weise erarbeitet Köster mit den Schülern eine Methode zur Aufgabenanalyse, die eine Selbstkontrolle und Eigenbeurteilung ermöglicht.

Beispiele, die sich mit den Möglichkeiten der Selbstbeurteilung befassen, werden häufig aus Lerngebieten der Mathematik oder der Naturwissenschaften entliehen, Beispiele, denen operationalisierbare Lernziele zugrunde liegen. Offensichtlich ist es weitaus schwieriger, die Schüler in nichtoperationalisierbaren Lerngebieten zur Selbstbeurteilung anzuleiten, weil hier eindeutige Beurteilungskriterien fehlen.

In einem Sammelreferat zum Thema »Lernen lernen und das eigene Lernen verstehen« gibt Weinert (1994) einen Überblick hinsichtlich der Forschungsbemühungen, bei Schülern eine autonome Lernhaltung zu etablieren und sie so vom Urteil der Lehrerin unabhängig zu machen. Zur Überprüfung eigenständiger Lernprozesse werden verschiedene Leistungs-, Verhaltens- und Dispositionskriterien benötigt, die bei jedem Schüler in unterschiedlichen Ausprägungsgraden vorhanden bzw. nicht vorhanden sind. Die Ausführungen legen nahe, dass vor allem leistungsschwächere Schüler kaum jemals in der Lage sein werden, jene metakognitiven, metamotivationalen und metavolitionalen Leistungen zu erbringen, die für eine eigenständige Steuerung der Lernprozesse nun einmal erforderlich sind.

Allen Schülern in kurzer Zeit das Lernen zu lehren bleibt ein erstrebenswertes Ziel, eine Idealvorstellung, die nie erreicht werden kann. Selbstständig lernende Schüler würden auch zahlreiche Lehrerinnen überflüssig machen und so zu einer Kostensenkung im Bildungssystem beitragen. Doch leider werden Kinder nicht im Stadium der Selbstbildung geboren, und viele Menschen erreichen dieses Stadium nur mit Mühe oder nie.

Lehrleistungen auswerten und beurteilen

Bedeutsame Beurteilungskomponenten berücksichtigen

Wer im Unterricht hospitiert und den Unterricht beurteilen will, sieht sich einer kaum überschaubaren Vielfalt von Ereignissen gegenüber. Deshalb sind die Beurteilenden genötigt, sich auf bedeutsame Komponenten zu konzentrieren. Zwar lässt sich über die Frage, welche Komponenten bedeutsam sind, trefflich streiten, doch lassen sich aufgrund interaktionsanalytischer Forschungsergebnisse sowie ideologiekritischer Erwägungen Antworten finden, die stimmig erscheinen.

Dem Ansatz der Handlungsorientierten Didaktik (Becker 1995) folgend wird vorgeschlagen, drei Komponenten zu berücksichtigen,

- die *Vorbereitung und Planung* mit dem Unterrichtsentwurf,
- die *Durchführung des Unterrichts* mit den fünf Unterpunkten Prozess, Persönlichkeit der Lehrerin, Schüler und Lerngruppe, wechselseitiger Umgang und Produkt sowie
- die *Analyse und Auswertung des Unterrichts.*

Der Entwurf sollte keine Überbewertung erfahren, doch sagt er den Beurteilenden, ob die Kandidatin in der Lage ist, sich zu einem Lerninhalt Informationen zu beschaffen, diese didaktisch und methodisch aufzubereiten und eine Verlaufsplanung vorzunehmen, die sich sachlogisch und lernpsychologisch begründen lässt. Die zentrale Beurteilungskomponente ist natürlich der Unterricht selbst, in dessen Verlauf gelehrt und gelernt wird. Wie die Lehrerin den Prozess steuert, wie sie sich als Persönlichkeit in den Prozess einbringt, ob sie die Lernvoraussetzungen der Schüler realistisch einschätzt, wie sie das Lernklima in der Lerngruppe beeinflusst, wie wechselseitig der Umgang zwischen der Kandidatin und den Schülern gestaltet wird und wie der Unterricht insgesamt, also das Ergebnis, zu beurteilen ist – diese und weitere Fragen sollten im Mittelpunkt einer Beurteilung stehen. Und schließlich erscheint es sinnvoll und notwendig, die Kandidatin in die Analyse und Auswertung des Unterrichts einzubeziehen, weil sich viele Fragen zum Prozess ohne sie gar nicht klären lassen.

Für jede Beurteilung bedarf es spezifischer Kriterien, die entweder vorgegeben oder von den Beurteilenden entwickelt werden. Wegen der vielen Fragwürdigkeiten, die sich bei der Anwendung eines Kriterienkatalogs zur Beurteilung von Unterricht ergeben, wird bewusst auf die Vorgabe eines Katalogs verzichtet. Stattdessen werden Kriterien für die einzelnen Beurteilungskomponenten in *Pools* eingegeben, aus denen sich die Beurteilenden bedienen und in die sie weitere einspeisen können. Auf diese Weise entstehen ein Planungspool, ein Prozesspool, Persönlichkeitspool, Schüler- und Gruppenpool, ein Umgangspool, ein Produktpool sowie ein Analyse- und Auswertungspool. Im Folgenden wird begründet, warum die einzelnen Beurteilungskomponenten zu berücksichtigen sind.

Warum erscheint es sinnvoll, den *Entwurf* und die zu treffenden vorbereitenden Maßnahmen in die Beurteilung einzubeziehen? Bei der Anfertigung des Entwurfs wird von der Kandidatin erwartet, dass sie schulpädagogische Kenntnisse und Einsichten auf ein konkretes Unterrichtsvorhaben beziehen kann, sie in der Lage ist, theoretische Einsichten auf die Handlungsebene zu übertragen. Der Entwurf mit den vorbereitenden Maßnahmen lässt erkennen, ob die Kandidatin über ein wünschenswertes Organisationstalent verfügt.

Die wichtigste Beurteilungskomponente bei der Durchführung des Unterrichts bezieht sich auf den *Prozess*. Zu beurteilen sind die prozesssteuernden Handlungskompetenzen, ob es der Kandidatin gelingt, die Schüler zum Lernen anzuregen, die Lernaktivitäten aufrechtzuerhalten und die Schüler auf Ziele hinzulenken. Sodann sind die prozessbegleitenden Wahrnehmungsleistungen einzubeziehen, inwieweit die Kandidatin in der Lage ist, den Schülern zuzuhören, sie beim Lernen zu beobachten und auf unvermutet auftretende Ereignisse sensibel zu antworten. Zu beurteilen sind auch die Handlungskompetenzen im Hinblick auf typische Dyaden, wie die Kandidatin fragt, antwortet, Hinweise gibt, lobt u.a.m. Des Weiteren sind typische Lehr-Lern-Situationen und deren Ausgestaltung zu berücksichtigen, wie z.B. die Kandidatin einen Sachverhalt erklärt, ein Unterrichtsgespräch leitet oder eine Diskussion moderiert. Und schließlich ist darauf zu achten, ob die Kandidatin typische Situationsfolgen, die sich zumeist als Tertiaden zeigen, durchschaut und ob sie die Subsituationen aufeinander bezieht, wie z.B. Arbeitsauftrag stellen, Schüler betreuen, Ergebnisse sichten. Erwünscht ist eine Kandidatin, die bei der Prozesssteuerung den Überblick behält, die variabel verfährt und der es gelingt, flexibel zu reagieren, Schülerbeiträge zu integrieren, die prozessorientiert verfährt und das Produkt nicht außer Acht lässt.

Zur Begründung der Prozesskomponente lassen sich motivationspsychologische, perzeptionspsychologische und interaktionsanalytische Forschungsergebnisse heranziehen, die Microteaching- und Minicourse-Forschung sowie Lehrerausbildungsprogramme, die in den Vereinigten Staaten als »Performance/Competency Based Teacher Education Programs« bekannt geworden sind (vgl. Allen/Ryan 1969; Amidon/Hough 1967; Becker 1973; Borg et al. 1970; Brophy/Good 1976; Flanders 1970, 1974; Zifreund 1976). Nur über eine aufmerksame Prozessbeobachtung, eine analytische Betrachtung spezifischer Dyaden, Situationen und Situationsfolgen und ein Verlaufsprotokoll, das die Prozessrekonstruktion ermöglicht, lässt sich der Kandidatin in der Auswertungsphase ein differenziertes Feedback vermitteln.

Mit der Beurteilungskomponente der *Persönlichkeit der Kandidatin* wird versucht, die besonderen Begabungen, Eigenschaften, Fähigkeiten und Fertigkeiten in die Be-

Bedeutsame Beurteilungskomponenten

- Vorbereitung und Planung
  Entwurf

- Durchführung des Unterrichts
  - Prozess
  - Persönlichkeit der Lehrerin
  - Schüler und Lerngruppe
  - Umgang
  - Produkt

- Analyse und Auswertung

urteilung einzubeziehen. Zweifelsohne beeinflusst die Persönlichkeit der Kandidatin alle anderen Beurteilungskomponenten, doch sollte sie nicht im Sinne einer fragwürdigen Persönlichkeitsideologie überschätzt werden. Ob eine Kandidatin fach-, methoden- und sozialkompetent erscheint, lässt sich im Rahmen einer Lehrprobe zumindest ansatzweise erkennen und in die Beurteilung einbeziehen. Gleiches gilt z.B. für wünschenswerte Eigenschaften wie Engagement, Ausgeglichenheit, Einfallsreichtum oder Humor. Die wünschenswerten Einstellungen und Haltungen, wie z.B. Demokratieverständnis oder Zivilcourage, lassen sich allerdings kaum beobachten und beurteilen. – Die Bedeutung der Persönlichkeit der Lehrenden ist seit jeher bekannt. Auch existieren Lehrerbildungsprogramme, um die Persönlichkeitsentwicklung zu fördern, wie z.B. die »Personalized Teacher Education Programs« in den Vereinigten Staaten.

Die Komponente *Schüler und Lerngruppe* ist deshalb so bedeutsam, weil von den Schülern und dem gruppendynamischen Prozess viele Lehrbemühungen abhängig sind. Die einzelnen Schüler mit ihren Lernvoraussetzungen und -möglichkeiten, ihren Leistungsstärken und -schwächen, beeinflussen ebenfalls alle anderen Beurteilungskomponenten. Da die Kandidatin für die Schüler und die Lerngruppe kaum verantwortlich gemacht werden kann, sollten die Beobachter ihren Blick auf die Schüler und auf die Gruppe richten, denn sie stehen vor der kaum lösbaren Aufgabe, die weithin unbekannten Variablen der Schüler und der Lerngruppe mit den anderen Beurteilungskomponenten in Beziehung zu setzen.

Die nächste Beurteilungskomponente bezieht sich auf den *Umgang* der Kandidatin mit den Schülern sowie auf den Umgang der Schüler mit der Kandidatin, also auf ein wechselseitiges interaktionales und kommunikatives Geschehen. So wie die Eltern mit ihren Kindern und die Lehrerinnen mit den Schülern umgehen, so gestalten die Jugendlichen und Erwachsenen später einmal die zwischenmenschlichen Beziehungen. Und wenn sich z.B. in der links- oder rechtsradikalen Szene Ungeheuerlichkeiten beim Umgang miteinander zeigen, wird sofort der Ruf nach der Familie und der Schule laut. – Aus heutiger Sicht gibt es in der Bundesrepublik Deutschland wohl kaum eine Alternative zu einem demokratischen Lehr- und Erziehungsstil, der sich im Rahmen einer Lehrprobe wiederum nur sporadisch beobachten lassen wird. Wahrnehmbar sind einige förderliche Eigenschaften, die einen konstruktiven Umgang miteinander kennzeichnen, ob die Kandidatin z.B. offen, natürlich und freundlich mit den Schülern umgeht, ob sie diese ermutigt und fördert, konsequent verfährt und sie auch fordert, wo dies angemessen erscheint. Den theoretischen Hintergrund zu dieser Beurteilungskomponente bilden die Ergebnisse interaktionsanalytischer Forschung sowie der Lehr- und Erziehungsstilforschung (vgl. Weber 1973).

Schließlich ist als fünfte Beurteilungskomponente der Unterricht insgesamt, sein Ergebnis oder das *Produkt* zu evaluieren. Eine solche Beurteilung ist nur möglich, wenn man den Prozess, die Persönlichkeit der Kandidatin, die Schüler und die Gruppe sowie den Umgang miteinander einbezieht. Doch nun lassen sich allgemeine Fragen nach der Gliederung des Unterrichts, dem Schwerpunkt, dem Schwierigkeitsgrad, den Lern- oder Vermittlungshilfen, den Ergebniskontrollen und dergleichen mehr stellen. Je nach verfolgter Unterrichtskonzeption müssen die Antworten etwas anders ausfallen. Einen theoretischen Hintergrund liefern jene Publikationen, die einen oder mehrere Kriterienkataloge zur Beurteilung von Unterricht anbieten (vgl. Bessoth 1994; Hörner/Maier/Pfistner 1981; Metz 1983).

An der *Analyse und Auswertung* des Unterrichts – nicht bei der abschließenden Beurteilung und Benotung – sollte die Kandidatin auf jeden Fall teilnehmen, weil sich nur in ihrer Gegenwart einige offene Fragen klären lassen. Auch hat die Kandidatin ein Recht darauf zu erfahren, was gelungen und weniger gelungen erschien. Beurteilende, die nicht bereit oder in der Lage sind, die Kandidatin in das Auswertungsgespräch einzubeziehen, erscheinen für die Übernahme einer Beurteilungsfunktion wenig geeignet.

Die Planung und Vorbereitung einbeziehen

Da verschiedene Unterrichtskonzeptionen unterschiedliche Planungsüberlegungen und vorbereitende Maßnahmen erfordern, muss an dieser Stelle eine Festlegung getroffen werden. Das nun folgende Beispiel bezieht sich auf einen *Schüler- und lernzielorientierten Unterricht* und auf existenzbedeutsame Lehrproben am Ende des Referendariats, wie sie in der Sekundarstufe I und II üblich sind. Die Prüfungskandidatin unterrichtet in einem bestimmten Fach zu einem ihr vorgegebenen Thema eine bestimmte Lerngruppe. Die Kandidatin steht vor der Aufgabe, in wenigen Tagen einen Unterrichtsentwurf zu erstellen, welchen sie den Mitgliedern der Prüfungskommission vor Unterrichtsbeginn zu übergeben hat. Es erscheint sinnvoll, die Planungsüberlegungen sowie die vorbereitenden Maßnahmen in die Beurteilung einzubeziehen. Und deshalb muss die Frage nach den Beurteilungskriterien für einen ausführlichen Lehrprobenentwurf gestellt werden. Die nachfolgend genannten Gliederungspunkte sowie die Kriterien bzw. Fragen sind als Beurteilungshilfen gedacht, nicht aber als Katalog oder Checkliste misszuverstehen.

Ausführlicher Unterrichtsentwurf

- *Allgemeine Angaben*
  Schule, Fach, Thema, Lerngruppe, Name der Kandidatin, Name der Mentorin, Datum, Zeit, Raum-Nr.

- *Sachanalyse*
  - Erscheinen die Informationen zur Sache/zum Thema fundiert, differenziert, problembewusst und aktuell?
  - Wie ist die Sache strukturiert?
  - Auf welche Vorkenntnisse und Vorerfahrungen kann vermutlich aufgebaut werden?
  - Was ist im Unterricht vorangegangen?
  - Was soll dem geplanten Unterricht folgen?
  - Wie ist das Thema im Lehrplan einzuordnen?
  - Welche Schwerpunkte zeichnen sich ab?
  - Ist das Abgrenzungsproblem angedacht?
  - Zeichnet sich ein Stundenziel ab?
  - Erscheint der Problemhorizont der Schüler abgedeckt?

Die Beurteilenden vertreten hinsichtlich des Umfangs einer Sachanalyse oft unterschiedliche Auffassungen. Einige begnügen sich mit kurzen und prägnanten Ausführungen, andere wünschen ausführliche Analysen. Doch die Länge der Ausführungen sagt kaum etwas darüber aus, ob die Kandidatin die Sache geistig durchdrungen hat.

- *Methodische Überlegungen*
  - Über welche besonderen Lernvoraussetzungen verfügen vermutlich die Schüler?
  - Welches Lernziel bzw. welche Lernziele werden angestrebt?
  - Welche Methode bietet sich an?
  - Wie wird die Anfangssituation gestaltet?
  - Welche Medien werden gewählt?
  - Was für Funktionen übernehmen bestimmte Medien?
  - An welcher Stelle kommen die Medien zum Einsatz?
  - Welches sind zentrale Frage- und Problemstellungen?
  - Ist ein Schwerpunkt erkennbar?
  - Gibt es eine aktiv-produktive Lernphase?
  - Wie wird der entscheidende Arbeitsauftrag formuliert?
  - Welche Sozialformen bieten sich an?
  - Werden Differenzierungsmöglichkeiten gesehen?
  - Werden spezifische Lernschwierigkeiten vermutet?
  - Werden mögliche Lernhilfen nach dem Minimalprinzip angedacht?
  - Gibt es Überlegungen zur Ergebniskontrolle, zur Ergebnissicherung oder zu Hausaufgaben?
  - Wie steht es mit den Beteiligungsspielräumen der Schüler?
  - Werden Überlegungen zur Konfliktprophylaxe angestellt?
  - Werden die Rahmenbedingungen berücksichtigt?

Es wird sofort deutlich, dass nicht alle der hier aufgeführten Fragen bei der Fertigung eines Unterrichtsentwurfs beantwortet werden müssen und daß sich sicher noch weitere Fragen finden lassen. Auch erscheint es wenig sinnvoll, die Fragen in der hier vorgegebenen Reihenfolge zu beantworten; doch gehören diese und weitere Fragen zum Planungsrepertoire ausgebildeter Lehrerinnen. Einige der hier gestellten Fragen werden also bei einem konkreten Unterrichtsvorhaben eine besondere Bedeutung erlangen, andere werden zurücktreten.

- *Verlaufsplanung*
  Kriterien bzw. Fragen zur Beurteilung einer Verlaufsplanung können sein:
  - Entspricht der geplante Verlauf der Sachlogik?
  - Lässt sich der geplante Verlauf lernpsychologisch begründen?
  - Wie ist die Anfangssituation geplant?
  - Wo liegt eine aktiv-produktive Lernsituation?
  - Wo liegt der Schwerpunkt der Stunde?
  - Ist ein zunehmender Schwierigkeitsgrad erkennbar?
  - Finden die taxonomischen Ansätze Berücksichtigung? (Bloom et al. 1972 oder Krathwohl et al. 1975)

- Wird vom Konkreten zum Abstrakten vorgegangen (z.B. nach der EIS-Formel, von der enaktiven über die ikonische zur symbolischen Ebene)?
- Wird der Unterricht altersgemäß so konkret wie möglich geplant?
- Werden die Möglichkeiten genutzt, die Schüler zu aktivieren, sie auch handelnd lernen zu lassen?
- Erscheint die Planung altersgemäß und abwechslungsreich?
- Wird an einen Wechsel der Sozialformen gedacht?
- Werden Differenzierungsmöglichkeiten gesehen?
- Werden die typischen Tertiaden (z.B. Arbeitsauftrag stellen, Schüler betreuen, Ergebnisse sichten) durchschaut?
- Wie ist das Stundenende geplant?
- Wie steht es mit einer Ergebniskontrolle?
- Sind Hausaufgaben vorgesehen?
- Erscheint die Zeiteinteilung realistisch? ...

Auch hier wird sofort deutlich, dass sich ein naives Abhaken aller genannten Kriterien bzw. aller gestellten Fragen verbietet. Erscheint die Sachlogik zwingend, entfallen weitere Überlegungen zur Gliederung. Wird eine Übungsstunde in ihrem Verlauf geplant, lässt sich kein ausgeprägter Schwerpunkt erkennen, statt seiner mehrere Übungsphasen, die unterschiedlich gestaltet werden. Liegt der Akzent eindeutig im kognitiven Bereich, können Überlegungen zum affektiven entfallen. Sind ältere Schüler nicht mehr auf Anschauung angewiesen, kann auf einen bestimmten Medieneinsatz verzichtet werden usf.

Zur Planung eines Schüler- und lernzielorientierten Unterrichts können unterschiedliche Raster gewählt werden, die alle ihre Vor- und Nachteile haben und mit den Beurteilenden abzusprechen oder von diesen zu tolerieren sind:

Beispiel a)				
Nr.	Lehr-Lern-Situationen oder Phasen	Geplante Lehrhandlungen	Erwartete Schüleraktivitäten	Kommentare
1	Begrüßung			
2	Metakommunikation	Befindlichkeit? Anwesenheit?	...	
3	Vorkenntnisse aktualisieren	Zusammenfassung der Ergebnisse der letzten Stunde		Folie
4.1	Arbeitsauftrag stellen	...	Rückfragen	Partnerarbeit
4.2	Schüler betreuen	Lernhilfen	Lernschwierigkeiten	
4.3	Ergebnisse sichten lassen	...		
...				

In diesem Beispiel werden die Lehr-Lern-Situationen oder Phasen des möglichen Verlaufs vorangestellt, um so prozessorientiert verfahren und die sich bietenden Lehr-Lern-Chancen wahrnehmen zu können. Die Unterscheidung zwischen Lehrhandlungen und Schüleraktivitäten wird getroffen, weil Handlungen planbar, Schüleraktivitäten nur bedingt planbar sind. Lehrhandlungen – wie z.B. die zentrale Frage der Stunde oder der bedeutsame Arbeitsauftrag – können bewusst durchdacht werden, sie sind zielorientiert und lassen sich begründen. Welchen Lernaktivitäten die Schüler jedoch nachgehen werden, ob sie sich *irgendwie verhalten* oder auch in bestimmten Situationen *bewusst handeln*, lässt sich nicht ohne weiteres sagen. Hier ist die planende Kandidatin auf Vermutungen angewiesen.

Beispiel b)			
Nr.	Lehr-Lern-Situationen oder Phasen	Lehrerin-Schüler-Interaktionen	Kommentare

Im zweiten Beispiel wird das interaktionale Geschehen betont und in einem möglichen Ablauf simuliert, so z.B. zentral erscheinende Dyaden, Lehrerfrage(n) und Schülerantwort(en), Lehrimpulse und Lernaktivitäten, ohne ganze Gesprächssituationen vorauszuplanen und den Prozesscharakter von Unterricht leugnen zu wollen.

Beispiel c)			
Nr.	Lernziele	Lehr-Lern-Aktivitäten	Kommentare

Im dritten Beispiel wird von einer Verlaufsplanung in Lehr-Lern-Situationen oder Phasen abgegangen, und statt ihrer werden die Lernziele eingetragen, die im Rahmen der Planung zuerst einmal Lehrziele oder zumindest Lehr-Lern-Ziele sind. Hier versucht die planende Kandidatin so konkret wie möglich zu beschreiben, was die Schüler lernen soll(t)en. Sofern sich die Ziele weitgehend operationalisieren lassen, erscheint ein solches Raster sinnvoll und möglich. Bei nichtoperationalisierbaren Zielen stößt es bald an Formulierungsgrenzen.

Beispiel d)				
Nr.	Lernziele	Geplante Lehrhandlungen	Erwartete Schüleraktivitäten	Kommentare

Im vierten Beispiel taucht wieder die Unterscheidung zwischen geplanten Lehrhandlungen und erwarteten Schüleraktivitäten auf. Bei einer Verwendung dieses Rasters tritt die Prozessorientierung in den Hintergrund. Außerdem werden sich zahlreiche Überschneidungen in den Spalten 2 und 4 ergeben, da Lernziele mit der Beschreibung erwarteter Schüleraktivitäten oftmals identisch sind.

Wie schon erwähnt, ist eine gewisse Toleranz bei der Verwendung verschiedener Raster zur Verlaufsplanung angebracht. Die Überlegenheit des einen oder anderen Rasters zu postulieren erscheint sehr gewagt. – Ziel einer Verlaufsplanung sollte es sein, dass die Kandidatin eine oder mehrere Lehr-Lern-Folgen durchdenkt, Lehr-Lern-Spuren erkennt und sie sich Rechenschaft bezüglich eines möglichen Vorgehens ablegt, jedoch bereit ist, im Prozess auch einen anderen Weg einzuschlagen.

So wichtig und sinnvoll ein ausführlicher Unterrichtsentwurf auch sein mag, so sollte er durch die Beurteilenden doch relativiert werden. Art und Umfang des Entwurfs sagen zwar etwas über die Planungsintensität und über wünschenswerte schulpädagogische Qualifikationen aus, nichts aber über die Handlungskompetenzen im Unterricht selbst. Der Entwurf zeigt lediglich, ob die Kandidatin in der Lage ist, sich in ein Thema einzuarbeiten, es zu durchdenken, Planungsüberlegungen anzustellen und -entscheidungen zu treffen. Erst später im Lehr-Lern-Prozess wird deutlich, ob sie die Planungsüberlegungen auch auf die Handlungsebene übertragen, ob sie variabel und flexibel verfahren, mit den Schülern mitdenken und angemessen intervenieren kann.

Überlegungen, inwieweit der Entwurf bei der Beurteilung einer Lehrleistung zu berücksichtigen sei, sind schwierig. Festlegungen, wie z.B. ein Drittel Entwurf, zwei Drittel Durchführung, erscheinen naiv. Sicher ist nur, dass *der Unterricht selbst im Zentrum der Beurteilung* stehen sollte. Haben die Kandidatin und Schüler Freude am Unterricht und gewinnen die Beurteilenden den Eindruck, dass die Schüler Kenntnisse und Einsichten gewonnen haben, darf ein weniger gelungener Entwurf bei der Beurteilung vernachlässigt werden.

Neben dem Entwurf ist die Art der *Unterrichtsvorbereitung* zu berücksichtigen, die erst den annähernd reibungslosen Ablauf einer Lehrprobe gewährleistet. Zur

Planungspool – Kriterien zur Beurteilung eines Unterrichtsentwurfs

- Sachanalyse richtig?
- Informationsstand aktuell?
- Lernziele realistisch?
- Methodische Überlegungen differenziert?
- Problembewusstsein erkennbar?
- Verlaufsplanung durchdacht?
- Ausführungen verständlich?
- Fachsprache verwendet?
- Umfang angemessen?
- äußere Form korrekt?

- Weitere Kriterien?

Vorbereitung gehören u.a. die Anfertigung oder Bereitstellung der Medien sowie die erforderlichen Maßnahmen zum Medieneinsatz, wobei Letzterer simuliert werden kann, um technische Pannen zu vermeiden. Des Weiteren sind Überlegungen zur Sitzordnung anzustellen, weil diese das interaktionale Geschehen stark beeinflusst. Und schließlich sind die optischen, akustischen und klimatischen Verhältnisse zu bedenken, weil ungünstige Verhältnisse die Lehr-Lern-Leistungen beeinträchtigen können.

Den Prozess beurteilen

Im Unterricht bringen sich Kandidatin und Schüler in einen Prozess ein, und deshalb ist es auch sinnvoll, den Prozess möglichst realistisch aufzufassen und in die Beurteilung einzubeziehen. Die Ergebnisse der Prozessevaluation, auch formative Evaluation genannt, bilden die Grundlage für eine wirksame Supervision (vgl. Bloom/Hastings/Madaus 1971; Ehinger/Hennig 1997). Die Beurteilenden stehen also vor der Aufgabe, den Prozessverlauf zu beobachten, bedeutsam erscheinende Ereignisse zu protokollieren, um sie später in der Auswertungsphase ansprechen zu können. Nur so ist es möglich, den Prozess zu rekonstruieren und der Kandidatin ein differenziertes Feedback zu vermitteln.

Welches sind nun die Lehrhandlungen, die es wert sind, beobachtet, protokolliert und angesprochen zu werden? Um diese Frage zu beantworten, wurden zahlreiche interaktionsanalytische Ansätze entwickelt und erprobt, die zwar interessante Forschungsergebnisse erbrachten, sich zum Zweck der Prozesserfassung und Supervision nur eingeschränkt eignen (vgl. Amidon/Hough 1967; Flanders 1970). Im Rahmen der Handlungsorientierten Didaktik (Becker 1995) wird ein weiterer Vorschlag zur Prozessbeobachtung unterbreitet, und es werden sieben Fragen gestellt, die es zu beantworten und mit Beispielen zu belegen gilt:

1) Wie gelang es der Kandidatin, den Prozess zu steuern, die Schüler zum Lernen anzuregen, ihre Lernbereitschaft aufrechtzuerhalten und auf Ziele hinzulenken?
2) Gelang es ihr, notwendige Wahrnehmungsleistungen zu erbringen, den Schülern zuzuhören und sie zu beobachten?
3) Waren die prozessbegleitenden Handlungen – z.B. die Fragen, Antworten, Impulse – professionalisiert?
4) Wie handelte die Kandidatin in typischen Lehr-Lern-Situationen, in bestimmten Gesprächs- oder Präsentationssituationen?
5) Wahrte sie in typischen Situationsfolgen (z.B. Arbeitsauftrag stellen – Schüler betreuen – Ergebnisse sichten lassen) den Überblick?
6) Wie intervenierte sie in Konfliktsituationen?
7) Welcher Art waren die Maßnahmen zur Prozessorganisation?

Um der zu beurteilenden Kandidatin und den Mitgliedern des Expertenteams möglichst konkrete Hinweise zur Prozessevaluation zu bieten, werden die sieben vorgenannten Fragen nochmals aufgegriffen und erläutert. Hintergrundinformationen finden sich in Teil II der Handlungsorientierten Didaktik (Becker 1998).

1) *Die Frage nach den prozesssteuernden Handlungen*
Ihr liegt der Motivationsbegriff zugrunde, von dem Heckhausen (1969) lakonisch bemerkt, dass alle Menschen von Motivation reden würden, aber niemand so richtig wisse, was darunter zu verstehen sei. Bezogen auf unsere Aufgabe bedeutet die Schüler zu motivieren, bei ihnen Lernprozesse anzuregen, die Bereitschaft zum Lernen aufrechtzuerhalten und die Lernprozesse zu einem vorläufigen Abschluss zu bringen, vorläufig deshalb, weil die im Unterricht gewonnenen Kenntnisse und Einsichten in den Schülern weiterwirken sollten. Um Lernprozesse anzuregen, gibt es zahlreiche Möglichkeiten, über die eine ausgebildete Lehrerin verfügt. So kann sie z.B. durch Frage- oder Problemstellungen provozieren oder durch einen attraktiven Medieneinsatz die Aufmerksamkeit der Schüler gewinnen. Auf jeden Fall steht die Kandidatin zu Beginn der Stunde, in der so genannten Anfangssituation, vor der Aufgabe, die Schüler mit dem Lerninhalt zu verbinden. Im weiteren Verlauf des Unterrichts kommt es darauf an, Teilergebnisse hervorzuheben und neue Lernanreize zu schaffen, um das Motivationsniveau aufrechtzuerhalten. Der Hinweis auf schon erzielte Ergebnisse und auf ein mögliches Stundenziel können noch einmal Kräfte freisetzen und auf das Stundenziel hinlenken. Doch die Lehr-Lern-Ergebnisse einer Lehr-Lern-Probe lassen sich selten exakt vorhersehen, was vor allem für nichtoperationalisierbare Ziele gilt. Wenn sich die Kandidatin mit den Schülern auf die Suche nach einer Antwort oder Problemlösung begibt, muss das Ergebnis vorerst offen bleiben. Zur Beurteilung der prozesssteuernden Handlungen erscheinen drei Gesichtspunkte wichtig,

- ob der Prozess überhaupt eine Gliederung erfährt und so den Schülern eine Orientierungshilfe bietet oder ob er verschwimmt,
- ob die Kandidatin bei der Steuerung den Überblick wahrt und
- ob sich die Art des Vorgehens und der Gliederung begründen lässt.

2) *Die Frage nach den im Prozess zu erbringenden Wahrnehmungsleistungen*
Diese Frage ist nicht ohne weiteres zu beantworten, weisen doch Forschungsergebnisse der Perzeptionspsychologie darauf hin, wie begrenzt und fehlerhaft die menschliche Wahrnehmungsfähigkeit ist (vgl. Nuding 1997). Dass die Kandidatin alles wahrnimmt, was um sie herum geschieht, ist völlig ausgeschlossen, dass sie jedoch versucht, bedeutsame Ereignisse wahrzunehmen, wird von ihr verlangt. Zuerst kommt es darauf an, das Lern- und Gruppenklima oder die vorherrschende Stimmung sensibel aufzufassen, annähernd richtig zu deuten, um gegebenenfalls metakommunikativ zu verfahren. Sodann wird von der Kandidatin erwartet, dass sie die Schüler im Prozess beobachtet und ihnen zuhört, auf Schülerbeiträge eingeht und bei fragwürdig erscheinenden Schüleraktivitäten interveniert. Das Beobachten und Zuhören findet allerdings unter stark erschwerten Bedingungen statt, wenn z.B. mehrere Schüleraktivitäten parallel ablaufen oder die Schüler durcheinander reden. Die Mitglieder des Expertenteams werden viele Ereignisse anders wahrnehmen als die unterrichtende Kandidatin, und deshalb erscheint hier gegenseitige Toleranz angebracht. Wenn z.B. die Kandidatin das abweichende Verhalten eines Schülers bewusst ignoriert und weiterunterrichtet, um den Prozess flüssig zu halten, die Mit-

glieder der Prüfungskommission aber der Auffassung sind, sie habe das Ereignis nicht wahrgenommen, hätte aber unbedingt intervenieren müssen, dann lässt sich keine Übereinstimmung erzielen.

3) *Die Frage nach den prozessbegleitenden Handlungen*
Es gibt Handlungen, die sich zumeist aus dem Prozess heraus ergeben und die sich deshalb nicht vorausplanen lassen. Solche Lehr-Lern-Handlungen, häufig in Form von Dyaden – z.B. Lehrerin fragt und Schüler antwortet –, beeinflussen die Art der Kommunikation und die Lehr-Lern-Effektivität. Auf der Suche nach einem tragfähigen Beobachtungs- und Beurteilungssystem für diese prozessbegleitenden Handlungen, lassen sich zwei bedeutsame Forschungsarbeiten bzw. -ergebnisse kombinieren, das Flanders Interaction Analysis System (FIAS, Flanders 1970) und die von Walberg (1984) ausgewiesenen Variablen zur Lehr-Lern-Effektivität. Zur Beobachtung der Lehrhandlungen können diesen Ansätzen zufolge zehn Fragen hilfreich sein:

- Wie geht die Kandidatin auf Gefühlsäußerungen der Schüler ein?
  (Flanders-Kategorie 1, Tausch/Tausch 1991)
  Greift sie diese – z.B. auch Unmutsäußerungen – in professioneller Art auf, indem sie die Gefühle zuerst einmal akzeptiert und die emotionalen Erlebnisinhalte umschreibt, oder ignoriert sie Gefühlsäußerungen, weil sie nicht eingeplant waren und sie nichts mit ihnen anzufangen weiß?
- Wie lobt und ermutigt die Kandidatin die Schüler?
  (Flanders-Kategorie 2, Walberg – reinforcement)
  Lobt und ermutigt sie angemessen, flexibel und variabel oder unangemessen, z.B. übertrieben oft oder zu selten oder stereotyp, indem sie laufend »o.k.« oder »genau« sagt?
- Wie geht die Kandidatin auf Schülerbeiträge ein?
  (Flanders-Kategorie 3)
  Greift sie die Gedanken der Schüler auch auf, lässt sie Beiträge weiterführen, präzisieren oder überdenken? Oder antwortet sie naiv mit einem »Echo«, d.h. mit wörtlicher Wiederholung?
- Fördert sie auch die Interaktion zwischen den Schülern?
  (Flanders-Kategorie 9, Walberg – cooperative learning)
  Stellt die Kandidatin Schülerbeiträge auch mal zur Diskussion und fordert sie zur Aussprache untereinander auf? Oder bleibt die Interaktion auf die Lehrerin zentriert?
- Wie bringt die Kandidatin ihre Fragen in den Prozess ein?
  (Flanders-Kategorie 4, Walberg – higher order questions)
  Weiß sie vermutlich, was sie mit ihren Fragen bei den Schülern anregt? Kennt sie zentrale Frage-Kategorien wie Kenntnisfragen, konvergierende, divergierende, bewertende Fragen, Sondierungsfragen, organisierende Fragen? Beschränkt sie sich auf bedeutsame Fragen? Stellt sie die Fragen nacheinander, achtet sie auf Spannungs- und Wirkpausen? Vermeidet sie Suggestivfragen und Fragen der unechten Bewertung?

- Sind die Lernhilfen sorgfältig dosiert?
  (Walberg – cues and feedback)
  Kennt sie das Prinzip minimaler Lernhilfen (Aebli 1977) und versucht sie, diesem Prinzip entsprechend zu handeln? Arbeitet sie auch mit nonverbalen Impulsen und kleinen Hinweisen? Oder nimmt sie den Schülern die Lernchancen, indem sie Lernschwierigkeiten und Lernbarrieren naiv beseitigt?
- Wie gibt sie den Schülern ein Feedback?
  (Walberg – cues and feedback)
  Ist ein Feedback auf Schüleräußerungen und -beiträge situationsangemessen, variabel und differenziert? Oder wird ein Feedback stereotyp und undifferenziert erteilt?
- Ermutigt sie die Schüler zum Fragen?
  Geht sie von einem fast uneingeschränkten Fragerecht der Schüler aus, und fördert sie deren Fragehaltung? Oder erscheinen ihr Schülerfragen eher unangenehm, weil sie den geplanten Verlauf stören?
- Wie geht die Kandidatin auf Schülerfragen ein?
  Gibt sie fragenden Schülern meist ein positives Feedback, ist sie bemüht, Schülerfragen einzubeziehen? Ignoriert sie Fragen, oder stellt sie diese in unangemessener Weise zurück?
- Werden in bestimmten Situationen auch direkte Anweisungen gegeben oder Anordnungen getroffen?
  Hat sie den Mut, bei allgemeiner Unruhe oder Desorientierung der Schüler sehr direkt zu verfahren, den Schülern zu sagen, was nicht mehr toleriert werden kann oder was als Nächstes zu geschehen hat? Dazu Flanders: »An effective teacher mostly behaves more indirect, but sometimes very direct.«

Wer also kompetent zu interagieren versteht, lässt Gefühlsäußerungen klären oder versucht, diese zu umschreiben, lobt und ermutigt, bezieht die Schülerbeiträge ein, fördert die Interaktionen zwischen den Schülern, stellt wenige überlegte Fragen, gibt minimale Lernhilfen, möglichst oft ein differenziertes Feedback, regt die Schüler zum Fragen an, geht auf Schülerfragen ein und scheut in bestimmten Situationen nicht vor direkten Anweisungen zurück.

Die Fähigkeit zur kompetenten Interaktion kann nur in mehrjähriger Unterrichtspraxis erworben werden. Im Anschluss an eine Lehrprobe lässt sich immer trefflich über einzelne Dyaden diskutieren. Wenn z.B. ein Schülerbeitrag unberücksichtigt geblieben ist oder ein Beitrag wörtlich wiederholt wurde, ist Toleranz angesagt.

4) *Die Frage nach den Handlungen in typischen Lehr-Lern-Situationen*
Für eine Prozessevaluation reicht es nicht aus, die prozesssteuernden Handlungen, die zu erbringenden Wahrnehmungsleistungen sowie die prozessbegleitenden Handlungen zu beobachten, sondern es ist auch erforderlich, einzelne Lehr-Lern-Situationen mit ihren Handlungsstrukturen zu betrachten. Solche typischen Lehr-Lern-

Situationen finden sich im Gesprächs- und Präsentationsbereich. Die Evaluationsproblematik soll an Hand von Situationen aus diesen beiden Bereichen erläutert werden.

Ein Unterrichtsgespräch folgt im Unterschied zu einer Unterhaltung einer bestimmten Zielsetzung. Die Gesprächsleiterin sollte die mögliche Zielsetzung erkennen und auf die Einhaltung zweckdienlicher Gesprächsregeln achten. Hat das Gesprächsthema einen eindeutig konvergenten Akzent, d.h. soll im Gespräch ein bestimmtes Ergebnis erarbeitet werden, ist ein schrittweises Vorgehen angesagt, das der Sachlogik folgt. Teilergebnisse werden festgehalten, die Kandidatin fordert zur Weiterführung des Gedankenganges auf, lässt Beiträge präzisieren, lobt jene Schüler, die sich in das Schema einordnen und erwünschte Beiträge bringen, ermutigt erneut zur Weiterführung, bis das Gesprächsergebnis erzielt ist.

Ganz andere Gesprächsregeln sind bei einem Thema mit divergentem Akzent zu beachten. Hier dürfen die Schüler alles sagen, was ihnen einfällt, die Kandidatin ermutigt zu spontanen Äußerungen, zur Weiterführung der Gedanken, hält die Einfälle fest, macht auf noch unberücksichtigte Einfallsspektren aufmerksam, stellt Bewertungen zurück, freut sich gemeinsam mit den Schülern über besonders originelle Einfälle und fordert am Ende dazu auf, nach Ordnungsgesichtspunkten zu suchen (vgl. Guilford 1964). Wenn nun die Kandidatin in einer Lehrprobe den Unterschied zwischen konvergenter und divergenter Produktion nicht kennt, ist sie auch nicht in der Lage, diesbezügliche Gespräche zu leiten und die unterschiedlichen Gesprächssituationen professionell zu gestalten. Da sie die Zielsetzung nicht kennt, gerät sie in eine unangenehme Situation, die im Jargon der Lehrerinnen mit »ins Schwimmen geraten« umschrieben wird.

Ähnliche Situationen, die professionell zu gestalten sind, finden sich im Präsentationsbereich. Wenn z.B. die Kandidatin einen Sachverhalt mit Hilfe einer Zeichnung erklären möchte, sollte sie jene Kriterien kennen, die eine Zeichnung didaktisch qualifizieren – Überschrift, Fläche ausnutzen, Zeichnung gliedern, bedeutsame Punkte hervorheben, Symbole konsequent verwenden, Farbe begründet einsetzen, Symbolkraft der Farben nutzen, wenige zentrale Begriffe anschreiben, Perspektive deutlich machen, auf den notwendigen Grad der Exaktheit achten. – Und in der Situation selbst hat sie die Möglichkeit, die Schüler zum Mit- oder Weiterzeichnen aufzufordern, sie kann auch die Schüler etwas nachzeichnen lassen, über die Zeichnung sprechen lassen oder dazu auffordern, Fragen zur Zeichnung zu stellen. Wer nun über die vorstehenden Kriterien verfügt oder diese sogar verinnerlicht hat, vermag sich professionell in der Lehr-Lern-Situation zu bewegen. An dieser Stelle zeigt sich übrigens sehr deutlich, dass das Lehren, wie jede andere berufliche Tätigkeit, weitgehend erlernbar ist, doch einige Bereiche der individuellen Begabung sowie besonderen Fähigkeiten vorbehalten bleiben.

Die Beurteilenden werden sich also im Hinblick auf spezifische Lehr-Lern-Situationen die Frage beantworten, ob die Kandidatin mit professionellem Anspruch Gespräche führen, Diskussionen leiten, Sachverhalte erklären, Sachverhalte demonstrieren, Medien einsetzen kann u.a.m.. Aber auch hier ist eine gewisse Beurteilungstoleranz angesagt. Ist z.B. aus einer Zeichnung eindeutig ersichtlich, worum es sich handelt, und vergisst die Kandidatin die Überschrift, finden aber sonst alle vorgenannten Kriterien einer qualifizierten Zeichnung Berücksichtigung, kann die fehlende Überschrift auch bei der Beurteilung vergessen werden.

5) *Die Frage nach den typischen Situationsfolgen*
Lehren und Lernen vollzieht sich zumeist in Situationsfolgen, häufig in Tertiaden. Unter einer Situationsfolge wird die prozessnotwendige Verknüpfung von Subsituationen verstanden, die sich aufgrund der Lernlogik ergibt. Wer gelernt hat, in Situationsfolgen zu denken und zu planen, wahrt auch im Prozess eher den Überblick. Hier einige Beispiele für Situationsfolgen als Tertiaden:

- 1 Die Schüler auf den Medieneinsatz vorbereiten – 2 das Medium einsetzen – 3 über das Gesehene und Gehörte sprechen lassen.
- 1 Arbeitsauftrag stellen – 2 Schüler betreuen – 3 Ergebnisse vorstellen lassen.
- 1 Zum Rollenspiel anleiten – 2 Schüler betreuen – 3 Spielgeschehen reflektieren.
- 1 Zum Experimentieren anleiten – 2 Schüler betreuen – 3 Ergebnisse sichten lassen.
- 1 Hausaufgaben stellen – 2 Hausaufgaben fertigen – 3 Hausaufgaben sichten und kontrollieren (vgl. Walberg 1984 – graded homework).

Unter motivationalem Aspekt erscheint es besonders wichtig, eine initiierte Situationsfolge zügig durchlaufen zu lassen, damit die Schüler Lernergebnisse sehen und Lernerfolge verzeichnen können. Wenn Lehrerinnen Arbeitsaufträge erteilen, die Schüler vor sich hinarbeiten lassen, sich dann aber nicht um die Ergebnisse kümmern, dokumentieren sie Desinteresse an den Lernbemühungen der Schüler, und die Lehr-Lern-Effektivität sinkt ab. Durch den Abschluss der Tertiaden mit Ergebniskontrollen wird das von Kounin (1976) empirisch nachgewiesene »Rechenschaftsprinzip« in die Lehr-Lern-Prozesse eingeführt, was viele Schüler zu erhöhter Aufmerksamkeit und Disziplin veranlasst.

Was die Handlungskompetenzen innerhalb der Tertiaden betrifft, so zeichnen sich drei Schwerpunkte ab. In der ersten Subsituation ist größtmögliche Verständlichkeit gefragt, d.h. die Arbeitsaufträge sollten einfach, kurz und prägnant, gegliedert und anregend sein (vgl. Groeben 1978). In der zweiten Subsituation sollte sich die Kandidatin zurücknehmen, die Schüler beraten und überwiegend mit minimalen Lernhilfen arbeiten. In der dritten Subsituation ist die Art der Ergebnisdarstellung zu steuern, und fehlerhafte oder falsche Ergebnisse sind zu korrigieren.

Die Mitglieder des Expertenteams werden sich also die Frage stellen, ob auftretende Situationsfolgen durchschaut worden sind und von den Schülern durchlaufen werden konnten. Wenn nun in einer Lehrprobe aufgrund des Zeitmangels eine Tertiade nicht ganz abgeschlossen werden kann, ist dies nicht der Kandidatin anzulasten, sofern sie zuvor die Unterrichtszeit anderweitig sinnvoll, z.B. für eine Diskussion, genutzt hat. Die unterrichtende Kandidatin hat dann im Prozess einen

Bewusstseinskonflikt auszuhalten: Soll ich die Schüler weiterdiskutieren lassen oder soll ich die Diskussion beenden, damit die Ergebniskontrolle wie geplant erfolgen kann (vgl. Wagner et al. 1984)? – An dieser Stelle zeigt sich einmal mehr die Fragwürdigkeit von Einzelstunden, die kaum Gelegenheit bieten, Tertiaden so zu durchlaufen, wie dies unter lernpsychologischem Aspekt notwendig wäre.

6) *Die Frage nach der Art der Intervention beim Auftreten sozialer Konflikte*
Unterricht läuft selten konfliktfrei ab, und das gilt auch für eine Lehrprobe. Zwar werden in einer solchen Ausnahmesituation selten Zentral- oder Extremkonflikte auftreten, wie z.B. massive Gewalttätigkeiten, doch ist davon auszugehen, dass es auch bei Lehrproben manchmal zu Disziplinkonflikten kommt und die für das Lehren und Lernen in Gruppen erforderliche soziale Ordnung empfindlich gestört wird. In einer solchen Situation verhält sich eine Kandidatin wenig professionell, wenn sie versucht, den Lärmpegel zu überschreien, wenn sie mit Sanktionen droht oder unreflektiert Disziplinierungstechniken einsetzt. Eine handlungskompetente Kandidatin verfügt hingegen über ein breites Interventionsrepertoire. Sie wird z.B. die Lehr-Lern-Situation wechseln, neue Lernanreize schaffen und die Schüler in eine andere Lernaktivität involvieren, sie wird das Lehr-Lern-Tempo erhöhen oder zurücknehmen, die Lerntempi durch Maßnahmen der Binnendifferenzierung variieren. In der Grundschule wird sie auch mit nonverbalen Signalen arbeiten, z.B. mit einem Glöckchen läuten, ein lustiges Verkehrsschild aufzeigen oder auf ein »Umgangsposter» hinweisen. Sofern es ihr gelingt, sich Gehör zu verschaffen, wird sie vielleicht eine »Ich-Botschaft« senden (Gordon 1977). Bei älteren Schülern kann sie metaunterrichtlich oder metakommunikativ verfahren, also gemeinsam mit den Schülern darüber nachdenken, wie es weitergehen soll.

Die Mitglieder des Expertenteams werden Hilflosigkeit negativ und Einfallsreichtum positiv vermerken und hoffentlich an jene Unterrichtsstunden zurückdenken, in denen sie selbst in einer ähnlich schwierigen Situation waren.

7) *Die Frage nach den Maßnahmen zur Prozessorganisation*
Vor einer Lehrprobe sind zumeist mehrere organisatorische Maßnahmen zu treffen, um den möglichst reibungslosen Ablauf der Stunde zu gewährleisten. Ist die Frage des Raumes entschieden, sollte an ein Schild gedacht werden mit der Aufschrift »Prüfung, bitte nicht stören«. Sodann ist die Frage der Medien und des Medieneinsatzes zu klären, Letzterer am besten zu proben. Manchmal müssen Arbeitsmittel oder Arbeitsmaterialien besorgt, Arbeitsblätter oder Folien gezeichnet werden. Diese vorbereitenden Maßnahmen sind zu optimieren, da sonst bestimmte Lehr-Lern-Aktivitäten entfallen müssen oder es zu vermeidbaren Verzögerungen kommt.

In Absprache mit den Schülern ist eine Sitzordnung zu wählen, die der jeweiligen Lehr-Lern-Aktivität entspricht, so z.B. zum Erzählen einen Sitzkreis, zum Diskutieren ein offenes Hufeisen, zum Medieneinsatz eine frontale Sitzordnung, zur Kleingruppenarbeit Sitzgruppen.

Prozesspool

- Prozesssteuerung:
  Wie wird zum Lernen angeregt,
  zum Weiterlernen ermutigt und
  auf Ziele hingelenkt?
- Wahrnehmungsleistungen:
  Merkt die Kandidatin, was um sie herum geschieht,
  erscheint sie sensibel,
  kann sie beobachten und zuhören?
- Prozessbegleitende Handlungen:
  Werden Gefühlsäußerungen der Schüler aufgefangen,
  werden die Schüler gelobt und ermutigt,
  wird auf ihre Beiträge eingegangen,
  die Interaktion zwischen den Schülern gefördert;
  werden Fragen bewusst gestellt,
  minimale Lernhilfen gegeben,
  wird ein differenziertes Feedback vermittelt,
  wird zum Fragen ermutigt,
  auf Fragen eingegangen und
  werden auch mal direkte Anweisungen gegeben?
- Lehr-Lern-Situationen:
  Bewegt sich die Kandidatin professionell,
  vermag sie die Lernchancen zu erkennen
  und die Situationen auszuschöpfen?
- Situationsfolgen:
  Werden Situationsfolgen durchlaufen,
  handelt die Kandidatin in den Subsituationen kompetent?
- Konfliktsituationen:
  Nimmt die Kandidatin soziale Konflikte wahr,
  verfügt sie über ein Interventionsrepertoire, das sie angemessen einsetzt,
  verfügt sie über Fantasie, Einfallsreichtum, Schlagfertigkeit und Humor?
- Prozessorganisation:
  Wurden die vorbereitenden Maßnahmen getroffen,
  gelingt der Medieneinsatz,
  sind die Sitzordnungen zweckdienlich gewählt,
  verfügt die Kandidatin über Organisationstalent?

- Weitere Kriterien?

Im Prozess sind die Schüler im Sinne einer emanzipierenden Mitbestimmung an den Maßnahmen zur Prozessorganisation zu beteiligen, d.h. sie sollten altersgemäß mitwirken. Dazu ein Beispiel: Bei Grundschülern ist es primär Aufgabe der Lehrerin, einen Film vorzuführen, an weiterführenden Schulen werden sich Lehrerin und Schüler diese Aufgabe teilen. Im Bereich der beruflichen Bildung wird ein Film von einem technisch versierten Schüler vorgeführt.

Für die Mitglieder des Expertenteams stellt sich die Frage, ob die Kandidatin die vorbereitenden Maßnahmen getroffen hat, der Medieneinsatz gelungen erscheint, die Sitzordnung sinnvoll gewählt worden ist, die Schüler ihrem Alter entsprechend an den organisatorischen Maßnahmen beteiligt werden und ob die Kandidatin in der Lage ist, bei Pannen flexibel zu verfahren und zu improvisieren.

Die sieben Gesichtspunke zur Prozessbeobachtung und -beurteilung mit den zahlreichen Unterpunkten machen deutlich, dass in einer Kurzstunde niemals alle der hier angesprochenen Ereignisse auftreten werden. Die Kriterien werden deshalb wieder in einen Pool eingespeist, aus dem sich die Beurteilenden bedienen können. Auch ist es denkbar, weitere Kriterien zu entwickeln.

Beim Protokollieren sind die beobachtbaren Ereignisse mitzuschreiben, positiv zu vermerken und abzuhaken oder mit einem Fragezeichen zu versehen, in Kurzform

Situation 1	Begrüßung und Metakommunikation ✔
S 2	Vorkenntnisse werden aktualisiert ✔
S 31	Arbeitsauftrag ✔
S 32	Betreuung der Schüler **?**
S 33	Sichten der Ergebnisse ✔
KS	Streit … **?**

Auf diese Weise kann später in der Auswertungsphase der Lehr-Lern-Prozess rekonstruiert werden.

Die Persönlichkeit der Lehrerin einbeziehen

Wenn eine Kandidatin eine Lehrprobe hält, möchte sie auch etwas über ihre Persönlichkeit erfahren – natürlich möglichst etwas Positives. Diese Annahme wird durch die Ergebnisse einer Einstellungsuntersuchung von F. Fuller (1969) belegt, in der sie nachweisen konnte, dass sich angehende Lehrerinnen in den verschiedenen Phasen der beruflichen Sozialisation schwerpunktmäßig mit Fragen beschäftigen, welche die Identität betreffen. Während des Studiums steht die Frage nach der persönlichen Berufseignung im Mittelpunkt, während des Referendariats die Frage, was andere Personen vom eigenen Unterricht halten. Und erst in einer späten dritten Phase rückt die Frage in das Bewusstseinszentrum, wie man Schüler bestmöglich beim Lernen helfen kann. Alle diese Fragen erscheinen gerechtfertigt. Und wahrscheinlich müssen sie von jeder angehenden Lehrerin immer wieder neu gestellt und beantwortet werden.

Wenn an dieser Stelle die Frage nach der besonderen Eignung einer Persönlichkeit als Lehrerin aufgegriffen wird, dann liegt diesen Ausführungen die implizite Persönlichkeitstheorie des Autors zugrunde. Die sechs bedeutsam erscheinenden Einstellungen und Haltungen beinhalten insgesamt eine Idealvorstellung, ein Bild, das nie erreicht werden kann. Und dennoch ist ein solches Bild immer wieder offen zu legen, es möchte nachdenklich stimmen, zur Diskussion und zu Forschungsarbeiten anregen (vgl. Rauin/ Kohler/Becker 1994).

Sechs bedeutsame Einstellungen und Haltungen

1) *Intellektuelle Neugier und Freude an geistiger Arbeit*, an neuen Einsichten und Erkenntnissen, neuartigen Methoden sowie die Bereitschaft zu lebenslangem Lernen.
2) *Freude am Umgang mit Schülern*, verbunden mit einer generellen Kommunikationsbereitschaft, d.h. der Bereitschaft, sich auf die Schüler einzulassen und sich mit diesen auseinander zu setzen, die Bereitschaft, in und mit Konflikten zu leben.
3) *Wertschätzung aller Schüler*, die Bereitschaft, sie zu akzeptieren, zu respektieren und zu tolerieren und ihnen zu sagen, was nicht mehr akzeptiert, respektiert oder toleriert werden kann.
4) Eine *soziale Grundeinstellung* und Haltung gegenüber benachteiligten Schülern, z.B. leistungsschwachen Schülern, behinderten Schülern, Schülern aus sozial schwachem Milieu oder Schülern ausländischer Herkunft.
5) *Interesse an gesellschaftspolitischen Fragen*, insbesondere an bildungspolitischen Problemen.

6) *Zivilcourage*, d.h. Mut zur Selbstständigkeit, zur Meinungsäußerung, zu eigenverantwortlichem Handeln und zum Einsatz gerechtfertigter Formen des Protests und des Widerstandes (vgl. Becker/Coburn-Staege 1993, S. 13ff.).

Diese sechs vorgenannten Einstellungen und Haltungen brauchen im Verlauf einer Lehrprobe jedoch kaum in Erscheinung zu treten, zumindest gilt dies für die drei letztgenannten, doch bilden sie die Grundlage zur Aufrechterhaltung demokratischer Verhältnisse.

Die zwölf nachstehenden Eigenschaften und Fähigkeiten werden im Unterricht schon eher sichtbar. Ihnen zufolge erscheint es wünschenswert, wenn Lehrerinnen fach-, methoden- und sozialkompetent sind, sprachkompetent, engagiert und sensibel, ausgeglichen, ichstark und einfallsreich, humorvoll, selbstkritisch und vorbildlich.

1) Eine *fachkompetente* Kandidatin verfügt über Sachautorität. Die Schüler fühlen sich fachlich bei ihr aufgehoben und schätzen sie aufgrund ihrer fachlichen Kenntnisse und Fähigkeiten.
2) Eine *methodenkompetente* Kandidatin verfügt über ein breites methodisches Spektrum, das sie durchdacht, variabel und flexibel einsetzen kann.
3) Eine *sozialkompetente* Kandidatin vermag verständnisvoll mit den Schülern umzugehen (vgl. Kap. Den Umgang mit den Schülern analysieren, S. 132ff.).
4) Die *sprachkompetente* Kandidatin bedient sich einer verständlichen, anschaulichen und lebendigen Ausdrucksweise und ist in der Lage, sich auf die Sprachebene der jeweiligen Altersgruppe einzustellen und auch Hochdeutsch zu sprechen.
5) Die *engagierte* Kandidatin zeigt Interesse an den Lerninhalten, am Lernfortschritt der Schüler, an einer kollegialen Zusammenarbeit und an schulischen Ereignissen, sofern sie diese betreffen. Sie ist von der Wichtigkeit ihrer Aufgabe überzeugt.
6) Die *sensible* Kandidatin wird versuchen, besondere Bedürfnisse und Belange ihrer Schüler wahrzunehmen und diese zu berücksichtigen, doch vermag sie sich auch abzugrenzen, um handlungsfähig zu bleiben.
7) Die *ausgeglichene* Kandidatin erscheint authentisch, gibt sich also echt und ist deshalb für die Schüler berechenbar. Letztere fühlen sich bei ihr emotional gut aufgehoben.
8) Die *ichstarke* Kandidatin hat die Kraft, gerechtfertigt erscheinende Anforderungen zu stellen und auf die Erfüllung derselben zu dringen.
9) Die *einfallsreiche* Kandidatin erscheint fantasiebegabt, verfügt über methodische Kreativität und vermag auch bei unvermutet auftretenden Ereignissen variabel und flexibel zu reagieren.
10) Die *humorvolle* Kandidatin ist in der Lage, die vielen Widerwärtigkeiten des Schulalltags gelassen und heiter zu ertragen, sie kann trotz alledem lachen.

11) Die *selbstkritische* Kandidatin ist bereit, ihre Entscheidungen und Maßnahmen zu hinterfragen und sie erforderlichenfalls zu revidieren, ohne sich dabei einem ständigen Relativismus auszusetzen, der ihre Entscheidungsfreudigkeit hemmen würde.
12) Die *vorbildliche* Kandidatin versucht, fleißig, ordentlich und pünktlich zu sein, so wie sie es von ihren Schülern verlangt. Und natürlich ist sie als »Berufsberührerin« gepflegt.

Nun wird sofort deutlich, dass keine Kandidatin über alle diese Eigenschaften in stark ausgeprägtem Maße verfügt, und das mag tröstlich sein. Auch die Schüler wissen darum und tolerieren Schwächen nach dem Motto: Die ist nun mal so, da kann man nichts machen. Dennoch lassen sich diese zwölf Eigenschaften nicht beliebig zurückweisen, denn wie möchte eine Lehrerin ihren Aufgaben nachkommen, wenn sie fachlich, methodisch, sozial und sprachlich inkompetent ist, sie gleichgültig und unsensibel erscheint, sich unausgeglichen, ichschwach und einfallslos gibt, humorlos, unkritisch und nicht gerade vorbildlich? Eine solche Lehrerin braucht den Unterricht gar nicht erst aufzunehmen.

Was können nun die Beurteilenden mit diesen sechs bedeutsamen Einstellungen und Haltungen sowie den zwölf wünschenswerten Eigenschaften anfangen? Wie können sie der Kandidatin ein Feedback zur Person geben? Aussagen über andere Personen sind stets heikel. Sind sie nicht fundiert, sollten sie besser unterbleiben. In nur einer Unterrichtsstunde lässt sich kein umfassendes und gültiges Bild gewinnen. Deshalb ist äußerste Zurückhaltung angebracht!

Rückschlüsse auf die sechs bedeutsamen Einstellungen und Haltungen sind kaum möglich, die Aussagen zur Persönlichkeit müssen also oberflächlich bleiben. Von den zwölf wünschenswerten Eigenschaften und Fähigkeiten werden einzelne im Unterricht beobachtbar sein, einige werden gar nicht auftreten und einige wenige vielleicht negativ auffallen. Auch ist anzunehmen, dass weitere hier nicht genannte Eigenschaften bedeutsam werden. Die Konstruktion eines Beobachtungsbogens zur Personwahrnehmung mit entsprechenden Skalen – z.B. von fachkompetent (1) nach fachlich inkompetent (6) – erscheint wenig sinnvoll. Viele der auf dem Bogen genannten Einstellungen und Eigenschaften würden sich gar nicht beobachten lassen, andere würden fehlen. Auch müsste ein Beurteiler mit mehreren Kriterienkatalogen gleichzeitig arbeiten, z.B. ein Katalog zur Personwahrnehmung, ein zweiter zum Umgang der Kandidatin mit den Schülern, ein dritter zur Produktevaluation und ein weiterer Bogen zur Prozessevaluation. Dies würde vermutlich zur Überbetonung einer bestimmten Beurteilungskomponente und zu einer Überforderung der Hospitierenden führen.

Unter dem Aspekt der Praktikabilität wird deshalb eine weitgehend offene Form der Beobachtung und Beurteilung empfohlen und der Vorschlag gemacht, die hier ausgewiesenen Einstellungen und Eigenschaften in einen Pool einzuspeisen, in den die Beurteilenden weitere einbringen können. Erweist sich eine Kandidatin im Unterricht z.B. als engagiert und fachkompetent, sind diese Eigenschaften im Protokoll

Persönlichkeitspool

Sechs bedeutsame Einstellungen und Haltungen
- Intellektuelle Neugier
- Freude am Umgang mit Schülern
- Wertschätzung aller Schüler
- Soziale Grundeinstellung
- Interesse an gesellschaftspolitischen Fragen
- Zivilcourage

- Weitere Einstellungen?

Zwölf wünschenswerte Eigenschaften
- fachkompetent
- methodenkompetent
- sozialkompetent
- sprachkompetent
- engagiert
- sensibel
- ausgeglichen
- ichstark
- einfallsreich
- humorvoll
- selbstkritisch
- vorbildlich

- Weitere Eigenschaften?

zu vermerken und positiv abzuhaken. Zeigt sie sich unausgeglichen, so ist diese Eigenschaft mit einem Fragezeichen zu versehen, also in Kurzform: engagiert ✔ fachkompetent ✔ ausgeglichen ?. Da erfahrungsgemäß die Anzahl der positiv zu vermerkenden Eigenschaften fast immer die negativen übertrifft, ist die Kandidatin zumeist bereit, kritische Anmerkungen zur Persönlichkeit entgegenzunehmen und sie vielleicht auch zu verarbeiten.

Die Schüler und die Lerngruppe berücksichtigen

Dieses Anliegen lässt sich nur erfüllen, wenn die zu beurteilende Kandidatin und die Mitglieder des Expertenteams die Lernvoraussetzungen der Schüler kennen. Ist dies nicht der Fall, ist die Kandidatin einer Pilotin vergleichbar, die sich auf einem Blindflug befindet, ohne über die erforderlichen Geräte zu verfügen. Und ganz ähnlich ergeht es den beobachtenden Expertinnen, denn ohne Kenntnis der Schüler ist auch für sie das Risiko groß, an einem Berg zu zerschellen oder die Landebahn zu verfehlen. Lehr-Lern-Prozesse lassen sich nur beobachten, einschätzen und beurteilen, wenn die Lehr- und Lern-Voraussetzungen weitgehend bekannt sind.

Einer Prüfungskandidatin sollte deshalb Gelegenheit gegeben werden, die Schüler und die Lerngruppe kennen zu lernen. Das Kennenlernen beinhaltet ein intensives und aktives Bemühen und benötigt Zeit. Zum Kennenlernen gehören die Kenntnis der Vornamen, Informationen über die Leistungsstärken bzw. Leistungsschwächen einzelner Schüler, über das Sozialverhalten der Schüler, das gruppendynamische Stadium, Informationen über verhaltensauffällige Schüler und über den sachstrukturellen Entwicklungsstand im Hinblick auf die Lehrprobe. Um diese Informationen zu gewinnen, bedarf es mehrstündiger Hospitationen oder eigener Unterrichtserfahrungen in der betreffenden Lerngruppe.

Wenn die Kandidatin die Schüler kennt, kann sie angemessene Fragen stellen, schülergemäße Probleme einbringen, Arbeitsaufträge formulieren, die einen hohen Aufgabenanreiz bieten, individuelle Lernhilfen nach dem Minimalprinzip geben, pädagogische Maßnahmen ergreifen und mit verhaltensauffälligen Schülern so verfahren, dass der Lehr-Lern-Prozess für die Mitschüler weitergeführt werden kann. All dies ist in Unkenntnis der Schüler kaum möglich.

Eine annähernd valide Einschätzung und Beurteilung der Lehrleistungen setzt auch beim Expertenteam die Kenntnis der Schüler voraus. Zwar verfügt eine im Dienst ergraute Schulrätin über einen reichen Erfahrungshintergrund. Sie kennt das Einzugsgebiet, die Schulart und die besonderen Schulverhältnisse. Und sie weiß z.B. auch, was man Grundschülern am Ende des 4. Schuljahres im Fach Mathematik abverlangen kann. Des Weiteren ist es ihr möglich, vom Einzugsgebiet auf das Sozialverhalten zu schließen. Doch über eine detailliertere Kenntnis der Schüler, ihres Lernvermögens, des Leistungsstandes, ihrer individuellen Bedürfnisse und Schwierigkeiten verfügt sie nicht. Deshalb sollte in jedem Fall die Fachlehrerin, Klassenlehrerin oder Mentorin in das Expertenteam aufgenommen werden. Nur so erscheint es möglich, die Lehrleistungen mit den Lernleistungen in Beziehung zu setzen.

Dennoch kann die zufallsbedingte Zusammensetzung der Lerngruppe für die Art der Beurteilung entscheidend sein, was, evaluationstheoretisch betrachtet, bei existenzbedeutsamen Lehrproben beunruhigen muss. Hat eine Kandidatin *Glück*, dann trifft sie zufällig auf gesprächsbereite und -fähige Schüler, die lernbereit dem Unterricht folgen und aktiv mitarbeiten, auf Schüler, die über zahlreiche nützliche Lerntechniken und Lernstrategien verfügen und den Prozess vorantreiben, sodass der Unterricht richtig Spaß macht. Und hat diese Kandidatin großes *Glück*, dann trifft sie auf erzogene und höfliche Schüler, die selbstdiszipliniert auf die für das Lehren und Lernen erforderliche soziale Ordnung achten. In der Lerngruppe befinden sich ausnahmsweise keine verhaltensauffälligen Schüler, und gruppendynamisch betrachtet bewegen sich die Schüler im wünschenswerten Stadium der konstruktiven Kooperation, d.h. Partner- und Kleingruppenarbeit ist für sie selbstverständlich, sie helfen sich gegenseitig, sie akzeptieren, respektieren und tolerieren einander. Bei einer sorgfältigen Unterrichtsvorbereitung und einer durchdachten Planung muss diese Lehrprobe gelingen.

Eine andere Kandidatin hat *Pech*, denn sie bekommt es mit missmutigen Schülern zu tun, die sich am Tag zuvor mit der Klassenlehrerin über die Beurteilung und Benotung einer Arbeit gestritten haben. Das Gruppenklima ist angespannt und durch Lernunlust gekennzeichnet. Die Schüler beteiligen sich nur widerwillig, antworten in Einwortsätzen, machen einige destruktive Bemerkungen und werten sich gegenseitig ab. Sie amüsieren sich über die aufkommende Unruhe und über die immer nervöser werdende Kandidatin. Einige verhaltensoriginelle Schüler beleben zusätzlich die Szene. Einfache Arbeitstechniken werden nicht beherrscht. Eine Phase der Kleingruppenarbeit versinkt in allgemeiner Disziplinlosigkeit. Diese Kandidatin muss im Prozess die Unterrichtsvorbereitung und -planung weitgehend vergessen, zum Konfliktmanagement übergehen und hoffen, dass die Beurteilenden ihre zum Teil hilflosen Bemühungen zu würdigen wissen.

Leserinnen, die sich durch die vorstehende Schilderung verunsichert fühlen oder eigene missglückte Unterrichtsstunden wieder erkennen, mag der Hinweis trösten, dass sich die Schüler im Rahmen von Lehrproben zumeist anders verhalten als dies im normalen Unterricht der Fall ist, nämlich aufmerksamer und disziplinierter. Die Ausnahmesituation, Mitleid mit der Kandidatin sowie die Fach- oder Klassenlehrerin im Rücken, die später zu Sanktionen schreiten können, verfehlen meist ihre Wirkung nicht. Dennoch sorgen die Schüler für einige Überraschungen – das ist gut so und muss wohl so sein.

Weil die zu prüfende Kandidatin auf die Schüler angewiesen ist, die Lehrleistungen von den Lernleistungen abhängig sind und der Umgang im Lehr-Lern-Prozess auf Gegenseitigkeit beruht, ist es besonders wichtig, dass sich die Beobachter auch auf das Schülerverhalten und die Schülerhandlungen konzentrieren, die Lernaktivitäten und das Sozialverhalten registrieren und im Protokoll festhalten. Die vorstehend angeführten Adjektive können zur Beschreibung hilfreich sein, doch ist die Liste natürlich nicht vollständig. Es wird wiederum der Vorschlag gemacht, die Adjektive sowie die Umschreibungen einem Pool zuzuführen, damit sich die beobachtenden Expertinnen beim Protokollieren aus ihm bedienen können. Einige der Adjektive werden sicher auf die Lerngruppe insgesamt zutreffen, andere nur auf einzelne Schüler, was dann zu vermerken wäre. Erscheinen die Schüler motiviert und engagiert, sind die Eigenschaften aufzunehmen und abzuhaken. Erscheinen sie wenig aufmerksam und wenig diszipliniert, sind Fragezeichen anzubringen, in Kurzform:

motiviert ✔ engagiert ✔ unaufmerksam ? undiszipliniert ?

Schülerpool – Lerngruppenpool

Glück	Pech
• *Anspruchsniveau*	
hoch	gering
Vorkenntnisse vorhanden	nicht vorhanden
• *Lern- und Gruppenklima*	
zumeist entspannt	stets angespannt
konstruktiv	destruktiv
• *Schülereigenschaften*	
kooperativ	wenig kooperativ
akzeptierend	sich nicht akzeptierend
respektierend	abwertend
tolerant	intolerant
höflich	unhöflich
humorvoll	humorlos
kritisch	unkritisch
gesprächsbereit	kaum gesprächsbereit
gesprächsfähig	kaum gesprächsfähig
interessiert	wenig interessiert
motiviert	kaum motiviert
engagiert	wenig engagiert
aktiv	passiv
anstrengungsbereit	kaum anstrengungsbereit
konzentriert	unkonzentriert
diszipliniert	undiszipliniert
• Weitere Kriterien?	

Den Umgang mit den Schülern analysieren

Die große, auch gesellschaftspolitische Bedeutung, die der Umgang zwischen Lehrerinnen und Schülern hat, steht außer Zweifel. Schüler werden stets durch Lehrerinnen beeinflusst, so in der Wilhelminischen Zeit, in der Zeit des Nationalsozialismus, im real existierenden Sozialismus und auch heute in der Bundesrepublik Deutschland. Die jeweils vorherrschenden Ideologien brachten viele Fragwürdigkeiten hervor, und deshalb ist es notwendig, die vorherrschende Erziehungsideologie und die Art des Umgangs ständig zu hinterfragen.

Wenn hier schlicht der Begriff »Umgang« gewählt und nicht von »Lehr- und Erziehungsstil« geschrieben wird, so hat dies seinen Grund. Im Verlauf einer Lehrprobe wird zwar die Art und Weise des Umgangs einer Kandidatin mit den Schülern erkennbar, die zahlreichen Variablen, die einen Lehr- und Erziehungsstil kennzeichnen, treten jedoch nur sporadisch auf. Um ein abgesichertes Urteil über den Lehr- und Erziehungsstil abgeben zu können, sind Hospitationen über einen längeren Zeitraum erforderlich.

Der Umgang einer Lehrerin mit den Schülern wird stets durch Letztere mitbestimmt, da Unterricht ein kommunikatives und interaktives Geschehen mit Prozesscharakter ist. Zu einem konstruktiven Umgang benötigt die Kandidatin kommunikationsbereite und -fähige Schüler, die also gerne mit ihr interagieren, eine Voraussetzung, die nicht immer gegeben ist. Deshalb sind bei der Umgangskomponente die Schüler und die Gruppe in die Beurteilung einzubeziehen.

An dieser Stelle kann nicht auf die Problemgeschichte der Lehr- und Erziehungsstilforschung eingegangen werden (vgl. Sieland 1994; Tausch/Tausch 1991; Weber 1973). Aus heutiger Sicht gibt es in der Bundesrepublik Deutschland keine Alternative zu einem demokratischen Lehr- und Erziehungsstil. Ob es sich bei dieser Feststellung um eine weitere Erziehungsideologie handelt oder gar um Ausführungen zu einer überholten normativen Didaktik, mag jede Leserin selbst entscheiden (vgl. Blankertz 1975).

Ein demokratischer Lehr- und Erziehungsstil lässt sich folgendermaßen beschreiben:

Die Lehrerin

- geht von einem fast unbegrenzten Fragerecht der Schüler aus, sucht das Gespräch mit den Schülern, hält sich generell *gesprächsbereit* und vermeidet möglichst jeden Kommunikationsabbruch;
- *agiert überwiegend indirekt*, regt an und macht Vorschläge, scheut aber nicht davor zurück, sehr direkt zu verfahren, wenn dies erforderlich ist;

- *schöpft die Beteiligungsspielräume aus*, im inhaltlichen, methodischen und sozialen Bereich, doch trifft sie Anordnungen, wenn bestimmte Inhalte, Methoden oder Umgangsformen nicht verhandelbar erscheinen;
- *verfährt häufig metaunterrichtlich*, denkt mit den Schülern über den zurückliegenden, gegenwärtigen oder künftigen Unterricht nach und bezieht sie so in die Planungsüberlegungen ein;
- *bedient sich auch häufig der Metakommunikation*, indem sie mit den Schülern über Kommunikationsstörungen nachdenkt, fragwürdige Umgangsformen thematisiert und diese auch mal im Rollenspiel aktualisiert;
- *führt in die demokratisch legitimen Formen des Protests ein*, damit die Schüler später ihre Rechte und Pflichten als Staatsbürger wahrnehmen können;
- *übt demokratische Umgangsformen und Spielregeln ein, lässt* Pro- und Kontradiskussionen zu, fördert die Diskussion verschiedener Sichtweisen, hält Klassenkonferenzen ab, simuliert Wahlen und und lässt Abstimmungen vornehmen;
- überträgt den Schülern *so viel Verantwortung wie möglich und* bezieht sie auf diese Weise ein;
- initiiert relativ häufig *Partner- und Kleingruppenarbeit*, damit die Schüler auch soziale Lernziele anstreben können;
- analysiert gemeinsam mit den Schülern *Gruppenkonflikte*, so z.B. eine Außenseiterproblematik, eine Hackordnung oder abträgliche Rollenfixierung, um so die Teamfähigkeit der Schüler zu fördern;
- *strebt eine Erziehung zur Konfliktfähigkeit an*, zur Bereitschaft, in und mit Konflikten zu leben, Konflikte möglichst gewaltfrei auszutragen, sie zu bewältigen und – im Ausnahmefall auch zu erzeugen;
- ergreift nach Möglichkeit *pädagogische Maßnahmen*, die an die Einsichtsfähigkeit der Schüler appellieren, und greift nur in Ausnahmefällen zu Disziplinierungstechniken, um unerwünschtes Verhalten zu eliminieren, und schließlich
- wird sie sich – falls es die Rahmenbedingungen zulassen – auch *um offenere Unterrichtskonzeptionen bemühen*, z.B. um Projektunterricht, um Freiarbeit, Unterricht mit Wochenplänen oder Stationenarbeit, um bei den Schülern vermehrt selbstständiges und eigenverantwortliches Lernen zu fördern (vgl. Claussen 1997; Hegele et al. 1997; Klippert 1985).

In einem Schüler- und lernzielorientierten Unterricht können zwar einige der vorbeschriebenen Merkmale eines demokratischen Lehr- und Erziehungsstils auftreten, doch muss dies keineswegs der Fall sein. Dennoch erhalten die Hospitierenden kleine Hinweise auf den Lehr- und Erziehungsstil über die Art des Umgangs. Beteiligen sich die Schüler aktiv, helfen sie sich gegenseitig, übernehmen sie selbstverständliche Handgriffe beim Medieneinsatz, sind sie an Partner- und Kleingruppenarbeit gewöhnt, übernehmen sie in bestimmten Situationen die Rolle der Lehrerin, finden sie Abstimmungen selbstverständlich – dann lassen solche Lernaktivitäten Rückschlüsse auf einen erstrebenswerten demokratischen Lehr- und Erziehungsstil zu.

Ein Indiz für den Umgang miteinander ist auch das in der Klasse vorherrschende *Lern- und Gruppenklima*. Letzteres braucht keineswegs immer entspannt zu sein, wie es Vertreter der Pädagogischen Psychologie oder humanistischer Ansätze des Lehrens und Lernens häufig fordern. Anspannung und Entspannung gehören gleichermaßen zu einem anspruchsvollen Unterricht. Soll eine schwierige Aufgabe gelöst werden, gelingt dies nicht ohne Konzentration und Anspannung. Ist sie gelöst worden, gesellt sich zum Erfolgserlebnis die Entspannung und Freude über die Lehr-Lern-Leistung. Die in einer Lehrprobe hospitierenden Expertinnen können immerhin wahrnehmen, ob das Lern- und Gruppenklima konstruktiv erscheint, ob die Kandidatin und die Schüler bereit und in der Lage sind zu kooperieren, Ziele zu vereinbaren und zu verfolgen.

Im Rahmen einer Lehrprobe lassen sich allerdings bei der Kandidatin einige Eigenschaften beobachten, die dem Umgang mit den Schülern förderlich und die eng an die Persönlichkeitsmerkmale gekoppelt sind. So lässt sich z.B. beobachten, ob sich die Kandidatin natürlich, offen und freundlich gibt, ermutigend und unterstützend, geduldig und verständnisvoll, konsequent und fordernd, höflich und taktvoll, ob sie sich um eine gerechte Behandlung der Schüler bemüht, sie variabel und flexibel verfahren kann und sich gegenüber den Schülern solidarisch verhält. Was bedeuten diese Eigenschaften für den Umgang mit den Schülern?

Eigenschaften	*Bedeutung für den Umgang*
offen	Die Lehrerin sagt zumeist, was sie meint, redet über ihre Erwartungen, und die Schüler wissen, woran sie sind.
natürlich	Sie gibt sich wie sie ist, betreibt keine »Fassadenpflege« und gibt sich echt (vgl. Tausch/Tausch 1991).
freundlich	Sie geht nett mit den Schülern um, was auch nonverbal zum Ausdruck kommt, und die Schüler beteiligen sich schon deshalb gern.
ermutigend	Sie zeigt sich zuversichtlich und optimistisch und weckt auch bei leistungsschwachen Schülern eine proaktive Lernhaltung.
geduldig	Sie lässt leistungsschwachen Schülern Zeit zum Überlegen, Zeit zur Vollendung einer Arbeit und ergreift Maßnahmen der Binnendifferenzierung.
verständnisvoll	Sie macht deutlich, dass nicht alles sogleich gelingen kann, verschiedene Lernmöglichkeiten auch unterschiedliche Lernleistungen bedingen.
humorvoll	Sie ist bereit, die Widerwärtigkeiten des Schulalltags gelassen und heiter hinzunehmen, und sie lacht gerne mit, wenn es etwas zu lachen gibt.
konsequent	Sie handelt den Ankündigungen entsprechend, und die Schüler wissen, dass sie auch meint, was sie sagt.
fordernd	Sie stellt gerechtfertigt erscheinende Anforderungen und versucht, diese auch durchzusetzen.

Eigenschaften	*Bedeutung für den Umgang*
höflich	Sie legt auf förderliche Konventionen Wert, *bittet* die Schüler um Beiträge und *bedankt* sich für gelungene Beiträge oder Lernleistungen, und die Schüler erhalten so ein positives Modell.
taktvoll	Sie hält sich dort mit Äußerungen und Kommentaren zurück, wo sich ein Schüler verletzt fühlen könnte.
gerecht	Sie versucht, sich allen Schülern in gleicher Weise zuzuwenden (Art. 3 GG), niemanden zu benachteiligen oder zu bevorzugen, was ihr allerdings nie ganz gelingen kann.
flexibel	Sie vermag zumeist auf unvermutet auftretende Ereignisse situationsangemessen zu antworten, findet die richtigen Worte oder ergreift sinnvolle pädagogische Maßnahmen.
solidarisch	Die Lehrerin identifiziert sich mit gerechtfertigt erscheinenden Anliegen ihrer Schüler und verteidigt einzelne Schüler, die sich alleine nicht helfen können.

Alle hier genannten Eigenschaften werden bei einer Lehrprobe mit Sicherheit nicht zu beobachten sein, auch werden andere, nicht genannte Eigenschaften eine Rolle spielen. Die aufgeführten Eigenschaften können allerdings auch nicht beliebig ausgetauscht werden. Wie will eine Lehrerin konstruktiv mit Schülern umgehen, wenn sie hinterhältig, gekünstelt und unfreundlich wirkt, die Schüler entmutigt, ihnen mit Ungeduld und Unverständnis begegnet, inkonsequent handelt, die Schüler unter- oder überfordert, unhöflich, taktlos und grob ungerecht verfährt, wenn es ihr an Flexibilität mangelt und sie die Schüler hintergeht? – Aus dieser Gegenüberstellung wird deutlich, dass die zu beurteilende Kandidatin wahrscheinlich über viele der positiven Eigenschaften verfügen wird.

Zur praktischen Umsetzung im Rahmen einer Hospitation wird der Vorschlag erneuert, alle hier aufgeführten Eigenschaften und weitere, nicht aufgeführte, in einen Pool einzubringen, um sich dann im Prozess aus ihm zu bedienen. Zeigt sich z.B. eine Kandidatin im Umgang mit den Schülern offen, natürlich und freundlich, daneben aber inkonsequent und wenig fordernd, ist dies im Protokoll zu vermerken, positiv abzuhaken oder in Frage zu stellen, in Kurzform:
offen ✔ natürlich ✔ freundlich ✔ inkonsequent **?** wenig fordernd **?**

Umgangspool

- offen
- konsequent
- natürlich
- fordernd
- freundlich
- höflich
- ermutigend
- taktvoll
- geduldig
- gerecht
- verständnisvoll
- flexibel
- humorvoll
- solidarisch
- weitere Eigenschaften?

Anzumerken bleibt, dass die Art und Weise, wie eine Kandidatin mit den Schülern umgeht, von der eigenen »Umgangsbiografie« abhängig ist, der eigenen familialen und schulischen Sozialisation, z.B. von Erfahrungen beim Gestalten des Kindergottesdienstes oder als Übungsleiterin einer Sportgruppe, von den im Verlauf des Studiums gewonnenen Einsichten und Erkenntnissen, den in den Praktika gemachten Erfahrungen sowie dem Demokratieverständnis. Fast alle der hier angesprochenen Faktoren bleiben dem hospitierenden Expertenteam verborgen. Die Beurteilenden bekommen nur eine oberflächliche aktuelle Momentaufnahme des Umgangs geboten.

Das Produkt beurteilen

Im Unterschied zur Prozessevaluation wird nun versucht, Hinweise zur Produktevaluation des Unterrichts zu geben. Dabei ist es einerseits erforderlich, vom Lehr-Lern-Prozess mit seinen Dyaden, Situationen und Situationsfolgen zu abstrahieren, andererseits muss auf die zu beobachtenden Ereignisse zurückgegriffen werden. Im Mittelpunkt der Überlegungen steht die Frage nach aussagekräftigen Beurteilungskriterien, um die sich Verfasser von Kriterienkatalogen seit Jahrzehnten bemühten und auch heute noch bemühen (vgl. Metz 1983).

Folgt man dem Ansatz der Handlungsorientierten Didaktik, dann sollte Unterricht möglichst human, demokratisch und effektiv gestaltet werden, wobei allerdings diese drei übergeordneten Kriterien oder Setzungen häufig miteinander konkurrieren. Doch eine derart abstrakte Betrachtungsweise hilft zur Beurteilung einer Lehrprobe nicht weiter. Deshalb müssen sich die Expertinnen auf ein geringeres Abstraktionsniveau begeben.

Da ein Unterricht ganz unterschiedlich aussehen kann, erscheint die Frage nach der jeweiligen Unterrichtskonzeption angebracht. In unserem Beispiel gehen wir von einem *Schüler- und lernzielorientierten Fachunterricht* aus, und deshalb benötigt das Expertenteam Beurteilungskriterien für diese Unterrichtskonzeption, die den inhaltlichen und methodischen Überlegungen zur Planung und Vorbereitung weitgehend entsprechen. Für Freiarbeit, Offenen Unterricht, Projektunterricht, Problemorientierten Unterricht, Fächerübergreifenden Unterricht, Epochenunterricht oder Wissenschaftsorientierten Unterricht bedarf es besonderer Überlegungen und auch spezifischer Kriterien.

Zur Produktbeurteilung eines Schüler- und lernzielorientierten Fachunterrichts können u.a. die umseitig aufgelisteten Kriterien herangezogen werden:

Diese Zusammenstellung darf keinesfalls als Katalog missverstanden werden. Die Liste muss notwendig unvollständig sein, da fast jeder Unterricht Überraschungen bietet, Ereignisse, die mit hier nicht genannten Begriffen zu belegen und zu beurteilen sind. Einige der Kriterien werden sich in der konkreten Beurteilungssituation als beurteilungsrelevant erweisen, andere hingegen als überflüssig. So sind Unterrichtsstunden ohne Ergebniskontrolle denkbar, wenn sie im affektiven Bereich angesiedelt sind und auf eine Einstellungsänderung abzielen. Es sind Stunden ohne einen Wechsel der Sozialformen vorstellbar, wenn die Informationsvermittlung im Mittelpunkt steht. Viele Unterrichtsstunden werden auch ohne Differenzierungsmaßnahmen ablaufen und dennoch als gelungen beurteilt werden können.

Produktpool

- Lernvoraussetzungen berücksichtigt?
- Vorkenntnisse aktualisiert?
- Vorerfahrungen einbezogen?
- Anfangssituation gelungen?
- Stundenziel erkennbar?
- Teillernziele ersichtlich?
- Teilergebnisse hervorgehoben?
- Medieneinsatz gelungen?
- Anschauung altersgemäß?
- Handlungsmöglichkeiten genutzt?
- Ablauf strukturiert?
- Sachlogik berücksichtigt?
- Lernlogik berücksichtigt?
- Schwerpunkt gesetzt?
- Prozessorientierung gewahrt?
- Aktiv-produktive Lernphase realisiert?
- Arbeitsauftrag schülergemäß?
- Frage- bzw. Problemstellungen angemessen?
- Schwierigkeitsgrad angemessen?
- Lernschwierigkeiten erkannt?
- Lernanreize geschaffen?
- Lernhilfen erteilt?
- Lernchancen gewahrt?
- Sozialformen gewechselt?
- Differenzierungsmöglichkeiten genutzt?
- Rahmenbedingungen optimiert?
- Ergebnisse kontrolliert?
- Ergebnissicherung angestrebt?
- Hausaufgabe reflektiert?
- Zeiteinteilung gelungen?

- Weitere Kriterien?

Da keiner der Beurteilenden vorhersehen kann, welche der Kriterien zur Beurteilung herangezogen werden müssen, empfiehlt es sich, alle Kriterien in einen Pool einzuspeisen, um sich aus demselben bei Bedarf zu bedienen. Während der Prozess von Beginn an zu protokollieren ist, also die bedeutsam erscheinenden Dyaden, die Situationen, Situationsfolgen und die Konfliktsituationen fortlaufend aufzunehmen sind, ist bei der Produktevaluation Zurückhaltung angebracht, bis sich die Unterrichtsstunde als Ganzes abzeichnet, bis z.B. ein Schwerpunkt sichtbar wird oder die Zeiteinteilung gelungen erscheint.

Die als positiv erkannten Punkte können nun aufgenommen und abgehakt, die kritikwürdig erscheinenden mit einem Fragezeichen versehen werden, in Kurzform:
Stundenziel ✔ Arbeitsauftrag ✔ Schwerpunkt ✔
Ergebniskontrolle **?** Zeiteinteilung **?** …

Da im Rahmen dieser Publikaton auf die Vorgabe eines Kriterienkatalogs zur Beurteilung von Unterricht verzichtet wird, erscheint es angemessen, solche Kataloge zu beschreiben, über ihr Zustandekommen nachzudenken und einige Kritikpunkte zu nennen.

Kriterienkataloge beinhalten eine begrenzte Auswahl von Beurteilungsmerkmalen oder Merkmalsdimensionen, mit deren Hilfe ein qualifizierter von einem weniger qualifizierten Unterricht unterschieden werden soll. Die Kataloge beziehen sich stets auf die Durchführung, seltener auf die Planung und Auswertung des Unterrichts. Häufig werden die einzelnen Beurteilungsdimensionen mit Skalierungen versehen, diese wiederum mit Polen wie »trifft zu« und »trifft nicht zu« oder »berücksichtigt« und »unberücksichtigt«. Wer einen Eindruck von solchen Katalogen gewinnen möchte, sei auf die Publikationen von Füglister (1976), Hörner/Maier/Pfistner (1981), Metz (1983) oder Olivero/Brunner (1973) aufmerksam gemacht.

Wie entstehen Kriterienkataloge? Die Beurteilenden unterliegen einem starken Begründungsdruck. Es wird von ihnen erwartet, Lehrleistungen möglichst valide, objektiv und reliabel zu beurteilen. Außerdem benötigt eine größere Ausbildungsinstitution ein praktikables Instrument zur Lehrerbeurteilung.

Die für eine Beurteilung verantwortlichen Expertinnen finden sich zusammen und beraten über Beurteilungskriterien. In dieser Beratungsrunde werden die individuellen Vorstellungen von einem qualifizierten Unterricht offen gelegt. Die Diskussion spiegelt auch den Stand unterrichtswissenschaftlicher Erkenntnisse wider. Nach eingehender Diskussion einigen sich die Expertinnen auf einen Katalog, von dessen Wert sie selbst überzeugt sind. Andere Personen, die aufgefordert werden, mit diesem Katalog zu arbeiten, haben fast immer große Schwierigkeiten, und deshalb erscheint es sinnvoll, den Kritikpunkten nachzugehen.

Der Anwendung nur eines Katalogs steht die »Mannigfaltigkeit« unterrichtlicher Prozesse entgegen (vgl. Maier/Pfistner 1976). Unterricht folgt auf verschiedenen Schulstufen, in verschiedenen Schularten und Fächern unterschiedlichen Konzeptionen. Ein Anfangsunterricht im ersten Schuljahr, ein Förderunterricht in der Sonderschule oder ein Leistungskurs der gymnasialen Oberstufe können nicht über einen Katalog beurteilt werden.

Ein Katalog leugnet die »Singularität« unterrichtlicher Prozesse sowie der handelnden Personen, der Lehrerin und der Schüler. In einigen Katalogen wird die Person der Lehrerin gar nicht oder nur marginal berücksichtigt. Es erscheint ungerechtfertigt, die Lehrerin und die Schüler auszuklammern, und fragwürdig, sie mittels eines Katalogs beurteilen zu wollen.

Werden die Lehrleistungen über einen Katalog erfasst, tritt die »Prozessualität« so stark zurück, dass weder die Prozessrekonstruktion noch ein differenziertes Feedback möglich sind. Die Kriterien werden wie ein Netz über den Unterricht ausgebreitet. Kommen die Beurteilenden zu der Auffassung, dass z.B. die Ziele nicht eindeutig waren, dann fragt sich die Kandidatin, in welcher Phase des Unterrichts dies wohl gewesen sein mag.

Zur Fragwürdigkeit der Kriterienkataloge

- Unterricht ist zu verschieden
- einige Kriterien sind überflüssig
- andere Kriterien fehlen
- die Gewichtung der Kriterien ist ungeklärt
- der Lehr-Lern-Prozess wird nicht sichtbar
- kein handlungsrelevantes Feedback möglich
- Innovationen werden verzögert
- Gerechtigkeit wird vorgetäuscht
- verleiten zur Oberflächlichkeit

Kataloge berücksichtigen nicht den gesellschaftlichen Wandel und die »Geschichtlichkeit« des Unterrichts. Kataloge, die sich über längere Zeit hinweg halten, verhindern die Ausschöpfung der möglichen Innovationsrate. Wenn z.B. eine internationale Vergleichsstudie zum mathematisch-naturwissenschaftlichen Unterricht Leistungsdefizite der bundesdeutschen Schüler ausweist, eine mögliche Ursache für die Defizite in der Unterrichtsmethode gesehen wird, bedarf es neuer Unterrichtskonzeptionen und Methoden, nicht aber einer Rückbesinnung auf hinlänglich bekannte Kriterien (vgl. Baumert/Lehmann et al. 1997).

Kriterienkataloge lenken von einem gründlichen schulpädagogischen Studium ab. Wer z.B. die »Zwölf Grundformen des Lehrens« von Aebli (1983) studiert, wird viele interessante Einsichten gewinnen. Doch wer den Kriterienkatalog von Füglister (1976) analysiert, erfährt eindrucksvoll, wie man ein wissenschaftliches Werk reduzieren kann.

Bei dem Versuch, Unterricht mit Hilfe eines Kriterienkatalogs beurteilen zu wollen, wird bald deutlich, dass einige Kriterien fehlen und andere überflüssig sind, ganz nach dem Motto: Was man nicht hat, das eben brauchte man, und was man hat, kann man nicht brauchen.

Völlig offen bleibt die Frage der Gewichtung einzelner Kriterien, die Frage, wie der Unterrichtsentwurf, die Unterrichtsvorbereitung und Planung, die Unterrichtsdurchführung und die Auswertung gewichtet werden sollen, wie fehlende Sachkompetenz in einer Lehr-Lern-Situation im Vergleich zu einer flexiblen Intervention beim Auftreten eines sozialen Konflikts zu beurteilen ist.

Und schließlich verführen Kriterienkataloge die Beurteilenden zur Oberflächlichkeit, weil sie »kurzfristig handhabbare Trivialschemata« (Schwark 1977) darstellen. Die Beurteilenden suchen nach einer Spalte, die ihnen zutreffend erscheint, kreuzen innerhalb weniger Sekunden die Kriterien an, und fertig ist die Evaluation.

Der Einsatz eines Kriterienkatalogs ist allerdings ausgesprochen praktikabel, weil sich die zu Beurteilenden mit Hilfe des Katalogs trefflich verwalten lassen. Die allgemeinen Angaben – Schule, Klasse, Fach, Thema, Zeit und Ort, Name der Kandidatin und der Beurteilenden – werden in einen Vordruck, der Bestandteil des Katalogs ist, eingetragen. Vordruck und Katalog können dann zu den Akten genommen werden.

Da an einer Institution oftmals alle beurteilenden Expertinnen den gleichen Katalog einsetzen, wird eine Validität, Objektivität und Reliabilität vorgetäuscht, die schon aufgrund der höchst unterschiedlichen Handhabung nicht gegeben ist. Deshalb erscheint der Einsatz eines Kriterienkatalogs zur Unterrichtsbeurteilung fragwürdig, selbst wenn er sich nur auf eine bestimmte Unterrichtskonzeption bezieht.

Den Hospitationsablauf konstruktiv gestalten

Alle Beteiligten wissen um die Fragwürdigkeit von Lehrproben. Die beurteilenden Expertinnen durchschauen das Ritual und wissen um mögliche Beurteilungsfehler. Die »Opfer« mokieren sich noch nach Jahren über fragwürdige Prozeduren. Und im Kreis der Kolleginnen werden eindrucksvolle Erlebnisberichte zum Besten gegeben. Alle Kandidatinnen versuchen, das Lehrprobenritual erfolgreich zu zelebrieren. Der Konkurrenzdruck und die oft schlechten Berufsaussichten nötigen sie dazu.

Leider kann die als fragwürdig erkannte Beurteilungspraxis nicht einfach abgeschafft werden. Man wird auch künftig nicht darauf verzichten können, Lehrerinnen im Berufsfeld einer Kontrolle zu unterziehen. Dies ist schon im Interesse der zu unterrichtenden Schüler unerlässlich. Es gilt die Frage zu beantworten, inwieweit eine Kandidatin in der Lage ist, fach-, methoden- und sozialkompetent zu unterrichten. – Daneben sollten allerdings die theoretischen Studienleistungen angemessen berücksichtigt werden, da es keine Alternative zu einer theoriebewussten und handlungskompetenten Lehrerin gibt. – Also kommt es darauf an, den Hospitationsablauf möglichst so zu gestalten, dass ihn alle Beteiligten akzeptieren können.

In einer ersten Phase sollte mit der Kandidatin ein Vorgespräch geführt werden, in dessen Verlauf über die Art und den Umfang des Entwurfs zu sprechen ist sowie über die beabsichtigte Unterrichtskonzeption. Natürlich kann dieses Vorgespräch auch fernmündlich geführt werden. Die Art des Entwurfs richtet sich nach dem jeweiligen Unterrichtsvorhaben und der gewählten Konzeption. Da verschiedene Raster möglich sind, ist Toleranz angebracht. Der Entwurf für eine Lehrprobe sollte etwa sieben bis zwölf Seiten umfassen. Kandidatinnen, die sich noch kürzer fassen, differenzieren meist nicht hinreichend, und wenn der Entwurf umfangreicher ausfällt, wird zu viel abgeschrieben, und es fehlt die Konzentration auf bedeutsame Aspekte.

Der *Unterrichtsentwurf* ist als Arbeits- und Reflexionsbasis für alle an der Lehrprobe beteiligten Personen – die Schüler ausgenommen – zu betrachten. Er gibt den Beurteilenden Auskunft über die schulpädagogischen, fachdidaktischen und lernpsychologischen Kenntnisse der Prüfungskandidatin und zeigt, ob diese in der Lage ist, theoretische Einsichten in Handlungsabsichten zu formulieren. Jeder Entwurf trägt den Charakter der Vorläufigkeit. Einerseits ist es nicht Sinn eines Entwurfs, eine geplante Lehr-Lern-Folge rigide umzusetzen, ohne die Schülerbeiträge zu berücksichtigen. Andererseits erscheint es wenig sinnvoll, von einer sorgfältig geplanten Lehr-Lern-Folge ohne triftigen Grund abzuweichen. Für die Kandidatin erscheint es ratsam, sich für eine als sinnvoll erkannte Lehrspur zu entscheiden, sich die einzelnen Schritte einzuprägen, um dann im Prozess von dieser Spur abgehen oder auf sie zurückkehren zu können. Zwischen der Kandidatin und den Mitgliedern des Expertenteams sollte Einverständnis über den Vorläufigkeitscharakter des Entwurfs bestehen. Nur dann wird die Kandidatin bereit sein, flexibel und variabel zu verfahren.

Vor der Lehrprobe empfiehlt sich ein kurzes *Orientierungsgespräch*. Es dient der gegenseitigen Vorstellung, der Übergabe des Entwurfs in mehrfacher Ausfertigung sowie der Orientierung der Expertinnen. Das Gespräch könnte mit den Worten eingeleitet werden: »Berichten Sie uns bitte, was Sie mit den Schülern vorhaben, damit wir dem Prozess besser folgen können.« Die Kandidatin erhält so Gelegenheit, frei über die geplante Stunde zu sprechen. Die Mitglieder des Expertenteams hören zu, fragen nach, fordern die Kandidatin jedoch nicht auf, die Planung abzuändern. Auf diese Weise werden Absichten deutlich, Schwierigkeiten bewusst, und es wird die Intensität der Planungs- und Vorbereitungsarbeit sichtbar. Die Kandidatin gewinnt das Gefühl, einige Absprachen und Abmachungen getroffen zu haben, was zumeist beruhigend wirkt. Die Mitglieder des Expertenteams können sich sofort auf das Beobachten und Protokollieren konzentrieren. Und in der Auswertungsphase lässt sich der Lehr-Lern-Prozess zeitsparend rekonstruieren, weil schon eine Gesprächsgrundlage geschaffen worden ist.

Wenden wir uns nun der *Lehrprobe* zu, in welcher die Kandidatin eine Probe ihres Könnens bietet, also lehrt, die Mitglieder des Expertenteams beobachten und protokollieren, wie die Schüler hoffentlich viel und eifrig lernen.

Die *Schüler* fühlen sich durch die Anwesenheit der fremden Personen fast immer gestört, irritiert oder gehemmt, auch dann, wenn eine der Expertinnen ein paar nette Worte an sie richtet. Es dauert geraume Zeit, bis sie sich daran gewöhnt haben, dass mehrere fremde Menschen in ihrem Rücken sitzen und sie und die Kandidatin beobachten. Auf jeden Fall verhalten sich die Schüler anders als sonst. Wollte man annähernd valide Beobachtungsergebnisse erhalten, wäre ein »Einleben in die Gruppe« oder »eine Periode der Infiltration« vonnöten, ein gegenseitiges Kennenlernen, der Abbau von Hemmschwellen und Kommunikationsbarrieren (vgl. Schwark 1979). Vorschläge dieser Art sind im Rahmen einer Lehrprobe nicht zu verwirklichen, weil es an Zeit und Personal fehlt.

Die *Kandidatin* ist gut beraten, wenn sie die Beurteilenden so schnell wie möglich vergisst und sich ganz auf die Schüler und auf den geplanten Unterricht konzentriert. Schließlich ist das Lehren eine überaus anspruchsvolle Tätigkeit. Die Kandidatin muss den Prozess steuern, über Lerninhalte nachdenken, Ziele formulieren, Schülerbeiträge integrieren, Auseinandersetzungen schlichten, Ziele neu formulieren u.a.m. Bei dieser Tätigkeit ist sie Beobachtende und Objekt ihrer Beobachtung zugleich. Ihr fehlt die erforderliche Distanz zum eigenen Verhalten und zu den Handlungen. Und überdies ist sie zahlreichen *Bewusstseinskonflikten* ausgesetzt, indem sie sich selbst fragt:

- Soll ich einfach abwarten oder eine Lernhilfe geben?
- Soll ich das Störverhalten ignorieren oder intervenieren?

- Soll ich das Ziel weiter anstreben oder von ihm abgehen?
- Soll ich mit der gesamten Lerngruppe weiterarbeiten oder differenzieren (vgl. Wagner et al. 1984)?

Eine theoretisch fundierte und problembewusste Kandidatin sieht zahlreiche Alternativen und ist deshalb auch vielen Bewusstseinskonflikten ausgesetzt, ein Dilemma, aus dem es keinen Ausweg gibt. Über die von der Kandidatin getroffenen Entscheidungen lässt sich später trefflich diskutieren und streiten.

Die *Mitglieder des Expertenteams* – z.B. eine Schulrätin, Fachberaterin oder Mentorin – stehen gleichfalls vor einer schwierigen Aufgabe, weil die Unterrichtssituation hochkomplex ist. Ihnen ist eine Totalerfassung nicht möglich. »Nach den an unserem Seminar gemachten Erfahrungen wären neun bis zwölf Beobachter notwendig.« (Woysch 1976, S. 205) Deshalb erscheint es zweckmäßig, wenn sich Mitglieder des Expertenteams auf bestimmte Beobachtungskomponenten konzentrieren, so z.B. auf den Prozess, die Kandidatin, die Schüler und die Lerngruppe, den Umgang mit den Schülern und auf das Produkt. Um das Beobachten und Protokollieren, aber auch die spätere Analyse, Auswertung und Beurteilung zu erleichtern, werden an dieser Stelle Beurteilungskriterien für einen Schüler- und lernzielorientierten Fachunterricht in fünf Bereichen zusammengefasst und die Einzelkriterien jeweils einem Pool zugeführt (vgl. nachstehende Übersicht). Jeder Pool stellt ein Arsenal von Merkmalen oder ein Spektrum von Variablen dar, aus dem bei der Beurteilung geschöpft werden kann. Einige Merkmale treffen auf jeden Unterricht zu, so z.B., dass die Lernvoraussetzungen der Schüler zu berücksichtigen sind. Andere Merkmalsbereiche oder Einzelkriterien lassen sich nur für spezifische Unterrichtskonzeptionen heranziehen oder müssen ergänzt werden. So bedarf es z.B. zur Beobachtung und Beurteilung von Freiarbeit, Projektunterricht oder einem problemorientierten naturwissenschaftlichen Unterricht weiterer Kriterien, die hier nicht genannt sind.

Hat nun eine Expertin Positives zu beobachten, ist dieses Ereignis im Protokoll festzuhalten und abzuhaken. Erscheint ihr etwas fragwürdig oder negativ, sind Ereignisse dieser Art mit einem Fragezeichen zu versehen.

Mögliche Beurteilungskriterien für einen Schüler- und lernzielorientierten Fachunterricht auf einen Blick

Pool 1 Prozessbeurteilung

Prozesssteuernde Handlungen: anregen, ermutigen, auf Ziele hinlenken, variabel verfahren …

Prozessbegleitende Wahrehmungsleistungen: allgemeine Sensibilität, zuhören, beobachten …

Prozessbegleitende Handlungen – zumeist Dyaden –
Gefühlsäußerungen auffangen, loben, ermutigen, auf Beiträge eingehen, Schüler-Schüler-Interaktionen fördern, Lernhilfen geben, Feedback vermitteln, zum Fragen ermutigen, auf Fragen eingehen, Anweisungen geben, Anordnungen treffen …

Lehr-Lern-Situationen: Gesprächssituationen, Präsentationssituationen, Metaunterricht …

Situationsfolgen: Arbeitsauftrag erteilen, Schüler betreuen, Ergebnisse sichten lassen …

Konfliktsituationen: Flexibilität, Handlungsaufschub, Interventionsspektrum …

Prozessorganisation: optische, akustische, klimatische Verhältnisse, Medieneinsatz, Sitzordnung …

Weitere Kriterien?

Pool 2 Persönlichkeit der Lehrerin

Einstellungen und Haltungen: intellektuelle Neugier, Freude am Umgang mit Schülern, Wertschätzung aller Schüler, soziale Grundeinstellung, gesellschafts- und bildungspolitisches Interesse, Zivilcourage …
(während der Hospitation kaum erkennbar)

Eigenschaften und Fähigkeiten: fach-, methoden-, sozial-, sprachkompetent, engagiert, sensibel, ausgeglichen, ichstark, einfallsreich, humorvoll, selbstkritisch, vorbildlich …

Weitere Kriterien?

Pool 3 Schüler und Lerngruppe

Niveau: Vorkenntnisse vorhanden, anspruchsvoll …

Gruppenklima: zumeist entspannt, konstruktiv …

Interaktionen: kooperativ, höflich, humorvoll, akzeptierend, respektierend, tolerierend, kritisch …

Schüler: gesprächsbereit, -fähig, interessiert, motiviert, engagiert, aktiv, anstrengungsbereit, konzentriert, diszipliniert …

Weitere Kriterien?

Pool 4 Umgang der Lehrerin mit den Schülern

Demokratischer Lehr- und Erziehungsstil: Verzicht auf ungerechtfertigte Herrschafts- und Machtausübung, Kommunikationsbereitschaft, Beteiligungsspielräume, Metaunterricht, Metakommunikation, Konfliktfähigkeit, Umgangsformen, Spielregeln, Eigenverantwortung … (während der Hospitation kaum erkennbar)

Eigenschaften: offen, natürlich, freundlich, ermutigend, geduldig, verständnisvoll, humorvoll, konsequent, fordernd, höflich, taktvoll, um Gerechtigkeit bemüht, flexibel, solidarisch …

Weitere Kriterien?

Pool 5 Produktbeurteilung

Lernvoraussetzungen, Vorkenntnisse, Vorerfahrungen, Anfangssituation, Stundenziel, Teilziele, Teilergebnisse,Medieneinsatz, Anschauung, Handlungsmöglichkeiten, Gliederung, Sachlogik, Lernlogik, Schwerpunkt Prozessorientierung, aktiv-produktive Lernphase, Arbeitsaufträge, Frage- und Problemstellungen, Schwierigkeitsgrad, Lernschwierigkeiten, Lernanreize, Lernhilfen, Lernchancen, Sozialformen, Differenzierungsmöglichkeiten, Rahmenbedingungen, Ergebniskontrollen, Ergebnissicherung, Hausaufgabe, Zeiteinteilung …

Weitere Kriterien?

Das folgende Protokollbeispiel, bei dem eine Person versucht, alle fünf Bereiche zu berücksichtigen, soll das hier vorgeschlagene Verfahren dokumentieren:

Protokollbeispiel

Schule: Uhlandschule	Datum: 22.11.1990/3. Stunde
Fach: Biologie	Lehrer:
Thema: Organspenden retten Leben	Klasse: 7a

Prozess

S 1	Begrüßung, Metakommunikation ✔
S 21	Hinweise auf nachfolgende S, Arbeitsauftrag ✔
S 22	Erklären eines Sachverhalts ?
	Überlänge, Tafelzeichnung ?
S 23	Schüler fragen, Lehrer antwortet ✔
S 31	Arbeitsblatt ✔
S 32	Partnerarbeit ✔
S 33	Ergebnisse sichten ✔
	Schüler übernimmt Lehrerrolle
S 4	konvergierendes Gespräch ?
	wird vorzeitig abgebrochen
S 51	Arbeitsauftrag – Fallbeispiel?
S 52	Partnergespräche ✔
S 53	Stellungnahmen ✔
S 6	Hausaufgabe – Spenderausweis – ✔

natürlich ✔ freundlich ✔ flexibel ✔

Lehrer/in → **Umgang** ← **Schüler**

fachkompetent ?	denken mit ✔	engagiert ✔
(zumeist)	fragen nach ✔	interessiert ✔
methodenkompetent ✔	kooperativ ✔	diszipliniert ✔
ausgeglichen ✔		

Produkt
Lernvoraussetzungen berücksichtigt ✔ Teilziele erkennbar ✔
zunehmender Schwierigkeitsgrad ✔ abwechslungsreich ✔ Wechsel der Sozialformen ✔
differenzierende Arbeitsaufträge durch offenere Fragestellungen ✔
Lernchancen gegeben ✔ Zeiteinteilung ?

Anmerkung: S bedeutet »Situation«, S 21 bedeutet »Situation 2 und Subsituation 1« (Tertiade 21, 22, 23). – Die abgehakten Ereignisse sind positiv registriert, die mit einem Fragezeichen versehenen Ereignisse sind in der Auswertungsphase anzusprechen.

Das Protokoll sollte abgelichtet und allen Beteiligten zur Verfügung gestellt werden. Auf diese Weise wird mehr Transparenz geschaffen und die Verständigung erleichtert.

Pool zur konstruktiven Gestaltung des Hospitationsablaufes

- **Vorgespräch**
  Vereinbarungen treffen
- **Orientierungsgespräch**
  Entwurf übergeben
  informieren
- **Lehrprobe**

- lehren

  auf die Schüler konzentrieren
  Bewusstseinskonflikte aushalten
  schülerorientiert verfahren
  Lernziele ansteuern

- hospitieren

  beobachten
  protokollieren
  – Prozess – Lehrende
  – Umgang – Schüler
  – Produkt

- **Pause**
- **Auswertungsgespräch**
  Feedback vermitteln
- Kurzgutachten abfassen
  über die Note befinden
- Note mitteilen und
  begründen

Ein differenziertes Feedback vermitteln

Unmittelbar nach einer Lehrprobe steht eine Kandidatin erfahrungsgemäß noch stark unter dem Eindruck der Ereignisse. Spannungen müssen abgebaut werden, um über den zurückliegenden Unterricht nachdenken und ein Feedback entgegennehmen zu können.

Aber auch die Expertinnen benötigen eine Pause, müssen Abstand gewinnen, das Protokoll überfliegen und sich überlegen, wo in der Auswertungsphase Schwerpunkte zu setzen sind. Ein Raumwechsel lockert die Atmosphäre auf und gibt Gelegenheit zu einem kurzen Meinungsaustausch. Auch sollte sich die Kandidatin spontan äußern können, sofern sie dies wünscht.

Die *Auswertungsphase* hat primär zwei Aufgaben zu erfüllen. Einmal ist der Kandidatin ein differenziertes Feedback zu vermitteln, denn sie hat Anspruch darauf zu erfahren, was gelungen und weniger gelungen erschien. Und zum anderen ist – in Abwesenheit der Kandidatin – über ein Kurzgutachten nachzudenken und – falls rechtlich vorgesehen – über eine Note zu befinden. Dabei sind der Entwurf, die Lehrleistung und das Reflexionsniveau in der Auswertungsphase zu berücksichtigen.

Als wenig hilfreich und nicht besonders ökonomisch ist eine Auswertung anzusehen, die mit der Aufforderung an die Kandidatin beginnt: »Na, nun sagen Sie erst einmal, was Sie von Ihrem Unterricht halten.« Diese Aufforderung zur Stellungnahme und zur *Selbstkritik* bringt die Kandidatin in Verlegenheit. Ist sie mit sich und den Schülern zufrieden und äußert sie sich dementsprechend, kann ihr vorgeworfen werden, selbstzufrieden zu sein. Beginnt sie mit einer kritischen Analyse bestimmter Ereignisse, dann macht sie vielleicht die Beurteilenden auf Schwachstellen aufmerksam, die diese so noch nicht wahrgenommen haben, d.h. sie liefert Argumente, um die Note zu drücken.

Eine völlig offene Form der Auswertung hat auch weitere Nachteile: Wenn bestimmte Ereignisse willkürlich aufgegriffen und ins Gespräch gebracht werden, müssen sich die Beteiligten erst einmal orientieren, worüber überhaupt gesprochen wird. Oft reden sie aneinander vorbei, der Gesprächsverlauf erscheint unsystematisch, manchmal sogar chaotisch, und eine solche Unterhaltung kostet auch zu viel Zeit. Häufig stürzt man sich nur auf negative Aspekte oder fixiert sich im Gespräch auf ein kritikwürdiges Ereignis. Wenn die positiven Aspekte gar nicht erst erwähnt werden, wird die Kandidatin frustriert.

Natürlich besteht für jede Kandidatin eine Lernchance darin, den zurückliegenden Unterricht und den Prozess selbst zu analysieren und die Ergebnisse der Überlegungen darzustellen. Und die Expertinnen können so nachvollziehen, ob die Kandidatin zu dieser Reflexionsleistung fähig ist. Zu dieser Art der Selbstanalyse und Selbstbeurteilung hat sie vor und nach einer Lehrprobe reichlich Gelegenheit, und deshalb wird an dieser Stelle ein systematischeres Vorgehen empfohlen, nämlich an Hand des Protokolls die einzelnen Bereiche – Prozess, Lehrerin, Schüler, Umgang, Produkt – sukzessiv anzusprechen, wobei die Reihenfolge der Ansprache durchaus variieren kann.

Mit Hilfe des gefertigten Verlaufsprotokolls lässt sich der *Prozess zügig rekonstruieren.* Die an der Auswertung Beteiligten können nachvollziehen, wie der Unterricht eingeleitet wurde, wo sein Schwerpunkt lag und wie er abgeschlossen worden ist. Der rekonstruierte Prozess stellt sich als eine Sequenz von Dyaden, Lehr-Lern-Situationen und Situationsfolgen dar. Die abgehakten positiven Ereignisse sind in rascher Folge anzusprechen und besonders gelungene Lehrhandlungen anzuerkennen. Durch dieses Vorgehen wird die Kandidatin aufgebaut, d.h. sie bekommt vermittelt, dass keinesfalls der gesamte Prozess misslungen erscheint. Die Kandidatin ist nun eher bereit, fragwürdige Handlungen zu erklären und über kritikwürdige Ereignisse nachzudenken. Kritik darf nicht ausschließlich retrospektiv erfolgen, indem Fehler wiederholt angesprochen und Schwachstellen immer wieder aufgezeigt werden. Stattdessen empfiehlt sich eine prospektive Argumentation, in deren Verlauf konkrete Hinweise gegeben werden, wie sich z.B. ein Arbeitsauftrag anders stellen, ein Gespräch geschickter leiten, eine Zeichnung anders anlegen, der Medieneinsatz optimieren oder eine Schülerprovokation auffangen lässt (vgl. Zifreund 1966). Auf eine kurze Formel gebracht bedeutet dies: Wer Kritik übt, soll auch sagen, wie es anders besser gemacht werden kann. Auf diese Weise bekommt die Kandidatin konkrete Anhaltspunkte zum Kompetenzerwerb. – Da in der Auswertungsphase die Zeit für solche Hinweise begrenzt ist, können die Mitglieder des Expertenteams auf schulpädagogische Fachliteratur oder auf Studien- und Übungsunterlagen aufmerksam machen (vgl. Becker, Band II der Handlungsorientierten Didaktik).

Bei der Prozessrekonstruktion empfiehlt sich eine *Konzentration auf beobachtbare Ereignisse.* Fragwürdigkeiten und Kritikpunkte lassen sich besser ansprechen, wenn sie an beobachtbaren Verhaltens- oder Handlungsweisen konkretisiert werden können. Mit dieser Empfehlung wird nicht für ein einseitig behavioristisches Vorgehen plädiert, doch erscheint es wenig sinnvoll, sich in Spekulationen zu verlieren.

Bei der Prozessrekonstruktion und -analyse sollten Kleinigkeiten – wie z.B. ein Versprecher, ein fehlerhaftes Wort an der Tafel, das sofort von der Kandidatin korrigiert worden ist, eine kleine Panne beim Medieneinsatz, die zu einer geringen zeitlichen Verzögerung führte – gar nicht erst erwähnt werden. Geschieht dies dennoch, erscheinen die Beurteilenden als kleinlich, pedantisch und engstirnig, und sie stoßen bei der Kandidatin auf Ablehnung.

Damit ein Feedback akzeptiert werden kann, bedarf es angemessener Formen der Ansprache. Dabei lassen sich u.a. die belehrende Form, die auf die Beurteilenden bezogene Form, die auf die Kandidatin bezogene und die auf die Schüler bezogene Form unterscheiden.

Hier einige Beispiele für die *belehrende Form*:

- »Warten Sie zu Beginn der Stunde, bis sich die Schüler auf Sie konzentrieren!«
- »Stellen Sie die Fragen nacheinander, nicht mehrere Fragen auf einmal!«
- »Erteilen Sie erst den Arbeitsauftrag, und geben Sie dann das Material aus!«

So gerechtfertigt diese Hinweise auch sein mögen, so ungeschickt ist ihre Art, weil die Ansprache als schulmeisterlich, reglementierend oder bevormundend empfunden werden kann.

Wenn die *Beurteilende die Hinweise auf sich selbst bezieht*, wohl um die direkte Form der Ansprache zu vermeiden, hören sie sich folgendermaßen an:

- »Ich würde zu Beginn einer Stunde warten, bis die Schüler aufmerksam geworden sind.«
- »Ich würde die Fragen nacheinander stellen.«
- »Ich würde an Ihrer Stelle erst den Arbeitsauftrag erteilen und dann das Lernmaterial ausgeben.«

Fungiert die Beurteilerin tatsächlich als Expertin und Vorbild, mag diese Form der Ansprache noch sinnvoll sein. Ist dies jedoch nicht der Fall, wird sich die Kandidatin sagen: »Ich bin ich und nicht Frau XY. Wenn sie so handelt, ist das ihre Angelegenheit. Ich nicke jetzt untertänigst und handele später so, wie ich es für richtig halte.«

Wird die *Form der Ansprache auf die Kandidatin bezogen*, dann wird eine Stellungnahme von ihr verlangt:

- »Warum haben Sie zu Beginn der Stunde nicht gewartet?«
- »Haben Sie die drei Fragen bewusst auf einmal gestellt?«
- »Ich überlege mir, warum Sie zuerst das Material ausgegeben und dann den Arbeitsauftrag erteilt haben?«

Diese Form der Ansprache kann zur Klärung beitragen, wenn z.B. die Kandidatin antwortet: »Die Schüler sollten erst einmal Gelegenheit erhalten, mit dem Material umzugehen. Ich hatte nicht erwartet, dass sie so stark absorbiert sein würden.« Die Beurteilenden können auf diese Weise mehr über die Hintergründe des Handelns erfahren und eigene Fehlannahmen korrigieren.

Am überzeugendsten erscheint die schülerbezogene Form der Ansprache:

- »Wenn zu Beginn eines Unterrichts von den Schülern keine volle Aufmerksamkeit verlangt wird, denken einige, das Thema wird schon nicht so wichtig sein.«
- »Wenn jüngere Schüler mehrere Fragen auf einmal gestellt bekommen, wissen sie nicht, welche Frage sie zuerst beantworten sollen, und die Schüler werden auf diese Weise verwirrt.«

- »Wenn Grundschüler ein für sie attraktives Lernmaterial in die Hände bekommen, wollen sie erst einmal damit umgehen. Das nimmt sie so in Anspruch, dass sie nicht mehr richtig zuhören können.«
- »Wenn sich zwei Schüler während des Unterrichts attackieren und Sie greifen nicht ein, denken die anderen – bei der ist alles erlaubt.«
- »Wenn Schüler verfolgen, wie Sie einen rechten Winkel ohne Gerät freihändig zeichnen, machen die Ihnen das bald nach.«
- »Wenn viele Schüler etwas sagen wollen, es aber sehr lange dauert, bis sie ihre Beiträge bringen dürfen, sagen sie diese ihren Nachbarn, und es entsteht Unruhe.«

Mit dieser Form der Ansprache wird der Blick auf den Lehr-Lern-Prozess gelenkt. Das zentrale Anliegen eines jeden Unterrichts, den Schülern beim Lernen zu helfen, rückt in den Mittelpunkt der Analyse und der Suche nach geeignet erscheinenden Lehrhandlungen.

Was nun andere denkbare Prozessabläufe anbelangt, so zeigen sich in einem Auswertungsgespräch stets eine Vielzahl von Möglichkeiten. Natürlich hätte die Kandidatin einen anderen Schwerpunkt setzen können, auch wäre es möglich gewesen, bestimmte Lehr-Lern-Situationen anders zu nutzen, die Lehr-Lern-Chancen besser auszuschöpfen ... Da die Anzahl der Möglichkeiten und Vorschläge unbegrenzt erscheint, ist Zurückhaltung und Toleranz angebracht.

Im Kapitel »Die *Persönlichkeit der Lehrerin* einbeziehen« wurde die Auffassung vertreten, dass die Kandidatin auch wissen möchte, was die Mitglieder des Expertenteams über sie denken und von ihr als Person halten. Und des Weiteren wurde festgestellt, dass sich viele bedeutsame Einstellungen und Haltungen – wie z.B. die Bereitschaft zu lebenslangem Lernen, eine überdauernde positive Grundeinstellung zu Kindern und Jugendlichen, die Wertschätzung aller Schüler, eine soziale Grundeinstellung sowie ein anhaltendes Interesse an bildungs- und gesellschaftspolitischen Fragen – im Rahmen einer Lehrprobe kaum oder gar nicht erfassen lassen. Gefragt ist auch kein von Nicht-Fachpsychologen erstelltes Charaktergutachten, das mehr Unheil anrichten als hilfreich sein würde. Sondern gefragt sind wenige konkrete berufsrelevante Hinweise zur Person, die sich an konkreten Beobachtungen und Lehrhandlungen belegen lassen und die mit der gebotenen Vorsicht und Zurückhaltung zu formulieren sind. In Verbindung mit dem Protokollbeispiel könnte ein Feedback zur Person z.B. lauten:

- »Sie wirkten auf mich ausgeglichen, engagiert, methodenkompetent und zumeist auch fachkompetent, zumeist deshalb, weil die Erklärung zur Hauttransplantation nicht ganz richtig war und Sie auf die Frage, ob man Zellen nachzüchten könne, keine Antwort wussten. Doch hat mir die Art gefallen, wie Sie den Schülern gegenüber das Informationsdefizit zugegeben haben. Die Schüler haben das ja auch voll akzeptiert.«

Oder ein anderes Beispiel für ein Feedback zur Person:

- »Sie wirkten auf mich fach- und methodenkompetent, auch mit Humor oder Mutterwitz ausgestattet. Darüber verfügt nicht jede Lehrerin, das kommt gut an. Doch als Fachlehrerin für Deutsch sollten Sie nicht nur dialektgefärbt sprechen können, sondern auch des Hochdeutschen mächtig sein. Diese Zweitsprache lässt sich noch erlernen.«

Oder ein weiteres Beispiel:

- »Sie wirkten auf mich fach-, methodenkompetent und auch sprachlich sicher, und das hat mir gefallen. Nicht gefallen hat mir, wie Sie am Ende der Stunde mit der Tafelzeichnung kämpften, in ihr herumwischten, mit Spucke korrigierten und sagten: Kinder, ich glaube, ihr wisst schon, was ich meine! – Das war nicht gerade vorbildlich, lässt sich aber künftig vermeiden.«

Mit der einleitenden Formulierung »Sie wirkten auf mich …« wird Offenheit und Vorläufigkeit signalisiert, also kein abschließendes Werturteil gefällt. Sodann folgen einige wünschenswerte Eigenschaften, die sich ja bei jeder Kandidatin finden lassen. Die kritikwürdigen Punkte sind so anzusprechen, dass die Kandidatin an sich arbeiten und Defizite ausgleichen kann. So wichtig einige bedeutsame Hinweise zur Person auch sein mögen, so gefährlich sind leichtfertige Formulierungen, weil sie lebenslang weiterwirken können.

Wenden wir uns der großen Unbekannten zu, den *Schülern* und der *Lerngruppe*. Im Kapitel »Die Schüler und die Lerngruppe berücksichtigen« wurde der Blick auf drei Dimensionen gelenkt, auf das in der Lerngruppe vorherrschende Anspruchsniveau, auf das Lern- und Gruppenklima sowie auf die Interaktionen zwischen den Schülern und auf individuelle Schülermerkmale. Sie alle sind der Kandidatin und den hospitierenden Expertinnen kaum bekannt. Die Kandidatin muss sich mit jenen Schülern abfinden, die ihr für die Lehrprobe zugewiesen worden sind. Und die Expertinnen können nur ihre sehr oberflächlichen Eindrücke und Beobachtungen festhalten. Erscheint ihnen das Anspruchsniveau relativ hoch, das Lern- und Gruppenklima konstruktiv, gehen die Schüler verständnisvoll miteinander um und scheinen viele Schüler motiviert, aktiv, konzentriert, höflich und dennoch kritisch, sind jene Eltern und Lehrerinnen zu beglückwünschen, die sich jahrelang um die Erziehung ihrer Kinder und Schüler bemüht haben. Ist das Niveau niedrig, das Lernklima destruktiv, das Gruppenklima aggressiv, der Umgangston rüde, scheinen viele Schüler uninteressiert, passiv, antriebsschwach, unkonzentriert und undiszipliniert, dann kann auch dies alles nur registriert werden. Die Kandidatin hat mit dem erwünschten bzw. unerwünschten Schülerverhalten wenig zu tun. Zwar hat sie während der Lehrprobe gewisse Einflussmöglichkeiten, doch muss sie die Schüler so akzeptieren, wie sie nun einmal sind.

Die hospitierenden Expertinnen stehen vor einer nicht lösbaren Aufgabe, indem sie zu entscheiden haben, ob bestimmte Schüleraktivitäten, Verhaltensweisen, Handlungen und Lernleistungen für diese Schüler selbstverständlich oder ob sie auf die Einflussnahme der Kandidatin zurückzuführen sind. Wie lässt sich eine Beziehung zwischen Variablen herstellen, wenn die eine weitgehend unbekannt ist?

Befinden sich in der Lerngruppe Schüler, die stark abweichendes Verhalten zeigen, sind Kandidatin und Expertinnen gleichermaßen überfordert. Verhaltensweisen dieser Art lassen sich dann nur beobachten und beschreiben. Der Umgang mit solchen Schülern im Rahmen einer Lehrprobe ist ohne vorherige Zusatzinformationen der Klassenlehrerin reine Glückssache.

Im Kapitel »Den *Umgang mit den Schülern* analysieren« wurde auf die gesellschaftspolitische Bedeutung dieser Beurteilungskomponente hingewiesen, des Weiteren die Notwendigkeit begründet, demokratische Umgangsformen in der Schule und im Unterricht einzuüben, und aufgezeigt, dass sich im Rahmen einer Lehrprobe nur wenige Anhaltspunke finden lassen werden, ob die Kandidatin in dieser wünschenswerten Art mit den Schülern umgehen wird. Beobachten lassen sich zumeist nur wenige positive Eigenschaften und einzelne fragwürdige Dyaden. Deshalb ist es sehr gewagt, von einzelnen Ereignissen auf einen generellen Umgang mit den Schülern schließen zu wollen. Wenn die hospitierenden Expertinnen z.B. im Verlauf der Lehrprobe einen offenen, natürlichen und freundlichen Umgang konstatieren, die Kandidatin an einer Stelle jedoch inkonsequent verfährt, indem sie einer Handlungsankündigung keine Taten folgen lässt, so darf aus diesem Ereignis nicht gefolgert werden, sie sei im Umgang mit den Schülern inkonsequent. Stattdessen wäre ein solches Ereignis auch als ein singulares zu kennzeichnen, etwa in der Weise: »Im Umgang mit den Schülern erschienen Sie offen, natürlich und freundlich, an einer Stelle jedoch inkonsequent.« Werden die positiven Merkmale erwähnt, ist es für die Kandidatin leichter, kritische Anmerkungen zu akzeptieren.

Da der Umgang der Kandidatin mit den Schülern stets auch den Umgang der Schüler mit der Kandidatin beinhaltet, erscheint es sinnvoll, die Art der wechselseitigen Kommunikation auch im Protokoll festzuhalten, also z.B. zu registrieren, ob sich die Mehrzahl der Schüler in ähnlicher Weise der Kandidatin gegenüber offen, natürlich und freundlich zeigte. Ob allerdings diese konstruktive Art des Umgangs auf den unmittelbaren Einfluss der Kandidatin zurückzuführen ist, muss bezweifelt werden.

Sind der Prozess, die Person der Kandidatin, die Schüler und die Lerngruppe sowie der Umgang analysiert und ansatzweise beurteilt, lässt sich die gesamte Stunde, also das *Produkt*, überschauen, analysieren, einschätzen, bewerten, beurteilen und benoten. Mit Hilfe der im Kapitel »Das Produkt beurteilen« genannten Kriterien lässt sich der Unterricht recht gut beschreiben, sofern es sich um einen Schüler- und lernzielorientierten Fachunterricht handelt. Besondere fachdidaktische Kriterien lassen sich hinzufügen. Für ein Feedback werden zumeist einige der angeführten Kriterien hilfreich sein, z.B.: »Die Lernvoraussetzungen wurden berücksichtigt, die Anfangssituation war gelungen, ein Schwerpunkt erkennbar, eine aktiv-produktive Lernphase wurde realisiert, die Lernchancen wurden gewahrt, eine Prozessorientierung war gegeben – die Zeiteinteilung geriet dadurch ins Wanken, für die Ergebniskontrolle fehlte die Zeit.« Dieses Beispiel wurde bewusst gewählt, um auf das in der Konzeption enthaltene Dilemma aufmerksam zu machen. Verfährt die Kandidatin schülerorientiert, d.h. greift sie deren Beiträge auf und geht sie auf Fragen ein, kann die Stunde nicht ganz planmäßig ablaufen. Zwischen den beiden Komponenten der Unterrichtskonzeption – Schülerorientierung und Lernzielorientierung – ist also zu vermitteln. Denkt die Kandidatin mit den Schülern mit und macht den am Prozess Beteiligten das Nachdenken Spaß, sind solche positiven Ereignisse höher zu bewerten als das Erreichen eines weiteren zuvor eingeplanten Teillernzieles. Von den Mitgliedern des Expertenteams ist ein diesbezügliches Problembewusstsein gefordert. Weicht die Kandidatin im Prozess vom geplanten Verlauf ab und bleiben deshalb einige Teillernziele unberücksichtigt, kann sie immer noch insgesamt »sehr gut« beurteilt werden.

In Verbindung mit allen Beurteilungskomponenten sind allgemeine Aussagen für die Kandidatin wenig hilfreich. Bemerkungen wie: »Aus Ihnen wird mal eine gute Lehrerin!«, oder »Das war Wegwerfunterricht in einer Wegwerfgesellschaft!«, versetzen die Betroffenen zwar für kurze Zeit in ein Stimmungshoch oder Stimmungstief, doch sind sie wenig aussagekräftig. Nach der Ernüchterung fragt sich die Kandidatin zu Recht, was denn nun »gut« und was »wegzuwerfen« sei. Gefragt sind konkrete Hinweise auf wünschenswerte bzw. unerwünschte Lehrverhaltensweisen und Lehrhandlungen in typischen Dyaden, Situationen oder Situationssequenzen. Nur so erhält die Kandidatin Hinweise für künftige Handlungsweisen. Durch ein konkretes Feedback wird das Lehren erlernbar. Wo diese Hinweise fehlen, ist die Kandidatin weiterhin auf Vermutungen angewiesen.

Die Formulierung eines Kurzgutachtens sollte den Beurteilenden nun keine besonderen Schwierigkeiten bereiten und folgende Punkte enthalten:

- Planung und Vorbereitung – Entwurf, z.B. themenzentriert, differenziert, verständlich, problembewusst.
- Durchführung – mit den Beurteilungskomponenten Prozess, Persönlichkeit, Umgang, Schüler, Produkt.
- Auswertung – mit Anmerkungen zur Kandidatin im Gespräch.

Erwünscht ist eine Kandidatin, die über fundierte schulpädagogische Kenntnisse und Einsichten verfügt, die Fachterminologie beherrscht, die zuhören und sich in ein Gespräch einbringen kann, der es gelingt, den zurückliegenden Prozess zu überschauen, die über ein hohes Reflexionsniveau und Problembewusstsein verfügt, den eigenen Standpunkt vertreten kann und außerdem in der Lage ist, selbstkritisch zu verfahren.

Bei der Vielzahl möglicher Beurteilungsfehler erscheint die Notenfindung – sofern sie denn rechtlich geboten ist – ausgesprochen problematisch. Sind im Pro-

Feedback-Pool

- spontane Äußerungen akzeptieren
- Protokoll heranziehen
- systematisch verfahren
- bedeutsame Beurteilungskomponenten ansprechen – Prozess, Persönlichkeit, Schüler, Umgang, Produkt
- auf beobachtbare Ereignisse beziehen
- positive Ereignisse ansprechen
- unklare Sachverhalte klären
- Kritikpunkte konkretisieren
- schülerbezogen argumentieren
- prospektiv argumentieren
- auf Studien- und Übungsunterlagen hinweisen

tokoll keine oder nur wenige Fragezeichen vermerkt, kann der Entwurf voll akzeptiert werden, und stellt sich die Kandidatin im Auswertungsgespräch kompetent dar, handelt es sich um eine »sehr gute« oder »gute« Lehrleistung. Häufen sich die Fragezeichen in allen Beurteilungsbereichen, lassen sich Mängel im Entwurf nachweisen und werden Schwächen im Auswertungsgespräch sichtbar, sind Abstufungen angebracht.

Sich möglicher Beurteilungsfehler bewusst sein

Wer hospitiert und versucht, die Lehrleistungen einer Kandidatin zu beurteilen und zu benoten, sieht sich von einer Vielzahl möglicher Beurteilungsfehler umstellt.

Schon der *Unterrichtsentwurf*, die Wahl der Unterrichtskonzeption sowie die Art der getroffenen organisatorischen Maßnahmen lassen eine durchaus unterschiedliche Beurteilung zu. Auch lässt sich nicht klären, wer der Kandidatin in welchem Umfang beim Texten des Entwurfs, beim Fertigen eines Arbeitsblattes oder bei der Ausgestaltung des Klassenzimmers geholfen hat. Zwar ist Teamarbeit erwünscht und leider in den Schulen zu selten, doch zu beurteilen sind in diesem Fall wohl Einzelleistungen? Damit soll keineswegs angedeutet werden, dass sich viele Kandidatinnen unlauterer Mittel bedienen würden. Auch liegt schließlich eine Leistung darin, andere Personen zur Mitarbeit und Mithilfe zu bewegen.

Die *Prozessbeobachtung und -beurteilung* erscheint deshalb so schwierig, weil naive Artikulationsschemata nicht tragen und weil sich die Aufnahme und Beurteilung aller interaktionalen Abläufe gar nicht bewerkstelligen lässt. Wer ist schon in der Lage, alle Dyaden, Lehr-Lern-Situationen und Situationsfolgen mit ihren Strukturen und Struktursequenzen wahrzunehmen, zu beobachten und zu protokollieren? Zwar wissen alle Lehrerinnen aus Erfahrung, dass eine einzige Dyade – z.B. eine Schülerfrage und die Antwort der Lehrerin – den geplanten Verlauf und die Lerngruppe durcheinander bringen kann. Aber wie nun bestimmte Interaktionen zu bewerten und zu beurteilen sind, ist eine Frage der Interpretation, und diese muss gerade bei sachkundigen Expertinnen unterschiedlich ausfallen. Völlig offen ist also auch hier die Frage der Gewichtung.

Was die *Persönlichkeit* der Kandidatin anbelangt, so bleiben – wie schon mehrfach erwähnt – wirklich bedeutsame Einstellungen und Haltungen, aber auch die erwünschte Belastbarkeit verborgen. Zu beobachten und zu beurteilen sind nur wenige spezifische Eigenschaften und Fähigkeiten sowie ein allgemeiner Eindruck, der oberflächlich sein muss. Verborgen bleiben zumeist existenzbedeutsame Ereignisse, die eine Kandidatin aufbauen oder beeinträchtigen können. Übrigens herrscht auch in der Industrie und der Wirtschaft die Meinung vor, dass Personalbeurteilungen und -entscheidungen Glücksache seien und man erst nach fünf Jahren wisse, wen man eingestellt habe.

Auf die große Unbekannte, *die Schüler und die Lerngruppe*, wurde schon mehrfach hingewiesen. Die Beurteilerinnen sitzen den Schülern oft tatsächlich im Nacken, d.h. sie können Hinterköpfe und Teilfrisuren wahrnehmen. Doch sie wissen kaum etwas über deren sozialen Hintergrund, über individuelle Lernmöglichkeiten und nichts über den gruppendynamischen Prozess. Hinweise auf den sachstrukturellen Entwicklungsstand können sie dem Unterrichtsentwurf oder dem Wochenbuch entnehmen, und Letzteres ist bekanntlich geduldig.

Den wechselseitigen *Umgang* der Kandidatin mit den Schülern zu beurteilen ist deshalb so schwierig, weil die Umgangsformen der Klassenlehrerin und der anderen Lehrerinnen unbekannt sind, also die Vergleichsgrundlage fehlt. Divergierende Lehr- und Erziehungsstile verunsichern jüngere Schüler erheblich, ältere haben sich schon an verschiedene Umgangsformen gewöhnt. Und doch ist es eine Art Lotteriespiel, wie die Kandidatin bei diesen Schülern und in dieser Lerngruppe zurechtkommt. Umso schwieriger erscheint die Evaluation dieser Komponente.

Weil die Meinungen darüber, was ein »guter Unterricht« sei, weit auseinander gehen, ergeben sich auch große Schwierigkeiten bei der Beurteilung des *Produkts*. Schon die Auswahl der Lerninhalte und der Ziele können unter den Beurteilenden zu kontroversen Auffassungen und Bewertungen führen. Bekanntlich lassen sich *Lehr-Lern-Leistungen* in ganz verschiedenen Bereichen erkennen. Kopfrechenleistungen, Fehler im Diktat und Heftführung lassen sich registrieren, nicht aber, ob Schüler eines Tages den Mut haben werden zu widersprechen, eine als richtig erkannte Position zu verteidigen, soziale Verantwortung zu übernehmen u.a.m. – So ist es nicht erstaunlich, wenn nach einer Lehrprobe bei vielen Lehrerinnen das Gefühl zurückbleibt, im Grunde genommen seien nur triviale Ereignisse und Sachverhalte beobachtet und beurteilt worden.

Das Gespräch mit der Kandidatin in der *Auswertungsphase* hinterlässt zwar bei den Beurteilenden einen Eindruck hinsichtlich Gesprächsfähigkeit, Wahrnehmungsfähigkeit, Problembewusstsein und Kritikfähigkeit, doch kann dieser Eindruck nur oberflächlich sein und die Beurteilungen aus den Bereichen der Unterrichtsvorbereitung, Unterrichtsplanung und Unterrichtsdurchführung allenfalls ergänzen.

Im Rahmen dieser Veröffentlichung wurde mehrfach die Auffassung vertreten, die drei Komponenten der Planung, Durchführung und Auswertung in die Beurteilung einzubeziehen, die Durchführung mit den fünf Subvariablen – Prozess, Persönlichkeit, Schüler und Lerngruppe, Umgang sowie Produkt – schwerpunktmäßig zu berücksichtigen. Und diese Auffassung wurde auch mehrfach begründet. Doch bleibt die Frage nach einer stimmigen *Gewichtung der einzelnen Variablen* auch bei dieser Art des Vorgehens unbeantwortet. Sie muss letztlich auf qualitativen Entscheidungen der Beurteilenden beruhen, d.h. nach einem Meinungsaustausch über die Bedeutsamkeit einzelner Ereignisse wird eine Antwort gesucht werden müssen.

Da keine Expertin auf allen Schulstufen, in allen Fächern und Unterrichtskonzeptionen voll kompetent sein kann, ergeben sich weitere mögliche *Beurteilungsfehler aufgrund fehlender Fach-, Methoden- oder Sozialkompetenz*. Die für die Evaluation Verantwortlichen wissen um die Grenzen der Beurteilenden und stellen deshalb kleine Gruppen zusammen, innerhalb derer die einzelnen Mitglieder spezifische Aufgaben übernehmen. Und dennoch lassen sich Kompetenzdefizite keinesfalls ausschließen.

Weitere mögliche Beurteilungsfehler liegen in der *begrenzten Wahrnehmungsfähigkeit* der Beurteilenden. Wer im Unterricht hospitiert, auf den strömen viele zu

Mögliche Beurteilungsfehler

- Entwurf – Textverständnis
- Prozessauffassung
- Wahrnehmungsfehler
- Personenwahrnehmung
- Schüler- und Gruppenwahrnehmung
- Produktwahrnehmung
- Klassische Beurteilungsfehler

- Weitere Beurteilungsfehler?

beobachtende Ereignisse ein, bedeutsame und weniger bedeutsame. Wer beobachtet, muss selektieren und sich auf bestimmte Ereignisse konzentrieren. Dabei spielt die so genannte selektive Wahrnehmung eine große Rolle, d.h. die Bereitschaft der Beobachtenden, bestimmte Ereignisse wahrnehmen oder nicht wahrnehmen zu wollen. – Die jeweilige Reizkonfiguration ist zu verschmelzen, es muss nach einem angemessenen Begriff zur Beschreibung gesucht werden, um die Beobachtung im Protokoll vermerken zu können. Und wenn eine Person versucht, alle Beurteilungskomponenten zu berücksichtigen, befindet sie sich in einer permanenten Überforderungssituation. Wer kann fast gleichzeitig etwa 30 Schüler und die Kandidatin beobachten, alle bedeutsamen Dyaden, Lehr-Lern-Situationen mit ihren Strukturen und Situationsfolgen mit ihren Struktursequenzen, die organisierenden Handlungen, die oft parallelen Handlungsabläufe aufnehmen und verarbeiten, die Art des Umgangs miteinander überdenken – die Art des Konfliktmanagements – und gleichzeitig über lern- und entwicklungspsychologische Implikationen nachdenken? Wer von sich überzeugt ist, er könne Lehrleistungen stets gerecht beurteilen, erscheint grenzenlos naiv.

Schließlich unterliegen die Expertinnen noch all jenen *Beurteilungsfehlern*, die auch Lehrerinnen ihren Schülern gegenüber begehen, so z.B. dem Pygmalion-Effekt, wenn eine Beurteilerin die Kandidatin aus einer Lehrveranstaltung kennt und sie ihren Eindruck in die Lehrprobe mitnimmt. Sofern eine Kandidatin über ein selbstsicheres Auftreten und über ein hohes Maß an äußerer Attraktivität verfügt, kommt der Hof-Effekt ins Spiel. In Zeiten hoher Lehrerinnen-Arbeitslosigkeit macht sich ein Mildeeffekt bemerkbar, um den Kandidatinnen nicht die Lebens- und Berufschancen zu verbauen. Hierarchisch verordnete Fehler schleichen sich ein, wenn vorgesetzte Behörden oder Prüfungsämter die Beurteilenden auffordern, Noten nach einer bestimmten Verteilung zu vergeben.

Insgesamt gesehen bleibt zu hoffen, dass eine Kandidatin in verschiedenen Lehrproben auf verschiedene Beurteilerinnen trifft, mal auf eine Hoch- und dann auf eine Tiefbeurteilerin, sodass ein gewisser Ausgleich erfolgt.

Die derzeitige Beurteilungspraxis kann nicht befriedigen. Eine Verbesserung dieser Praxis liegt im Interesse der Kandidatinnen, der Schüler, der Hochschulen, der Ausbildungsinstitutionen und der Steuerzahler. Vorschläge zur Verbesserung sind seit Jahrzehnten bekannt (Becker 1973), aber ihre praktische Umsetzung bereitet Schwierigkeiten, weil Änderungen dieser Art nicht kostenneutral erfolgen können.

Um für den Beruf der Lehrerin geeignete Persönlichkeiten zu gewinnen, wäre es sinnvoll, die Studienbewerberinnen einer *Aufnahmeprüfung* zu unterziehen. In anderen Ländern sind Aufnahmeprüfungen seit Jahren die Regel, so z.B. in Finnland oder in der Schweiz. Zu prüfen wären primär die physische Belastbarkeit und die psychologische Eignung. Entsprechende Testverfahren befinden sich in der Entwicklung und Erprobung (vgl. Rauin/Kohler/Becker 1994).

Am Ende der Studienzeit oder vor Aufnahme des Referendariats erscheint es sinnvoll, eine hochschulübergreifende Prüfung durchzuführen, etwa dem Physikum im Medizinstudium vergleichbar. Prüfungsteile könnten hier z.B. sein:

- Zeitgeschichtliche und gesellschaftspolitische Grundkenntnisse
- Schulpädagogische Kenntnisse und Einsichten
- Entwicklungspsychologische Kenntnisse und Einsichten
- Lernpsychologische Kenntnisse und Einsichten
- Schulpädagogische Basisqualifikationen
- Schulpädagogische Basiskompetenzen
- Fachdidaktische Qualifikationen
- Fachdidaktische Kompetenzen

Schließlich wäre es angebracht, am Ende des Referendariats auf punktuelle Lehrproben oder »Schaustunden« zu verzichten und zu einer *berufsbegleitenden Evaluation* überzugehen. Bei einer solchen Art der Evaluation begleiten die Prüfenden die Kandidatin z.B. dreimal in drei Monaten für jeweils eine Woche. Die Prüfenden erhalten Gelegenheit, die Schüler und die Lerngruppe kennen zu lernen, sie erleben den Berufsalltag mit, und die Prüfungssituation wird so der realen Berufssituation angenähert.

Bis es gelingt, die Prüfungsmodalitäten zu verändern, bleibt den Kandidatinnen nur die Möglichkeit, das Lehrprobenritual erfolgreich zu praktizieren.

Von der Fremd- zur Selbstbeurteilung finden

In den verschiedenen Phasen der beruflichen Sozialisation müssen wohl *Fremdbeurteilungen* sein. Zumindest sind Praktika, das Referendariat sowie bestimmte Anlässe im weiteren Verlauf der beruflichen Tätigkeit ohne Hospitationen und den damit verbundenen Fremdbeurteilungen kaum denkbar. Nach welchen anderen Kriterien sollten sonst Lehrerinnen vorrangig eingestellt, verbeamtet oder befördert werden, wenn nicht nach vorhandenen – oder weniger vorhandenen – Lehrqualifikationen und Handlungskompetenzen? Wer hervorragend unterrichten kann, sollte dafür auch belohnt werden. Und darüber kann eine Lehrerin nicht selbst entscheiden, indem sie der vorgesetzten Behörde mitteilt: »Glauben Sie mir, ich bin großartig!«

Fremdbeurteilungen sind also notwendig, und es kann nicht gleichgültig sein, was Mitpraktikantinnen und -referendarinnen, Ausbildungslehrerinnen, Mentorinnen, Kolleginnen, Schulleiterinnen, Erziehungswissenschaftlerinnen, Eltern und Schüler über die Lehrerin denken und wie sie diese hinsichtlich ihrer Qualifikationen und Kompetenzen einschätzen und beurteilen.

Was die Ausübung einer Feedback- und Beurteilungsfunktion durch *Mitpraktikantinnen oder -referendarinnen* anbelangt, so zeichnen sich einige Vor- und Nachteile ab. Diese Personengruppen befinden sich in einer vergleichbaren Ausbildungssituation, können sich also sehr gut in die Lage der unterrichtenden Praktikantin oder Referendarin versetzen. Es besteht selten ein größerer Altersunterschied, und es gibt kein hierarchisches Gefälle. So betrachtet kann man sich gegenseitig offen mitteilen, was man vom Unterricht der jeweils anderen hält. Doch gibt es auch mehrere Nachteile, die Beurteilungen schnell zu oberflächlichen Meinungen gerinnen lassen: Den Praktikantinnen und Referendarinnen fehlt jener Überblick, den sie erst am Ende der Studien- bzw. Referendarzeit haben können. Sie sind selten hinreichend fach-, methoden- und sozialkompetent. Und schließlich fehlt ihnen anfangs auch noch die schulpädagogische Fachsprache, die eine notwendige Voraussetzung darstellt, um sich über Unterricht austauschen zu können. Im Erteilen und Entgegennehmen von Feedback sind Lehranfängerinnen gänzlich ungeübt, und deshalb werden in den Praxisgruppen viele Fragwürdigkeiten und Ungeschicklichkeiten begangen. Die Praktikantinnen reden oft aneinander vorbei oder beschäftigen sich mit Nebensächlichkeiten, die sie zufällig beobachtet haben. Schließt das Praktikum oder das Referendariat mit einem Gutachten oder einer Beurteilung und Benotung ab, ist kollegiale Zurückhaltung angesagt, weil man sich wenig später in einer vergleichbaren Beurteilungssituation befinden wird.

Ausbildungslehrerinnen und Mentorinnen, welche die Aufgabe übernommen haben, Praktikantinnen oder Referendarinnen anzuleiten, nehmen wohl die wichtigsten Feedback- und Beurteilungsfunktionen wahr. Sie sind für ihre Aufgaben auch meist in besonderer Weise geeignet und geschult, im Idealfall haben sie eine Supervisions-Ausbildung durchlaufen (vgl. Ehinger/Henning 1997). Sie sind weitgehend fach-, methoden- und sozialkompetent, kennen die Schulverhältnisse, die Lernvoraussetzungen der Schüler, das Schul- und Lernklima sowie den sozialen Kontext mit dem Einzugsgebiet. Ausbildungslehrerinnen und Mentorinnen haben häufig schon mehrere Praktikantinnen oder Referendarinnen kennen gelernt und betreut, sie können deshalb Ratschläge erteilen, Vergleiche ziehen und auch Lehrleistungen einschätzen und beurteilen. Expertinnen auf diesem Gebiet ermutigen die angehenden Kolleginnen, ihren eigenen Lehr- und Erziehungsstil zu suchen, neuartige Methoden zu erproben und methodisch kreativ zu werden. Besteht zwischen Ausbildungslehrerin und Praktikantin eine konstruktive Beziehung, findet wechselseitiges Lernen am Modell statt, indem beide versuchen werden, jene Verhaltens- und Handlungsmuster in das eigene Repertoire zu integrieren, die besonders gelungen erscheinen.

Bei einer gestörten Beziehung sind negative Effekte vorprogrammiert: Verlangt z.B. eine Mentorin, dass ihr eigener Lehr- und Erziehungsstil fraglos übernommen wird, schreibt sie der Referendarin naiv die Lehr-Lern-Folgen vor, und fordert sie dazu auf, tradierte Handlungsmuster zu übernehmen, werden soziale Konflikte die Folge sein (vgl. Becker 2000).

Kolleginnen sind besonders gut für die Wahrnehmung einer Feedback-Funktion und für eine informelle Beurteilung geeignet, vor allem wenn sie das gleiche Fach oder gleiche Fächer lehren oder in derselben Klasse unterrichten. Kolleginnen kennen die Schulverhältnisse genau, manchmal auch die Problemschüler, sie nehmen keinen höheren Status ein, sind also nicht in die Hierarchie eingebunden. Wenn zwischen Kolleginnen Hospitationen auf Wechselseitig vereinbart werden, ist ein entspannter und partnerschaftlicher Umgang möglich. Wird die Kritik sachlich und mit der gebotenen Zurückhaltung vorgebracht, wird sie von der Partnerin auch meist akzeptiert.

In einigen Bundesländern und Schularten ist es üblich, *Schulleiterinnen*, Rektorinnen oder Direktorinnen mit der Beurteilung der Lehrerinnen des eigenen Kollegiums zu betrauen. Dieser Personenkreis kennt zwar die Schulverhältnisse sehr gut, und die Beurteilerin kennt auch die zu beurteilenden Lehrerinnen gut, manche von ihnen zu gut. Die Hospitationen, Unterrichtsanalysen, Beratungen und Beurteilungen unterliegen deshalb in besonderer Weise dem Pygmalion-Effekt und den gerade vorherrschenden Beziehungen. Gibt es eine positive Meinung und besteht ein freundschaftliches Verhältnis, ist auch das positive Gutachten gesichert. Umgekehrt werden sich belastete Beziehungen negativ auswirken. Bei jüngeren Kolleginnen, die noch auf ihre feste Anstellung warten, wird es deshalb häufig zu fragwürdigen Anpassungsprozessen kommen. Deshalb erscheint eine Begutachtung und Beurteilung durch schulexterne Personen vielleicht doch angemessener.

Eine *Schulrätin* kennt zwar nicht die besonderen Schulverhältnisse und ist auch nicht mit der spezifischen Klassensituation vertraut, doch verfügt sie nach mehrjähriger Tätigkeit über einen bemerkenswerten Erfahrungs- und Vergleichshintergrund, den sie in den Beurteilungsprozess einbringen kann. Da die Schulrätin – abweichend von ihrer Bezeichnung – primär eine Berichts- und Selektionsfunktion wahrzunehmen hat und sie über einen höheren Status verfügt, können Probleme beim Geben und Entgegennehmen von Feedback auftreten. Die zu beurteilende Lehrerin wird deshalb bemüht sein, die für sie meist bedrohliche Situation ohne existenzbedeutsame Nachteile zu überstehen.

Fachwissenschaftlerinnen oder *Erziehungswissenschaftlerinnen*, die an einer Pädagogischen Hochschule oder Erziehungswissenschaftlichen Fakultät lehren und die Aufgabe haben, Praktikantinnen zu betreuen, zu begutachten und zu beurteilen, können aufgrund ihrer sehr unterschiedlichen beruflichen Sozialisation verschiedene Akzente setzen. Doch sie sind zumeist nicht in jener umfassenden Weise fach-, methoden- und sozialkompetent, wie dies eine geschulte und in der Schulpraxis stehende Mentorin sein kann. Hochschullehrerinnen entfernen sich im Laufe der Jahre häufig von der Praxisebene und tendieren zu einer Theorielastigkeit, die sie für eine gezielte Supervisionstätigkeit oft nur noch bedingt geeignet erscheinen lassen.

In angelsächsischen Ländern und an einigen Privatschulen ist es durchaus üblich, dass *Eltern* am Unterricht ihrer Kinder teilnehmen und intensive Kontakte zu den Lehrerinnen pflegen. In der Bundesrepublik Deutschland stellen solche Kontakte immer noch eine Ausnahme dar, trotz aller Bemühungen, die Schultüren zu öffnen (vgl. Meyer 1957). Einerseits ist das Anliegen sicher zu begrüßen, die Kooperation zwischen Schule und Elternhaus zu intensivieren, andererseits gilt es zu bedenken, dass nur jene Eltern kooperieren können, die beruflich nicht stark gefordert sind. Wenn nun also Eltern aus der Mittel- oder Oberschicht, deren Partner für den Unterhalt sorgen, mit der Lehrerin eng zusammenarbeiten, werden soziale Ungleichheiten noch verstärkt.

Eltern verfolgen zumeist naiv egoistische Interessen im Hinblick auf das eigene Kind. Hat Letzteres die erwarteten Lernerfolge zu verzeichnen und schreibt die Lehrerin gute Noten, wird diese auch von den Eltern gut beurteilt. Bleiben die Leistungen hinter den Erwartungen zurück, können die Eltern der Lehrerin eine Mitschuld anlasten, und die Meinung fällt weniger günstig aus. Eltern sind schließlich meist keine ausgebildeten Lehrerinnen, und deshalb verfügen sie auch nicht über die erforderliche Beurteilungskompetenz, allenfalls können sie ihre Meinung äußern. Allerdings glauben viele Eltern, die Lehrerin beurteilen zu können, da sie ja selbst jahrelang zur Schule gegangen und verschiedene Lehrerinnen erlebt haben. Wenn an dieser Stelle den Eltern die generelle Beurteilungskompetenz abgesprochen wird, heißt dies nicht, dass eine Kooperation in vielen Fällen nicht doch sinnvoll sein kann. So können Eltern der Lehrerin Hinweise geben, wie der Unterricht auf ihre Kinder gewirkt hat, ob diese gerne oder ungern zur Schule gehen, ob Leistungsängste zu verzeichnen sind, wie es um das soziale Klima in der Lerngruppe bestellt ist, ob es Probleme auf dem Schulweg gibt u.a.m. Eltern können die Lehrerin auf familiale Konflikte, auf Auseinandersetzungen, Belastungen und Schwierigkeiten innerhalb der Familie aufmerksam machen, die sich vermutlich auf die schulischen Lernprozesse negativ auswirken werden.

Schließlich ist es nur natürlich, dass das Interesse der Eltern an der Lehrerin mit zunehmendem Alter und der damit verbundenen größeren Selbstständigkeit ihres Kindes abnimmt. Bei älteren Schülern können die Eltern weniger mitreden, weil sie die komplizierter werdenden Aufgaben nicht mehr lösen können, sich der Schüler selbst zu vertreten vermag oder sogar eine Einmischung ablehnt.

Als letzte Gruppen sollen die *Schüler* als die unmittelbar am Unterricht beteiligte Personengruppe daraufhin betrachtet werden, ob sie geeignet erscheinen, eine Lehrerin zu beurteilen. Manchmal äußern Schüler spontan ihre Meinung zu einem Unterricht, indem sie z.B. sagen: »Heute hat es wieder mal richtig Spaß gemacht!« Äußerungen dieser Art sind zwar für die Lehrerin erfreulich und sicher auch ein Ansporn, im Bemühen um einen qualifizierten Unterricht nicht nachzulassen, doch können sie nicht mit einer differenzierten Beurteilung gleichgesetzt werden.

Eine Lehrerin hat verschiedene Möglichkeiten, Einschätzungen, Bewertungen und Beurteilungen ihrer Lehrtätigkeit durch die Schüler zu provozieren. Sie kann *metaunterrichtlich verfahren*, also ein Gespräch mit den Schülern über den Unterricht führen. Sie kann zweitens eine *offene Befragung* durchführen oder sogar einen Aufsatz schreiben lassen mit dem Thema: »Was mir an meiner Lehrerin gefällt und missfällt.« Sie vermag drittens eine *gebundene Befragung* durchzuführen, indem sie von den Schülern einen Fragebogen ausfüllen lässt. Und schließlich hat sie die Möglichkeit, die vorgenannten Methoden zu kombinieren.

Voraussetzung für ein Beurteilungsgespräch über einen zurückliegenden Unterrichtszeitraum ist eine generelle Offenheit zwischen der Lehrerin und den Schülern, ein Vertrauensverhältnis sowie die beiderseitige Gesprächsbereitschaft und -fähigkeit. Letztere wird in leistungsschwachen Lerngruppen oft nicht gegeben sein. Außerdem ist zu befürchten, dass sich einige Schüler doch nicht frei äußern, also mit ihrer Kritik zurückhalten, weil sie persönliche Nachteile befürchten.

Eine offene und schriftliche Befragung lässt sich jederzeit und ohne großen Aufwand durchführen, indem die Lehrerin jedem Schüler ein Blatt austeilt. Auf der Vorderseite steht: Gefallen hat mir … – auf der Rückseite: Nicht gefallen hat mir … – Der Hinweis der Lehrerin, dass es zu jedem Unterricht positive und negative Punkte anzumerken gibt und dies auch ganz natürlich sei, kann die Schüler etwas beflügeln. Sofern die Lehrerin die Handschriften ihrer Schüler nicht kennt, lässt sich auch bei dieser offenen Befragung die Anonymität wahren. Andernfalls besteht die Möglichkeit, die Blätter zu Hause mit Maschinen- oder Computerschrift auszufüllen. Das Befragungsergebnis, welches verschiedene Urteile und Beurteilungen enthalten wird, kann tags darauf zum Ausgangspunkt eines Gesprächs über den Unterricht gemacht werden.

Eine gebundene schriftliche Befragung, die zahlreiche Items zum Unterricht, zur Person der Lehrerin und zum Umgang miteinander enthalten kann, hat den Vorteil der Anonymität. Die Schüler brauchen nicht zu schreiben, sondern nur zu markieren. Die Befragung lässt sich zeitsparend durchführen und kann auch zeitlich versetzt wiederholt werden, wodurch ein Vergleich der Befragungsergebnisse möglich wird. Bessoth (1994) hat Schülerfragebögen für unterschiedliche Altersstufen gesammelt und publiziert. Leserinnen, die einen solchen Bogen einsetzen möchten, finden hier entsprechende Anregungen und Hinweise (vgl. a.a.O., S. 359ff.). Bei einem vorgegebenen Bogen besteht allerdings wie bei den Kriterienkatalogen die Gefahr, dass einige Items irrelevant sein werden und andere bedeutsame fehlen.

Wer nun glaubt, die Schüler seien in der Lage, eine Lehrerin gerecht zu beurteilen, sieht sich getäuscht. Einmal können vor allem jüngere Schüler nicht vom Geschehen abstrahieren, sie mögen ihre Lehrerin oder mögen sie nicht, das ist dann alles. Aber auch die älteren Schüler sind Subjekt und Objekt der Beurteilung zugleich. Sie haben schließlich den Unterricht mitgestaltet, sie sind für eine intakte oder gestörte Beziehung zur Lehrerin mitverantwortlich, also stehen sie vor der kaum lösbaren Aufgabe, sich selbst mitbeurteilen zu müssen. Die Beziehungen zwischen einer Lehrerin und ihren Schülern ist starken Schwankungen unterworfen, welche die Aussagekraft einer Beurteilung mindern. Und schließlich beurteilen viele Schüler ihre Lehrerinnen in der Retrospektive ganz anders. Sie erkennen erst nach Jahren den Wert oder Unwert eines Unterrichts und die dahinter stehenden Persönlichkeiten.

Alle Fremdbeurteilungen durch die vorbeschriebenen Personengruppen – so interessant sie auch für die Lehrerin sein mögen – haben einen geringen Stellenwert im Vergleich zur täglich stattfindenden *Selbstreflexion* und *Selbstbeurteilung*. Letztere findet viel häufiger statt, im Unterricht, auf dem Nachhauseweg und etwas systematischer im Rahmen der Unterrichtsplanung und -vorbereitung, wenn die Frage nach den tatsächlichen oder zu vermutenden Lehr-Lern-Ergebnissen als Ausgangspunkt für weiterführende Planungsüberlegungen zu beantworten ist.

Zu einer differenzierten Analyse und Beurteilung des Lehrverhaltens, der Lehrhandlungen und Lehr-Lern-Leistungen bedarf es jedoch des *Einsatzes technischer Medien*. Ton- oder Videoaufzeichnungen haben den großen Vorteil, das Geschehen zu versachlichen. Sie dienen als Erinnerungshilfe, lassen sich beliebig oft abfahren, ermöglichen eine Konzentration auf bestimmte Ereignisse – doch spiegeln sie nie die ganze Wirklichkeit wider, sondern bieten immer nur Ausschnitte zu einzelnen Aspekten. Mit Hilfe von Ton- oder Videoaufzeichnungen lassen sich zahlreiche Fragen beantworten, die für einen Unterricht bedeutsam sind.

Diese und viele weitere Fragen, die sich unmittelbar auf das Lehr-Lern-Verhalten, die Lehr-Lern-Handlungen, den Lehr-Lern-Prozess und die Lehr-Lern-Ergebnisse beziehen, lassen sich über Ton- oder Videodokumente besser klären.

Solche interaktionsanalytischen Fragestellungen können vor Beginn des Unterrichts festgelegt werden, indem sich die Lehrerin bewusst auf ihr Fragehandeln oder auf den Aspekt der Verständlichkeit konzentriert. Oder die Interaktionsanalysen erfolgen rückblickend auf bestimmte Ereignisse, im Hinblick auf Problemschüler, auf eine schwierige Lerngruppe oder auf ein konfliktträchtiges Ereignis.

Mögliche Fragestellungen zur Selbstbeurteilung

- Wie habe ich den Lehr-Lern-Prozess angeregt?
- Wurde das Interesse am Lerninhalt aufrechterhalten?
- Wurden die Schüler auf zentrale Frage- oder Problemstellungen hingelenkt?
- Lässt die Unterrichtsstunde einen Schwerpunkt erkennen?
- Wie viele Fragen habe ich gestellt?
- Was für Fragen habe ich gestellt?
- Wie viele Fragen stellten die Schüler?
- Was für Fragen stellten die Schüler?
- Waren die Frage- bzw. Problemstellungen sachlogisch aufeinander bezogen?
- Welche Beiträge lösten welche Fragen aus?
- Hörte ich den Schülern zu?
- Wurden vereinbarte Gesprächsregeln eingehalten?
- Wie ging ich auf die Schülerbeiträge ein?
- Wurden Schülerbeiträge von mir wörtlich wiederholt?
- Benutzte ich stereotype Verstärkungsformen?
- Wurden auch Interaktionen zwischen den Schülern angeregt?
- Wie hoch war mein Sprechanteil?
- Wie hoch war der Sprechanteil aller Schüler?
- Gab es einzelne Schüler mit besonders hohen Sprechanteilen?
- Wie stark beteiligten sich die Mädchen im Vergleich zu den Jungen?
- Welche Beiträge leisteten bestimmte Problemschüler?
- Konzentrierte ich mich auf bestimmte Schüler?
- Wie kam es zu spezifischen Konfliktsituationen?
- Welchen Verlauf nahmen die Auseinandersetzungen?
- Wie wurden Konflikte vorläufig bewältigt?
- Waren die Arbeitsaufträge verständlich?
- Wie wurden die Arbeitsaufträge in den Prozess eingebracht?
- Welche Lernhilfen wurden von mir gegeben?
- Wie wurden die Arbeitsergebnisse präsentiert?
- Wie wurden Kenntnisse, Einsichten oder Erkenntnisse festgehalten?

- Weitere Fragestellungen?

Im übrigen lassen sich alle möglichen Beurteilungskriterien aus dem

Pool 1 Prozessbeurteilung,
Pool 2 Persönlichkeit der Lehrerin,
Pool 3 Schüler und Lerngruppe,
Pool 4 Umgang der Lehrerin mit den Schülern und aus
Pool 5 Produktbeurteilung

auch zur Selbstanalyse und -beurteilung heranziehen (vgl. die Seiten 145/146). Lehrerinnen, die erstmals von der Möglichkeit des Einsatzes technischer Medien Gebrauch machen, seien gewarnt, weil Aufzeichnungen fast immer erhebliche Abweichungen von den Idealvorstellungen ergeben. Doch wer den Mut aufbringt, sich mit der Wirklichkeit – dem »real self« – zu konfrontieren, schafft bei sich gute Voraussetzungen zum Qualifikations- und Kompetenzerwerb.

Die unterschiedlichen Funktionen einer Beurteilung sehen

Lehrerinnen und Schüler sitzen in einem Boot, denn so wie die Leistungen der Schüler beurteilt und in Noten umgemünzt werden, so werden auch die Lehrleistungen in den verschiedenen Phasen der beruflichen Sozialisation beobachtet und eingeschätzt, bewertet und benotet, wobei sich die Funktionen weitgehend gleichen.

Am Beginn der beruflichen Sozialisation steht die *Ausbildungsfunktion* im Rahmen der Praktika. Sie erfährt eine Ergänzung durch eine *Berufsfindungsfunktion*, indem die Praktikantinnen Gelegenheit erhalten, ihren Berufswunsch ein weiteres Mal zu überprüfen. Der Kulturhoheit der Länder entsprechend variiert die Anzahl der Praktika von Hochschule zu Hochschule. In Baden-Württemberg z.B. absolvieren die Pädagogikstudentinnen studienbegleitend sechs Praktika, wobei zwischen Tagespraktika und Blockpraktika unterschieden wird. Tagespraktika werden während der Vorlesungszeiten einmal wöchentlich angeboten, Blockpraktika in den vorlesungsfreien Zeiten. Betreut werden die Praktika von Ausbildungslehrerinnen, Mentorinnen und Hochschullehrerinnen. Die Praktikantinnen werden aufgefordert, bestimmte Lehraufgaben zu übernehmen, sich auf den Unterricht vorzubereiten, ihn zu planen, durchzuführen und sich gemeinsam mit den Betreuerinnen in der Analyse, Auswertung und Beurteilung von Unterricht zu üben. Wer Gelegenheit hat, die erste Unterrichtsstunde einer Praktikantin mit einer Unterrichtsstunde im letzten Praktikum zu vergleichen, der wird fast immer vom Übungseffekt überzeugt sein. Lehren ist schließlich – wie jeder andere Beruf auch – weitgehend erlernbar.

Dem Ausbildungsziel entsprechend steht die *Feedback-Funktion* für die Praktikantinnen im Vordergrund, d.h. sie bekommen gesagt, was gelungen und weniger gelungen erschien und wie sie sich im Hinblick auf die nächsten Lehrversuche neu orientieren können. Im Rahmen dieser Praktika von Lehrproben zu sprechen erscheint unangemessen, eher handelt es sich um Lehrversuche, um ein vorsichtiges Herantasten an die hochkomplexe und schwierige Aufgabe des Lehrens. Die Benotung dieser ersten Versuche ist unangebracht, denn die Praktikantinnen sollten zuerst einmal Gelegenheit erhalten, sich in einer »low risk situation« zu erproben. Neben dem Qualifikations- und Kompetenzerwerb bieten die Praktika die Möglichkeit, die Frage nach der Berufseignung zu stellen. Die hohe Zahl der Studienabbrecherinnen in den ersten Semestern ist ein Beweis, dass es viele Pädagogikstudentinnen gibt, die gerade auch aufgrund negativer Erfahrungen in den Praktika eine Neuorientierung vornehmen (vgl. Henecka/Gesk 1996). – Zum anderen bieten Praktika die Möglichkeit, die in den Lehrveranstaltungen gewonnenen Einsichten und Erkenntnisse mit den in den Praktika gemachten Erfahrungen zu verknüpfen.

Funktionen der Beurteilung von Lehrerinnen

- Ausbildungsfunktion
- Berufsfindungsfunktion
- Selektionsfunktion
- Kontrollfunktion
- Berichtsfunktion
- Legitimationsfunktion
- Systemstabilisierende Funktion
- Prognostische Funktion

Die zweite Phase der beruflichen Sozialisation, das Referendariat, dient neben dem Qualifikations- und Kompetenzerwerb auch der *Selektion*. In einer Zeit der Lehrerarbeitslosigkeit hat die Selektionsfunktion einen besonders hohen Stellenwert. Den Referendarinnen geht es genauso wie den Schülern, die alles Erdenkliche tun, um den erforderlichen Notendurchschnitt zu erlangen, der ihnen einen Ausbildungs- oder Arbeitsplatz sichert. Das Interesse der Schulbehörden ist zwar gerechtfertigt, möglichst jene Lehramtskandidatinnen einzustellen, die qualifiziert erscheinen und kompetent handeln können. Doch erscheint es fragwürdig, die Leistungen in den Lehrproben besonders stark zu gewichten und andere Studienleistungen zurücktreten zu lassen. Wer am Ende des Referendariats in den Lehrproben einen sehr guten Eindruck hinterlässt, muss sich nicht auch jahrzehntelang im Beruf bewähren. Die Forschungsergebnisse zur Burnout-Problematik deuten darauf hin, dass auch andere Variablen wie bestimmte Persönlichkeitsmerkmale in Verbindung mit einer hohen Belastbarkeit eine Rolle spielen können (vgl. Meyer 1991, Ulich 1996).

Wer als Referendarin die Hürden der Einstellung mit den Prüfungslehrproben erfolgreich genommen hat, sieht sich im weiteren Verlauf der beruflichen Tätigkeit weiteren Beobachtungen und Beurteilungen ausgesetzt. Angehörige anderer Berufe werden in viel stärkerem Maß dieser *Kontrollfunktion* unterworfen. Begeht ein Arzt zahlreiche Kunstfehler und spricht sich dies herum, bleibt bald das Wartezimmer leer. Verliert ein Rechtsanwalt fast jeden Prozess, bleiben die Mandanten weg. Bietet ein Kaufmann mit Mängeln behaftete Ware an, bleiben diese im Regal. – Nur bei den Lehrerinnen ist es etwas anders: Lernen die Schüler wenig oder nichts, sind sie dennoch zum regelmäßigen Schulbesuch verpflichtet, ja es wird sogar bei Nichterscheinen Zwang ausgeübt. So betrachtet erscheint es gerechtfertigt, auch Lehrerinnen in ihrer Tätigkeit hin und wieder zu kontrollieren. Über die Art und den Umfang der Kontrolle wird seit Jahrzehnten gestritten. Wer nun hospitiert, ob dies die manchmal etwas betriebsblinde Rektorin tun soll oder eine Schulrätin, ob Schulbesuche angemeldet oder unangemeldet erfolgen sollen und wie oft ein solcher Besuch stattfinden sollte – dies alles sind Einzelheiten, die sich klären lassen, nur an der Notwendigkeit einer Kontrolle kann kein Zweifel bestehen.

Neben der Ausbildungs- und Berufsfindungsfunktion, der Selektions- und Kontrollfunktion haben Hospitationen und Beurteilungen auch eine *Berichtsfunktion* für die vorgesetzten Behörden. Steht eine Lehrerin zur Verbeamtung an, wie es im Behördenjargon heißt, erhält sie einen Schulbesuch vom zuständigen Schulrat, der im Anschluss an eine Hospitation einen Bericht schreibt. In ähnlicher Weise wird verfahren, wenn sich eine Lehrerin um eine Funktionsstelle bewirbt, sie Konrektorin, Rektorin oder Schulrätin werden möchte. Auch hier bemüht sich ein Expertenteam in den Unterricht, um anschließend eine Beurteilung und einen Bericht abzufassen, welcher der Behörde zur Entscheidungshilfe dient. Prozeduren dieser Art erscheinen gerechtfertigt, weil die künftige Funktionsträgerin bald selbst vor der Aufgabe steht, jüngere Kolleginnen beurteilen zu müssen. Die vorbeschriebenen Anlässe sind meist positiver Art, doch gibt es auch negative, wenn eine Lehrerin aus verschiedenen Gründen ihren Pflichten nicht mehr nachkommen kann, sich die Beschwerden der Schüler und Eltern häufen, die Lehrerin auch für das Kollegium zu einer Belastung wird oder sie deutliche Burnout-Symptome zeigt. In solchen Fällen sind auch unangemeldete Schulbesuche und Hospitationen notwendig, um ein annähernd realistisches Bild zu erhalten. Negative Berichte können die Versetzung, Frühpensionierung oder bei Extremkonflikten die Entlassung aus dem Dienst zur Folge haben.

Lehrproben und die Beurteilung von Lehrleistungen erfüllen auch eine *Legitimationsfunktion*. Schule und Unterricht ereignen sich stets in einem gesellschaftlichen Kontext, und die am Unterricht interessierten Gruppen – Elternverbände, Berufsverbände, politische Parteien, Gewerkschaften, Arbeitgeberverbände, Kirchen, Bund der Steuerzahler u.a.m. – haben ein Recht darauf zu erfahren, was im Unterricht mit den Schülern geschieht. Nachdem in den Zeiten des Nationalsozialismus und des real existierenden Sozialismus die Schule der totalen Kontrolle durch den Staat unterworfen war, ist es legitim, dass die hier angesprochenen Gruppen die Schule und den Unterricht kritisch begleiten und die für den Unterricht mitverantwortlichen Schulaufsichtsbeamtinnen die Handlungsweisen ihrer Lehrerinnen rechtfertigen.

Lehrproben sowie die Beurteilung von Lehrleistungen sind auch dazu da, das klassisch hierarchische Schulsystem zu erhalten. Durch diese *systemstabilisierende Funktion* werden Referendarinnen, Lehrerinnen und Funktionsträgerinnen in das vorhandene Schulsystem eingepasst. Fast alle Kandidatinnen fühlen sich den Beurteilerinnen weitgehend ausgeliefert, schon allein deshalb, weil es nie gelingen kann, alle Beurteilungskriterien offen zu legen und sie angemessen zu gewichten. In Verbindung mit dem vorherrschenden Lehrprobenritual lernen die Lehrerinnen sehr bald, den Beurteilerinnen möglichst wenig zu widersprechen, weil sich Widerspruch zumeist nicht lohnt. Unter gesellschaftlichem Aspekt ist diese Funktion bedenklich, denn schließlich haben sich ganze Lehrerinnengenerationen in Anpassung gegenüber der Obrigkeit geübt, im Kaiserreich, im Dritten Reich und in der Deutschen Demokratischen Republik (vgl. Becker/Coburn-Staege 1994).

Leider ist die *prognostische Funktion* von Beurteilungen aufgrund von Lehrproben relativ gering. Zwar gibt es wenige Praktikantinnen, die schon in den ersten Praktika die Lehr-Lern-Prozesse souverän steuern, die engagiert und selbstbewusst auftreten, sodass bei den Beurteilerinnen keine Zweifel aufkommen, ob sie für den Beruf geeignet sind. Doch bilden solche Praktikantinnen die Ausnahme, und es ist keineswegs sicher, ob sie dieses hohe Niveau im Verlauf ihrer weiteren beruflichen Tätigkeit aufrechterhalten können. Ob eine angehende Lehrerin tatsächlich bereit und in der Lage ist, lebenslang zu lernen, Fortbildungsveranstaltungen zu besuchen, die Fachkompetenz zu erweitern, die Methodenkompetenz zu erhöhen und ob sie den Belastungen des Berufsalltags gewachsen sein wird, lässt sich kaum prognostizieren.

Beim Lehren ist die emotionale Komponente von großer Bedeutung, die sich im Umgang mit den Schülern zeigt. Wenn Stressfaktoren aufgrund von Mehrfachbelastungen dominieren oder existenziell bedeutsame Ereignisse die Lehrerin voll in Anspruch nehmen, ist ein natürlicher Umgang mit den Schülern kaum noch möglich. So sind zahlreiche Beispiele bekannt, dass junge Lehrerinnen ihren Aufgaben voll gerecht werden, sie aber nach mehreren Dienstjahren den Anforderungen nicht mehr gewachsen sind (vgl. Becker/Gonschorek 1989).

Vielleicht gelingt es eines Tages, über ein *Berufseignungsinventar für das Lehramtsstudium* jene Studentinnen ausfindig zu machen, die sich für die Ausübung des Berufs besonders eignen. Ein solches Inventar ist entwickelt und befindet sich in der Erprobung, doch ist – wegen der jahrzehntelangen erfolglosen Bemühungen auf diesem Gebiet im angelsächsischen Raum – Skepsis angebracht (vgl. Rauin/Kohler/Becker 1994).

Das Lehrprobenritual erfolgreich zelebrieren – eine Satire

Examenslehrproben werden als untypisch bezeichnet, als zirzensische Übungen, die mit einem *Initiationsritus* verbunden sind (vgl. Zifreund 1966, S. 201).

Dieser Kritik wird nicht widersprochen, doch wird kaum etwas getan, um ihr zu begegnen. Ziel dieses Kapitels ist es deshalb, einmal mehr die Fragwürdigkeit aufzuzeigen und über ein sinnvolleres Verfahren nachzudenken.

Die Kandidatin bekommt z.B. drei Tage zuvor mitgeteilt, in welcher Lerngruppe sie welches Thema zu behandeln hat. Mit der Bekanntgabe des Zeitpunktes wird meist an der betreffenden Schule ein *Krisenstab* eingerichtet, der das »Opfer« berät und den »Countdown« überwacht. Eine freundlich gesinnte Schulleiterin ändert zunächst den Raumplan und nimmt eine geringfügige Stundenplanänderung vor, um die Kandidatin zu entlasten. Befreundete Lehrerinnen liefern Informationen über die zu erwartenden Beurteilerinnen, über deren Einstellung zu bestimmten Unterrichtskonzeptionen oder zum Lehr- und Erziehungsstil. Dazu Zifreund: »Da die Maßstäbe der Dozenten bei der Beurteilung der Lehrprobe notwendig äußerst subjektiv bleiben, institutionalisiert die beurteilte Lehrprobe die Tendenz, nicht das zu erproben, was dem Studierenden interessant vorkäme, sondern die Lehrprobe in der Art einer Unterwerfungsgeste ganz auf den Geschmack des zensierenden Dozenten abzustimmen, um mangels sachlicher Erfolgskriterien nach Untertanenmanier möglichst ungeschoren davonzukommen.« (Zifreund 1966, S. 15) Was Zifreund hier für das Verhältnis Dozent-Praktikantin beschreibt, gilt in gleicher Weise für das Verhältnis Beurteilerin-Kandidatin am Ende des Referendariats. Auf jeden Fall denkt die Kandidatin immer wieder über die Frage nach: Wie hätten Sie es gern? »Die entscheidende Frage: Wie kann ich den Schülern beim Lernen helfen?« rückt in den Hintergrund.

Untypisch ist sodann der *Unterrichtsentwurf* und übertrieben die Art der Vorbereitung. Woysch (1976) berichtet dazu: »Mir vorliegende Unterrichtsentwürfe umfassen im Durchschnitt 20 Schreibmaschinenseiten, der umfangreichste glänzte mit 53 Seiten … Zur Vorbereitung einer Lehrprobe über das Thema ›Erdöl‹ wurden von einem Kandidaten alle Mineralölkonzerne in der Bundesrepublik Deutschland angeschrieben, das sehr reich zugesandte Material ausgewertet, über 30 Folien für den Tageslichtprojektor mit Graphiken, Karten und Übersichten angefertigt und eine Tonbildserie auf eigene Kosten gekauft.« (a.a.O., S. 201)

Der fein säuberlich gefertigte Entwurf wird vor der Lehrprobe in Demutshaltung allen Prüferinnen überreicht. Die zum Einsatz kommenden Medien werden, wie dies nun einmal bei einem echten Countdown üblich ist, mehrmals überprüft, um Pannen zu vermeiden.

Das Klassenbuch wird auf den neuesten Stand gebracht. Arbeitshefte werden besonders gewissenhaft korrigiert. An die Schüler ergeht die Aufforderung, ausnahmsweise an diesem Tag die erforderlichen Arbeitsmittel und -materialien nicht zu vergessen. Dennoch sorgt die Kandidatin für einen Reservevorrat an Scheren oder Zirkeln.

Sodann werden die Schüler durch eine kleine *Ansprache* auf das besondere Ereignis vorbereitet: »Übermorgen habe ich eine Prüfungslehrprobe. Da kommen ein paar Leute, die nehmen am Unterricht teil und beurteilen mich anschließend. Ihr bekommt also keine Note, ihr braucht keine Angst zu haben und euch auch nicht aufzuregen. Benehmt euch bitte ganz normal, aber macht gut mit, und lasst mich nicht hängen. Wenn alles gut geht, bringe ich am nächsten Tag einen Kasten Cola mit, und wir feiern dann richtig.« – Je nach Altersstufe können auch Lollis, Mohrenköpfe oder Bier gefragt sein.

Weitere Vorbereitungen beziehen sich auf die Ausgestaltung des Klassenzimmers. Die Wände werden mit selbst gefertigten Schülerarbeiten, Tabellen oder Grafiken drapiert. Dann gilt es, am Wettbewerb »Unser Klassenzimmer soll schöner werden« teilzunehmen. Blumensträuße tauchen auf, der Klassenschrank wird aufgeräumt, die Tafel besonders gründlich gereinigt, bunte Kreide und Zeichengeräte werden bereitgelegt. Allein oder gemeinsam mit der Raumpflegerin werden angebissene Äpfel oder vertrocknete Frühstücksbrote unter den Bänken entfernt. Denn eine Beraterin aus dem Krisenstab weiß glaubhaft zu berichten, dass die Beurteilenden die *preußisch-schwäbischen* Tugenden wie Fleiß, Ordnung, Sauberkeit und Pünktlichkeit besonders schätzen.

Ein Hauptaugenmerk ist darauf zu richten, den Beurteilerinnen den Aufenthalt im Unterricht und in der Pause so angenehm wie möglich zu gestalten. Deshalb sind bequeme Stühle aus dem Rektorat herbeizuschaffen. Es sollte Kaffee oder Tee nach Wahl und frisches Gebäck gereicht werden. Wenn eine Kandidatin eigenhändig eine Torte kreiert, kann das nicht schaden.

Neben der Ansprache an die Schüler und den zu treffenden Vorbereitungen spielt die *letzte Stunde vor der Lehrprobe* eine bedeutsame Rolle. In ihr sind die Vorkenntnisse der Schüler im Hinblick auf das Thema sorgfältig zu aktualisieren, um möglichst jeden Schüler zur Mitarbeit zu befähigen. Dabei muss allerdings darauf geachtet werden, entscheidende Punkte des Themas nicht anzusprechen. Denn bei den Expertinnen darf nicht der Eindruck entstehen, es werde »ein Türke gebaut«. Sodann wird sich die Kandidatin überlegen, welcher Schüler aufgerufen werden kann und welcher besser nicht drankommen sollte. In diesem Zusammenhang können auch Einzelgespräche nützlich sein, mögliche Schwerpunkte: »Zeige was du kannst!«, oder »Sei besser still!« – sodass die Prüfenden ein realistisches Bild vom Kenntnisstand der Lerngruppe erhalten.

Ein außerordentliches Ereignis, wie es nun einmal die Lehrprobe darstellt, erfordert zumindest von den Damen einen Friseurbesuch, einen Rock oder ein Kostüm. Und selbst die Herren tun gut daran, sich eine Krawatte zuzulegen.

Der Unterricht selbst verläuft nun »ganz normal«. Die Kandidatin und die Schüler erstarren ehrfurchtsvoll, wenn das Prüfungsgremium den Raum betritt. Die Schüler sind anfangs ebenso nervös wie das »Opfer«, drucksen herum und stottern ein wenig, fangen sich aber bald, sind besonders aufmerksam und arbeiten fleißig mit. Soziale Konflikte, Auseinandersetzungen und Schwierigkeiten beim Umgang miteinander gibt es in dieser Ausnahmesituation kaum. Die Kandidatin ist nett und freundlich zu den Schülern und bedankt sich höflich für deren Beiträge. Sie hat auch allen Grund dazu, denn die Schüler spielen zumeist glänzend mit. Insgesamt versucht die Kandidatin, sich und die Schüler so gut wie möglich zu verkaufen.

Neben jenen Lehrhandlungen, die sich sorgfältig einplanen lassen, geht es auch darum, dem Prüfungskollegium zu beweisen, wie engagiert, spontan und kreativ man sein kann. Zu diesem Zweck empfiehlt es sich, einige Gags einzuplanen, die dann – ganz spontan – in den Prozess eingebracht werden.

Außerdem ist noch *schauspielerisches Talent* gefragt. Zifreund (1966) schreibt dazu: »Die Lehrprobe ist darüber hinaus eine im Grunde für alle Beteiligten höchst peinliche Veranstaltung. Wer sie hält, der exponiert sich unausbleiblich … Auch werden Leistungen verlangt, für die ein Überwinden starker Hemmungen notwendig ist: man muss womöglich vor allen anderen beten, singen …« (a.a.O., S. 16)

Nach der Kaffeepause wird das *Auswertungsgespräch* von der ranghöchsten Person, also z.B. der Schulamtsdirektorin, eingeleitet. Sie ist qua Amt verpflichtet, das Gespräch zu dominieren und durch besondere Eloquenz zu beeindrucken. Der Kandidatin wird empfohlen, Zurückhaltung zu üben, etwas zu sagen, falls sie gefragt werden sollte, sich aber ansonsten in Zustimmung und devotem Schweigen zu üben.

Im Übrigen ist jeder Kandidatin jene *Schlagfertigkeit* und jener *Humor* zu wünschen, den eine Kandidatin im Rahmen einer Lehrprobe im Fach Chemie gezeigt haben soll: Mit viel Akribie hatte sie den Versuchsaufbau vorbereitet. Und nun war der Moment gekommen, um mit großem Engagement die Schüler auf den Demonstrationsversuch vorzubereiten, ihn möglichst eindrucksvoll zu gestalten. Also setzte sie auch die nonverbalen Ausdrucksformen ein, indem sie wild gestikulierend den Aufbau vom Tisch fegte und noch mit erhobenen Händen sagte: »So, und nun singen wir ein Lied!«

Befragt man Personen, die mit der Abnahme von Lehrproben betraut sind, nach dem Realitätsgehalt dieser Satire, bekommt man leider zu hören: »Zwar ein bisschen übertrieben, aber so ist es nun einmal. Die Unterrichtsstunde war nicht gerade hervorragend, aber die Käsetorte war vorzüglich!« – Leider hat sich im Verlauf von 30 Jahren kaum etwas geändert. Das Prüfungsritual wird nach wie vor mit mehr oder weniger Erfolg zelebriert. Gesellschaftspolitisch betrachtet ist dieses Prüfungsritual bedenklich, weil von den Kandidatinnen primär Anpassung

Check-Liste zum erfolgreichen Zelebrieren des Lehrproben-Rituals

- Einen Krisenstab bilden
- Den Countdown strukturieren und terminieren
- Sich bei den Beurteilenden nach deren Wünschen erkundigen
- Sich bei Dritten über die Vorlieben der Beurteilenden erkundigen
- Den Schülern eine Belohnung in Aussicht stellen
- Arbeitsmittel am Vortag mitbringen lassen und kontrollieren
- Die Vorkenntnisse der Lerngruppe aktualisieren
- Mit leistungsstarken und -schwachen Schülern Absprachen treffen
- Mit den Schülern eine Zeichensprache vereinbaren, z.B. wer sich rechts meldet, weiß etwas, wer sich links meldet …
- Einige methodische Gags bereithalten
- Den Medieneinsatz mehrmals proben
- Das Klassenzimmer einer Generalreinigung unterziehen
- Das Klassenzimmer dekorieren
- Für bequeme Sitzmöbel sorgen
- Die Pausengestaltung optimieren
- Auf eine adrette Erscheinung und auf korrekte Kleidung achten
- Den umfangreichen Entwurf demutsvoll überreichen
- Die Verlaufsplanung durchziehen
- Prozessorientierung wahren
- Engagement, Spontaneität und Kreativität aufblitzen lassen
- Sich in Bescheidenheit üben
- Zurückhaltung wahren
- Stellungnahmen vermeiden
- Den Beurteilenden immer Recht geben
- Weitere Punkte?

verlangt wird, weniger eigenständiges und eigenverantwortliches Handeln. Allerdings sind Prüfungssituationen stets Ausnahmesituationen. Prüfungsrituale werden überall zelebriert, nicht nur in Verbindung mit Lehrproben. Und alle Kandidatinnen haben vergleichbare Chancen, können nach der Check-Liste zum erfolgreichen Zelebrieren des Lehrproben-Rituals verfahren oder sich ganz natürlich geben und auf die Schüler konzentrieren. Problembewusste Beurteilerinnen werden dies zu schätzen wissen.

Literaturverzeichnis

Aebli, H.: Grundformen des Lehrens. Stuttgart [10]1977
Aebli, H.: Zwölf Grundformen des Lehrens. Stuttgart 1983
Alber, W.: Die verbale Beurteilung in der Grundschule. In: Erziehung und Unterricht. 134 (1984) 4, 240–247
Allen, D./Ryan, K.: Microteaching. Addison-Wesley Publishing Company. Reading und London 1969
Amidon, E.J./Hough, J.B. (eds.): Interaction Analysis. Theory, Research, and Application. Addison-Wesley Publishing Company. Reading 1967
Aschersleben, K./Hohmann, M.: Handlexikon der Schulpädagogik. Stuttgart 1979
Ausubel, D.P.: Psychologie des Unterrichts. 2 Bände. Weinheim 1974
Bambach, H. et al. (Hrsg.): Prüfen und Beurteilen. Zwischen Fördern und Zensieren. Friedrich Jahresheft. Seelze 1996
Baumert, J./Lehmann, R. et al.: TIMSS – Mathematisch-naturwissenschaftlicher Unterricht im internationalen Vergleich. Deskriptive Befunde. Opladen 1997
Becker, G.E.: Durchführung von Unterricht. Weinheim [8]1998
Becker, G.E.: Handlungsorientierte Didaktik. Weinheim [2]1995
Becker, G.E.: Lehrer lösen Konflikte. Weinheim [8]2000
Becker, G.E.: Unterricht planen. Weinheim [8]2001
Becker, G.E.: Zur erforderlichen Neuorientierung des erziehungswissenschaftlichen Studiums an den Aufgaben des Lehrers im Unterricht. In: Unterrichtswissenschaft 1 (1973) 2/3, 121–127
Becker, G.E./Coburn-Staege, U. (Hrsg.): Pädagogik gegen Fremdenfeindlichkeit, Rassismus und Gewalt. Weinheim 1994
Becker, G.E./Gonschorek, G.: Kulturminister schicken 55.000 Lehrer vorzeitig in Pension. In: Pädagogik 41 (1989) 6, 16–23
Behr, M.: Nachhilfeunterricht. Darmstadt 1990
Bessoth, R.: Lehrerberatung – Lehrerbeurteilung. Neuwied 1994
Blankertz, H.: Theorien und Modelle der Didaktik. München [1]1975
Bloom, B.S. et al.: Taxonomie von Lernzielen im kognitiven Bereich. Weinheim 1972
Bloom, B.S./Hastings, Th./Madaus, G.F.: Handbook on formative and summative Evaluation of Student Learning. McGraw Hill. New York 1971
Borg, W.R. et al.: The Minicourse. A Microteaching Approach to Teacher Education. Collier-Macmillan. London 1970
Brophy, J.E./Good, T.L.: Die Lehrer-Schüler-Interaktion. München 1976
Claussen, C.: Unterrichten mit Wochenplänen. Weinheim 1997
Eckensberger, D.: Sozialisationsbedingungen der öffentlichen Erziehung. Frankfurt 1971
Ehinger, W./Hennig, C.: Praxis der Lehrersupervision. Weinheim [2]1997
Eigler, G./Straka, G.A.: Mastery Learning. Lernerfolg für denen? München 1978
Flanders, N.A.: Analyzing Teaching Behavior. Addison Wesley Publishing Company. Reading 1970
Flanders, N.A.: Grundlegende Lehrfertigkeiten, abgeleitet aus einem Modell des Sprechens und Zuhörens. In: Zifreund (Hrsg.) 1976
Füglister, P.: Charakterisierung der »Kriterienliste zur Unterrichtsbeurteilung«. In: Schweizer Schule. 63 (1976) 672–677

Fuller, F.: Concerns of Teachers: A Developmental Conceptualization. In: American Educational Research Journal 2 (1969)
Gage, N.L./Berliner, D.: Pädagogische Psychologie. Weinheim 5 1996 (Zitat: 2. Aufl. 79)
Gagné, R.M.: Die Bedingungen des menschlichen Lernens. Hannover 1969
Gordon, Th.: Lehrer-Schüler-Konferenz. Hamburg 3 1977
Gorny, E.: Selbsteinschätzung und Unterrichtserfolg. In: Pädagogik. 34 (1979) 401–408
Groeben, N.: Die Verständlichkeit von Unterrichtstexten. Münster 2 1978
Guilford, J.P.: Persönlichkeit. Weinheim 1964
Handlexikon zur Pädagogischen Psychologie. Schiefele, H./Krapp, A. (Hrsg.), München 1981
Heckhausen, H.: Förderung der Lernmotivierung und der intellektuellen Tüchtigkeiten. In: Roth (Hrsg.) 1969
Hegele, I. (Hrsg.): Lernziel: Stationenarbeit. Weinheim 2 1997
Henderson, J./Lanier, P.: What Teachers Need to Know and Teach (for Survival on the Planet). In: Journal of Teacher Education 24 (1973) 1
Henecka, H.P./Gesk, I.: Studienabbruch bei Pädagogikstudenten. Weinheim 1996
Hentig v., H.: Allgemeine Lernziele der Gesamtschule. In: Gutachten und Studien der Bildungskommission. Bd. 12, Stuttgart 3 1971, 13–43
Hentig v., H.: Das Beurteilungssystem der Bielefelder Laborschule. In: Neue Sammlung 22 (1982) 238–260, 391–405, 481–502
Höhn, E.: Der schlechte Schüler. Sozialpsychologische Untersuchungen über das Bild des Schulversagers. München 1967
Hörner, H./Maier, H./Pfistner, H.-J.: Beurteilung von Unterricht. Rheinstetten 2 1981
Ingenkamp, K.: Die Test-Aversion des deutschen Intellektuellen. Eine Streitschrift. Weinheim 1989
Ingenkamp, K.: Zensuren auf dem Prüfstand. In: Westermanns Pädagogische Beiträge 34 (1982) 5, 198–201
Ingenkamp, K.: Lehrbuch der pädagogischen Diagnosik. Studienausgabe. Weinheim 1988
Ingenkamp, K.: Wert und Wirkung von Beurteilungsverfahren. Weinheim 1981
Jackson, Ph.W.: The Student's World. In: Elementary School Journal (1966) 4, 345–357
Keck, R.W./Sandfuchs, U.: Wörterbuch Schulpädagogik. Bad Heilbrunn 1994
Klafki, W.: Neue Studien zur Bildungstheorie und Didaktik. Zeitgemäße Allgemeinbildung und kritisch-konstuktive Didaktik. Weinheim 2 1994
Kleber, E.: Diagnostik in pädagogischen Handlungsfeldern. München 1992
Klippert, H.: Projektwochen. Weinheim 1985
Köster, E.: Wie fördern Kontroll- und Bewertungshandlungen die Ausbildung der bewußten Lerntätigkeit. In: Pädagogik 37 (1982) 2, 156–163
Kounin, J.S.: Techniken der Klassenführung. Stuttgart 1976
Krathwohl, D.R. et al.: Taxonomie von Lernzielen im affektiven Bereich. Weinheim 1975
Maier, H./Pfistner, H.-J.: Grundlagen der Unterrichtstheorie und Unterrichtspraxis. Heidelberg 2 1976
Metz, H.: Unterrichtsbeurteilung. Eine empirische Untersuchung. Frankfurt a.M. 1983
Meyer, E.: Offene Schüler – Zeitnahe Unterrichtsarbeit. Worms 1957
Meyer, E. (Hrsg.): Burnout und Streß. Praxismodelle zur Bewältigung. Baltmannsweiler 1991
Neuland, E.: Sprachtests. Möglichkeiten und Grenzen standardisierter Sprachleistungsmessungen. In: Diskussion Deutsch 13 (1982) 65, 256–280
Nuding, A.: Beurteilen durch Beobachten. Hohengehren 1997
Olivero, J.L./Brunner, R.: Microteaching. München 1973
Preiser, S.: Personwahrnehmung und Beurteilung. Darmstadt 1979
Pritz, V.: Der Einfluß von Sprechflüssigkeit und Vorinformation auf die Leistungsbeurteilung in mündlichen Prüfungen. In: Ingenkamp 1981

Rauin, U./Kohler, B./Becker, G.E.: Drum prüfe, wer sich ewig bindet. Ein Berufseignungstest für das Lehramtsstudium. In: Pädagogik 46 (1994) 11, 34–39
Reusser, K./Reusser-Weymeth, M. (Hrsg.): Verstehen. Psychologischer Prozess und didaktische Aufgabe. Bern 1994
Rosenthal, R./Jacobson, L.: Pygmalion in the Classroom. New York 1968
Roth, H. (Hrsg.): Begabung und Lernen. Deutscher Bildungsrat. Gutachten und Studien der Bildungskommission. Bd. 4, Stuttgart ²1969
Sacher, W.: Prüfen – Beurteilen – Benoten. Bad Heilbrunn 1994
Schröder, H.: Leistung in der Schule. Begründung – Forderung – Beurteilung. München ²1991
Schwark, W.: Praxisnahe Unterrichtsanalyse. Ravensburg 1977
Schwarzer, Chr.: Schulleistungsbeurteilung. In: Handlexikon zur Päd. Psych.
Sieland, B.: Erziehungsstil – Unterrichtsstil. In: Keck/Sandfuchs (Hrsg.) 1994
Sommer, W.: Bewährung des Lehrerurteils. Bad Heilbrunn 1983
Spranger, E.: Der geborene Erzieher. Heidelberg ⁵1986
Tausch, R./Tausch, A.-M.: Erziehungspsychologie. Begegnung von Person zu Person. Göttingen ¹⁰1991
Thurn, S.: Ermutigungen – Lernen ohne Noten. Lernberichte in der Sekundarstufe I. In: Bambach et al. 1996
Ulich, K.: Beruf Lehrer/in. Arbeitsbelastungen, Beziehungskonflikte, Zufriedenheit. Weinheim 1996
Urban, K.R.: Neuere Aspekte in der Kreativitätsforschung. In: Psychologie in Erziehung und Unterricht. 40 (1993) 3, 161–181
Wagner, A.C. et al.: Bewußtseinskonflikte im Schulalltag. Weinheim 1984
Walberg, H.: Improving the Productivity of America's Schools. In: Educational Leadership. 41 (1984) 8
Weber, E.: Erziehungsstile. Donauwörth ⁴1973
Weinert, F.E.: Lernen lernen und das eigene Lernen verstehen. In: Reusser/Reusser (Hrsg.) a.a.O.
Weinert, F.E. (Hrsg.): Leistungsmessungen in Schulen. Weinheim 2001
Woysch, D.: Die Fragwürdigkeit der Beurteilung von Lehrproben. In: Unterrichtswissenschaft. 4 (1976) 3, 199–209
Ziegenspeck, J.W.: Handbuch Zensur und Zeugnis in der Schule. Bad Heilbrunn 1999
Zifreund, W.: Konzept für ein Training des Lehrverhaltens mit Fernseh-Aufzeichnungen in Kleingruppen-Seminaren. In: Zsch. programmiertes lernen. Beiheft 1, Berlin 1966
Zifreund, W. (Hrsg.): Training des Lehrverhaltens und Interaktionsanalyse. Weinheim 1976

Sachregister

Handlungsorientierte Didaktik

Georg E. Becker
Unterricht auswerten und beurteilen
Handlungsorientierte Didaktik, Teil III.
7., neu ausgestattete Auflage 2002.
182 Seiten. Broschiert.
ISBN 3-407-25275-7

Neu an der Konzeption des Bandes ist das Bemühen, die Lernerfolge der Schüler in ihrer Abhängigkeit von den Lehrbemühungen zu sehen und umgekehrt. Es wird davon ausgegangen, Misserfolge nicht nur einseitig den Lehrern oder den Schülern anzulasten, sondern die gemeinsame Verantwortung für die Erfolge bzw. Misserfolge zu sehen. Der in unserer Gesellschaft vorherrschende Leistungsbegriff wird hinterfragt. Die Unterscheidung zwischen notwendigen Erfolgskontrollen, die der Orientierung dienen und Leistungsmessungen, welche die ihnen zugeschriebenen Funktionen nur unzureichend erfüllen, kann dem Lehrer hilfreich sein und auf die Schüler angstreduzierend wirken. Für das Lehrprobenritual wird eine »Check-Liste« geliefert, um als Referendar möglichst ungeschoren davonzukommen. Die mehrdimensionale Systematik von Aspekten zur Unterrichtsbeurteilung möchte zur Überwindung der traditionellen »Trivialschemata«, der Kriterienkataloge, beitragen.

Georg E. Becker
Handlungsorientierte Didaktik
Eine auf die Praxis bezogene Theorie.
2. Auflage 1995.
168 Seiten. Broschiert.
ISBN 3-407-25135-1

Die handlungsorientierte Didaktik will Lehrer befähigen, im Unterricht möglichst human, demokratisch und effektiv zu verfahren. Zu diesem Zweck werden Studien- und Übungsziele sowie Verfahren zum Qualifikations- und Kompetenzerwerb angeboten. Dieser didaktische Ansatz konzentriert sich auf das zentrale Handlungsfeld des Lehrers, auf den Unterricht, möchte den erlernbaren Bereich des Lehrens transparent machen, zum Qualifikations- und Kompetenzerwerb anregen und die hierzu erforderlichen Handlungs- und Entscheidungshilfen bieten.